戦後映倫関係資料集

第2巻　映画倫理規程審査記録(1)

解説　中村 秀之

クレス出版

戦後映倫関係資料集 第1回 ■各巻収録一覧■

第1巻 映画倫理規程審査報告

映画倫理規程審査報告

●日本映画連合会

第1号《昭和24年7月27日》
第2号《昭和24年8月27日》
第3号《昭和24年9月27日》
第4号《昭和24年10月27日》
第5号《昭和24年11月27日》
第6号《昭和24年12月27日》
第7号《昭和25年1月27日》
第8号《昭和25年2月27日》
第9号《昭和25年3月28日》
第10号《昭和25年4月28日》
第11号《昭和25年5月28日》
第12号《昭和25年6月28日》
第13号《昭和25年7月28日》
第14号《昭和25年8月28日》
第15号《昭和25年9月28日》

第2巻 映画倫理規程審査記録(1)

映画倫理規程審査報告

●日本映画連合会

第16号《昭和25年10月27日》
第17号《昭和25年11月28日》
第18号《昭和25年12月28日》
第19号《昭和26年1月26日》

映画倫理規程審査記録

●日本映画連合会

第20号《昭和26年3月1日》
第21号《昭和26年4月5日》
第22号《昭和26年5月5日》
第23号《昭和26年6月5日》
第24号《昭和26年7月5日》
第25号《昭和26年8月5日》

第26号《昭和26年9月5日》

第3巻　映画倫理規程審査記録(2)

映画倫理規程審査記録

●日本映画連合会

第27号《昭和26年10月5日》
第28号《昭和26年11月5日》
第29号《昭和26年12月5日》
第30号《昭和27年1月5日》
第31号《昭和27年2月5日》
第32号《昭和27年3月5日》
第33号《昭和27年4月5日》
第34号《昭和27年5月5日》
第35号《昭和27年6月5日》
第36号《昭和27年7月5日》
第37号《昭和27年8月5日》
第38号《昭和27年9月5日》

※収録した全資料は国立国会図書館の許諾を得て、マイクロデータから復刻したものである。資料の汚損・破損・文字の掠れ・誤字等は原本通りである。

映画倫理規程審査報告

第16号

16

映画倫理規程

審査報告

25.9.18 〜 10.17.

日本映画連合会
映画倫理規程管理委員会

目次

審査脚本一覧

社別	題名	受付日	審査終了日	備考
新映画社	軍艦すでに煙なし	九、一五	九、一八	
日映	わたしは女性No1	九、一八	九、一九	
松竹	左近捕物帖 鮮血の手型	九、一八	九、二一	
大映	三悪人と赤ん坊 自主改訂版	九、二一	九、二二	改訂第二稿
新東宝	天保水滸伝余話 大利根の夜霧	九、二〇	九、二五	
東宝	肉体の暴風雨（あらし）	九、二二	九、二五	
大映	ごろつき船	九、二二	九、二六	
松竹	帰郷	九、二五	九、二七	
松竹	三つの結婚	九、二五	九、二七	「受難華」の改題
新東宝	銀座化粧	九、二六	九、二八	

決闘の河

小川記正プロ	東京の屋根の下	九・二七	一〇・二	
東宝	佐々木小次郎（第一部）	九・二〇	一〇・五	
日映	カメラ探訪記 都会の裏側	一〇・四	一〇・六	「仮面の東京」の改題
松竹	東京新撰組	一〇・六	一〇・一〇	
新東宝 銀座プロ	夜の緋牡丹	一〇・一一	一〇・一三	
東横	天皇の帽子	一〇・一三	一〇・一六	

◎ 新作品……………一五

シナリオ数……………一六（内改訂一）

内訳――松竹 四　東宝 二　大映 二（内改訂一）　新東宝 三

東横 一　日映 二　新映画社 一　小川記正プロ 一

○ 審査シノプシス……………六

内訳――東宝 一　大映 二　東横 二　新映画社 一

脚本審査概要

軍艦すでに煙なし
新映画社（提携） 東映

企画　手塚吉郎
製作　清水正泉
原作　深安地平
構成　八木保太郎
脚本　舟橋和郎
　　　西鉄平
演出　関川秀雄

軍艦解体作業を象徴的背景として曽つて軍籍にあつた人々が　新しい生活の開拓にいそしむ姿を描く

(1) シーン14　ニセ傷痍軍人の「敵の艦爆に襲撃されました」「突込んできた敵機を三機撃墜しました」などの台詞は適当に改訂をして貰いたいと希望した　（国家）

(2) シーン69　住江の「夜の女と一晩中軍艦の話をしてたんですって　あゝ汚ない」云々と軍艦を隠語に使っているのであるが　これは風俗上の点を考慮して多少脚本を改訂して欲しいと希望した　（風俗）

わたしは女性 No１

日映

製作　藤本修一郎
脚本　庵原周一
演出　庵原周一

現代の日本の話題の女性十数名を紹介集録した短篇、

この中に出てくる女性の描写は殆んどがニュース映画として撮られたものをとり上げる訳であるが　これらはすべてその本人に一応承諾を得て使用されるよう　念の為注意を希望した。

また皇后陛下の日赤の会合席上の「言葉」がニュースからとられてあるが　これは宮内庁の承諾を正式に求められたい旨を望んだ、

シーン19に使用されるハワイ二世のシーン　ハワイの場面が出るなら　そのフィルム使用に関してＣＩＥと接渉の上その承諾を得ておいて欲しいことを念の為望んだ。

（註）製作者側より皇后の場面は使用しない事になったと申出があった。

左近捕物帖　鮮血の手型

松竹

製作　小倉浩一郎
脚本　石田清吉
　　　八尋不二
演出　原研吉

大名の世嗣問題をめぐつて起る殺人事件を扱つた時代活劇
シーン32の「甲賀家の」及びシーン81の「公儀の」は何れも「隠密」という言葉につく言葉であるが　これがあると徳川幕府の秘密警察組織を指す言葉となる
このシナリオではそういう意味の間諜を指すのではなく　単なる市井の間諜を指すものであつて必要がないし　悪い印象を与えると思われるので削除されることを希望した。
（社会）

三悪人と赤ん坊（自主改訂版）	大映

希望事項なし

天保水滸伝 大利根の夜霧	新東宝

製作　竹井　諒
　　　金田良平
原作　友田昌二郎
脚本　佐伯　清
演出　佐伯　清

利根川をめぐる理不盡なやくざ者の暴力に対して苦鬪した大原幽学と農民を描く物語

勿論こゝにとりあげている所謂やくざ者は批判的に描かれてはおるが 冒頭とラストにある この両勢力の出入（立廻り）はあらためて云う迄もないが在来の如き英雄化讃美的に描かれることなきよう念のため注意を望んだ （社会）

二度ばかり出てくる賭場の描写は如実でないことも希望した （法律及教育）

子供にやくざが仁義のきりかたを教えている件 これはかつてその例もあり 他のものに代えてもらう事にした，（否定的に描かれているが 対象が子供である点を考慮してかく処理さるべきであろう）（教育）

こゝに出て来る役人すべてが悪に描かれるのは いかに封建制の否定の為とは云え 却つてそれでは皮相的になり逆効果を生むおそれがある （かつての傾向映画や左翼演劇や小説に於けるが如く） むしろこゝでは そのなかに人間的に正しい役人もいることを示すよう描かれるのが望ましい （法律）

浪人平手造酒はまゝすると丹下左膳や机龍之助の印象を与えかねない扮装演技になるおそれあり、よつて批判的に新しいタイプとして描かれたい （社会）

半次がりえをめぐる件があるが　これは從来通り止めて欲しい（社会）

笹川繁藏が花会を開く噂をしている件に　大前田英五郎　国定忠治　清水次郎長その他大親分の名前が羅列されるのはやくざ讃美を想起さすので止めてもらうことを望んだ．（社会）

製作者側は勿論大原幽学を中心にやくざを批判的に描くことをねらい意図している旨申し添えられていたが　この作品の如きは　その線に沿わない限り　在来のやくざ映画の如き無批判に陥るおそれあり　全体的な注意を念のため希望しておいた（社会）

肉体の暴風雨（あらし）　東宝

製作　佐藤武
原作　田村泰次郎
脚本　館岡謙之助
演出　佐藤武

復員の夫を待つ間に過失を犯した人妻をめぐる愛情の葛藤を描く

(1) 女主人公の三千代が終戦直後の荒波に投げ出されて　やむを得ず闇米の担ぎ屋になる件があるが　これは作者として明確に否定すること　又三千代には充分自責の念を持たせ

ることを希望した　（法律）

(2) シーン11　農家の場面での「あげられてすぐ名前を出されたんじゃかまわまいよ」云々

又シーン25　「一七が相場なんですよ」「一五にしとけよ」等の応答の台詞は具体的にすぎ且つ不穏当と思えるので適当に訂正するよう希望した　（法律）

(3) 提出脚本では　三十代が良人の帰還する前夜　他の男（岡崎）と肉体関係を結ぶように描かれているが　これは訂正する予定の旨製作者側から申出があった。

ごろつき船	大映

製作　辻　久一
企画　菅沼完二
原作　大佛次郎
脚本　成沢昌茂
演出　森　一生

幕末の蝦夷地を背景とする時代活劇

(1) シーン7　浪人達がアイヌを鞭で打つ処は過度に残酷にならぬよう演出上注意を希望した（残酷）

a—8.

(2) シーン17〜18　八幡屋が平馬達に殺害される場面の前後は　このシナリオを読んだ感じでは余りに悽惨である・残酷にならぬように演出上充分に注意して欲しいと希望した
（残酷）

(3) シーン60　庫裡の中で桐太郎が棺桶を刀で突き通し　中からむごたらしい惣吉の死体が転げ出るという場面は　宗教上からも残酷な点からも不可と思はれるので　この場面は改訂を希望した　（宗教及残酷）

(4) シーン70〜72　海岸船見櫓のところで　平馬がおみつを斬り　そのおみつの衿がみをとつてズルズル引ずつて行くと云う場面　これも過度に残酷にならぬよう　演出上の注意を希望した　（残酷）

(5) シーン85〜94　最後のいろは丸（実は雷神丸）でおみつが桐太郎に突き刺されてから以後の乱斗シーンは　このシナリオでは随分悽惨な感じであるし　それに剣戟のシーンが長すぎると思はれるので　その点を考慮して脚本の改訂を希望した　（残酷及社会）

帰郷

松竹

製作　小出孝
原作　大佛次郎
脚本　池田忠雄
演出　大庭秀雄

一人のはげしい性格の女を中心に戦前より戦後におよぶ父と娘の運命をめぐる物語

(1) 冒頭にあるサブタイトル「一九四×年シンガポールは日本軍の手によつて占領されてゐた」とある「の手によつて」以下を他の適当な言葉に柔らげて貰うこと　（国家）

(2) 高野左衛子が持つていて後伴子に与えるダイヤの指輪については　これのみは戦前から彼女が持つていたものであつて　シンガポールなど外地にて戦時中彼女が買い集めたものでない事を前もつて明らかにしておいて欲しいこと　さもないと戦後なお彼女の手にあることは違法となる　（法律）

これらの希望の外に描かれる外地及び背景として出てくるであろう外国人などには細心の考慮をもつて描かれることを念のため希望した。

三つの結婚（「受難華」の改題）　松竹

製作　久保光三
〃　大町龍夫
原作　菊池寛
脚本　柳井隆雄
演出　佐々木啓祐

女子高校を卒業した三人の若い女性が辿る結婚行路を描く恋愛メロドラマ

(1) シーン60　やす子の「守山さまには手切れの金をいたゞきましたので」の「手切れ金」は別の言葉に代えていたゞきたいと希望した（社会）

(2) 前川はフランスへ留学することになっているが　手続の問題があるから　もう少しその事情をハッキリさせて欲しいと希望した（法律）

銀座化粧	新東宝

製作　伊藤基彦
原作　井上友一郎
脚本　岸松雄
演出　成瀬巳喜男

銀座の現代風俗を背景にそこに生きる母子の愛情を描く

希望事項なし

東京の屋根の下	小川記正プロ

次欄の例

製作　松居桃楼
脚本　山内英三
演出

所謂「鳩の町」に於ける人々の生活をめぐる物語

これはセミドキュメント型式の映画である由　だが　こゝに出てくるコルトの政にしても
悪役は途中島田を傷害する箇所があるが　それがあとで私刑でもって解決されるかに見えてく
るのは好ましくないので　その実法的な解決の線へもってゆくことを望んだ　（法律）

この脚本でみる限りはラストの政の解決は余りに突然であってうなづき難い印象を与え
ると思われるので　この点も再考して貰って　正しい勧善懲悪となるよう訂正を望んだ

「鳩の町」に関する一切の描写は警視庁風紀係が容認している限度に於いて描かれるこ
とを注意希望した

これはその街頭と云はず　ベットシーンと云わず直接売春行為を暗示しないように配慮
演出して欲しいことを望んだ　又それにふれた台詞もすべて訂正して貰うことに承諾を得
た　（法律）

また「鳩の町の女よりねうちのない女」といった侮蔑を含んだ台詞はやめて貰った
（社会）

こゝには二度ばかり賭場が描かれるが　これは如実でないように注意して貰った　（法律）

政がアキを強迫し　もみあった後　「アキのスカートは破れ　シャツは破れて血さえ流
れる　政アキの乳房を見る　さわる　急激な慾情」とある件は止めてもらった　（風俗）

なほ　この映画の製作意図にバタ屋も鳩の町の女も　ストリップショーも　みんな立派

a—12

な職業であるとのべられている「立派な」は　その反面に侮蔑をおいての表現ととれるので「ひとつの」に直してもらった（社会）

佐々木小次郎（第一部）	東宝

製作　森田信義
　　　宮城鎮治
原作　村上元三
脚本　村上元三
　　　稲垣浩
　　　松浦健郎
演出　稲垣浩

若き佐々木小次郎の人間的苦悩と流転の半生を描く

演出方法によっては小次郎を英雄（剣客）化する虞れなしとしないので　その点を考慮して演出されたい。（社会）

＊　＊　＊

キャメラ探訪記 都会の裏側	日映

製作　藤本修一郎
原作　岩佐氏寿
脚本　岩佐氏寿
演出　衣笠十四二
〃　柳沢寿男
〃　道林一良

華やかな東京の街の裏面をドキュメンタリー式に描く短篇物

希望事項なし

東京新撰組	松竹

製作　田岡敬一
脚本　光畑碩郎
〃　岸東助
演出　佐々木康

善意の市民とやくざの暗黒組織との葛藤を描く社会諷刺劇

(1) 殺人業者に狙われている女に対し　警察が保護を加えないというのは警察軽視の印象を与えて面白くないと考える
従って民衆の為の警察制度を表現するよう適宜に改訂して欲しいと希望した　（法律）

(2) シーン8及びシーン18にある「仁義」は止めて戴く（社会）（二ヶ所）

(3) 尚全篇に散在する隠語はこの程度のものはよいとしてこれ以上隠語を増さないこと（社会）

夜の緋牡丹

新東宝
銀座プロ

製作・原作　八田尚之
脚本
演出　千葉泰樹

知性と純情と二つのタイプを代表する二女性をめぐる恋愛物

シーン41　「たい子の二の腕に小熊隆介と刺青がしてある　隆介唖然とする」という個所があるが　これはその前に隆介が「刺青をする奴などはキ印だ云々」の刺青に対する批判もあるにはあるが　一般大衆にはこの場面を刺青讃美と云う風に感ずる人もあると思われ

a―15

るので　その点を充分注意して演出して欲しいと希望した　（社会）

天皇の帽子

東横

製作　マキノ満男
企画　坪井與
〃　根岸洸男
原作　今日出海
脚本　棚田吾郎
〃　村松道平
演出　斉藤寅次郎
〃　毛利正樹

古風な大名貴族の家に人と成つて封建制の亡霊に取りつかれた男をめぐる諷刺喜劇

法廷の場面はその尊厳を傷つけないように　演出上の配慮を希望した　（法律）

a—16

審査集計

規程條項	関係脚本題名及希望個所数	集計
一 國家及社会	「軍艦すでに煙なし」(1)	17
	「鮮血の手型」(1)	
	「大利根の夜霧」(5)	
	「ごろつき船」(1)	
	「帰郷」(1)	
	「三つの結婚」(1)	
	「東京の屋根の下」(2)	
	「佐々木小次郎」(第一部)(1)	
	「東京新撰組」(3)	
	「夜の緋牡丹」(1)	

8—1

2	法律	「大利根の夜霧」(2)	11
		「肉体の暴風雨」(2)	
		「帰郷」(1)	
		「三つの結婚」(1)	
		「東京の屋根の下」(3)	
		「東京新撰組」(1)	
		「天皇の帽子」(1)	
3	宗教	「ごろつき船」(1)	1
4	教育	「大利根の夜霧」(2)	1
5	風俗	「軍艦すでに煙なし」(1)	2
		「東京の屋根の下」(1)	

6—2

6	性	なし	0
7	残酷醜汚	「ごろつき船」 (5)	5

◉ 希望事項總数　三七

◉ 調査上、特に協力を受けたる官庁、團体

○ 外務省政務局特別資料課

○ 警視庁防犯部保安課風紀係

○ 文部省初等中等教育局初等教育課

6—3

審査映画一覧

審査番号	題名	社名	巻数	呎数	備考
一三九	君が心の妻	松竹	八巻	七、三六〇呎	
一四二	雪夫人絵図	新東宝 滝村プロ	十巻	七、八五四呎	
二六四	長崎の鐘	松竹	十一巻	八、四二〇呎	
二七七	赤城から来た男	大映	十巻	八、四七八呎	
二七九	暁の追跡	新東宝	十巻	八、三六六呎	
二八〇	女性三重奏	松竹	十二巻	八、七八六呎	
二八二	エデンの海	松竹 綜芸プロ	十巻	八、四二五呎	
二八三	火の鳥	大映	十一巻	九、一〇〇呎	
二八五	二十歳前後（はたち）	大映	九巻	七、〇一四呎	
二八八	ストリップ東京	銀星プロ 東宝芸能	二巻	一、九〇三呎	

8—4

二八九	女学生群	東横	九巻	七、四七三呎	
二九〇	エノケンの 豪傑一代男	新東宝 エノケン・プロ	九巻	七、二二二呎	
二九三	七色の花	東横	十巻	九、一四四呎	
二九六—一	旗本退屈男捕物控（前篇） 七人の花嫁	東横	八巻	六、一三九呎	
二九六—二	旗本退屈男捕物控（後篇） 毒殺魔殿	東横	七巻	五、八九八呎	
二九八	海上保安隊出動 海峡の鮫	大映	八巻	六、六〇〇呎	
三〇三	腰抜け二刀流	新東宝	八巻	六、七九八呎	
三〇七	花のおもかげ	松竹	八巻	七、二八一呎	
三一二	恋愛台風圏	東宝	九巻	七、三九二呎	
三一五	お嬢さん罷り通る	松竹	八巻	六、七三二呎	
三一八	わたしは女性No.1	日映	三巻	二、三〇一呎	
三二九	カメラ探訪記 都会の裏側	日映	三巻	二、五八九呎	

6→5

○予告篇

二四二—T—二	雪夫人絵図	新東宝		製作第二報
二五七—T—一	東京の門	東宝		製作第一報
二五七—T—二	東京の門	東宝		製作第二報
二五八—T	レ・ミゼラブル	東横		特報
二六四—T	長崎の鐘	松竹		製作第二報
二七七—T	大映ニュース第一一二号	大映		赤城から来た男
二七九—T	暁の追跡	新東宝		
二八〇—T	女性三重奏	松竹		
二八二—T	エデンの海	松竹 綜芸プロ		
二八五—T	大映ニュース第一一一号	大映		二十歳前後 真珠夫人（特報）
二九〇—T	エノケンの豪傑一代男	新東宝 エノケンプロ		附・東京のヒロイン
二九三—T	七色の花	東横		

二九七―T	大映ニュース 第一一四号	大映		真珠夫人
二九八―T	大映ニュース 第一一三号	大映		海上保安隊出動 海峡の鮫
三一六―T	軍艦すでに煙なし	新映画社		

N―六六	日本スポーツ 第六六号	日映		
N―六七	〃 第六七号	〃		
N―六八	〃 第六八号	〃		
N―六九	〃 第六九号	〃		
P―一二二	ムービータイムズ 第一二二号	プレミア		
P―一二三	〃 第一二三号	〃		
P―一二四	〃 第一二四号	〃		
P―一二五	〃 第一二五号	〃		

E－一八九	火を噴く三十八度線	東興映画	五巻	四、六〇八呎	
E－一九九	戦火の三十八度線	理研	四巻	三、一五〇呎	毎日新聞社企画
E－一七五	ほんとうの青い鳥（農業協同組合の話）	日映	二巻	一、八六九呎	農林省家の光協会企画
E－一七八	セロ弾きゴーシュ	日映	二巻	一、九三二呎	影絵
E－一七九	季節の曲（しらべ）	モーションタイムズ	一巻	九〇〇呎	神奈川県観光課企画
E－一八一	災害に応えて	日映	一巻	一、〇九二呎	大阪市衛生局企画
E－一八三	私達の家庭防火	日映	二巻	一、九一七呎	損害保険協会企画
E－一八五	えんぴつのはなし	日映	一巻	六〇六呎	北星鉛筆企画
E－一八七	明日への健康B.C.G	日映	二巻	一、三六五呎	厚生省監修
E－一八八	新歌舞伎十八番之内 紅葉狩	松竹	一巻	三一五米	記録映画
E－一九〇	細菌物語	日映	二巻	一、六二九呎	
E－一九一	新東京めぐり	日映	二巻	一、九三八呎	

E—8

E－九二	柔道の妙技	シュウ・タグチ・プロ	一巻	八九八呎	
E－九四	昭和二十五年秋場所 大相撲熱戦集	大日本相撲協会映画部	二巻	一、六〇〇呎	
E－九六	上野動物園	ニュー・フレンド	一巻	八二〇呎	
E－九七	汚いといったお嬢さん	日本観光映画	二巻	一、九〇〇呎	東京都水道局企画
E－一〇〇	ジェーン台風	大阪映画人集団	一巻	一、〇〇九呎	大阪市の被害記録映画

6 — 9

映画審査概要

〇雪夫人絵図　新東宝

この映画は製作中順次ラッシュプリントの出来るに従い　懸念される部分を前以って見せて貰い、すでに審査試写前に数回にわたって内審をしたものであり　風俗、教育の点から懸念される個所もあり　各審査員の見解も参照して、直之と綾子の風呂場のシーンを全部とり除いて貰うことを望んだ　そして実行された　また　かゝる映画である故に　観客制限の勧告も考えないではなかったが、すでに製作者側の方に　この映画にとって好ましからざる年代の層が動員出来ないであろう点を予期していられるかに見られたのを併せ考慮して、あえて勧告はしないことにした、おそらくこの映画の公開には　色々の異見もあるであろうことは考えられるが　脚本改訂より完成映画に至る迄及ぶ限りの慎重を期したものであり　勿論全体的にはやゝ不道徳的なにほいをいなみ難いものであるけれども　規程の限度すれすれに迄、純化されていることは確かだと思われる・

幸いにしてこの映画は、風俗上、教育上いかゞわしい描写を意図して作られたものではないことは、もとより　云うまでもなく　直之や雪夫人の生活が批判の対象として描かれてあるのであるから　部分的にやゝ刺戟的な件、幾分煽情的にも見える演技等のあったこと

8—10

は事実である。

しかし、それらが全体としては、批判として描かれている態度を我々は注目し、それに従って、以上の如き処置に合議の上決定したものである。個々の部分のみの印象を問題とする前に、この批判の態度と云う点を忘れないで欲しいと思う、さもなくば、この映画は、頽廃風俗と煽情讃美の映画に堕してしまっていたであろうし、またもしこの映画がかかるものであったならば、我々としても、以上の如き処置は決してとらなかったであろう。我々が在来の、或いは単なるセンサアシップでない点はここに在るものと考える

○長崎の鐘　　　　松竹

1. 野戦繃帯所、兵隊が繃帯するシーン
2. 川原のイクリの木、原子爆弾のピカッと光るシーン
3. 焼跡のシーン

以上削除を希望し、実行された。

○赤城から来た男　　　　大映

1. ユキの寝姿アップ（風俗上の点）

2 滝蔵が紫太郎を斬るカット（残酷の点）

以上削除を希望し実行された。

○ 暁の追跡　新東宝

労働争議の現場へ暴力団がなぐりこんでくるのを止める為、警官隊がかけつけるところ、争議団員をなぐるかに見える印象は誤解を招く恐れがあるので、その部分の削除を希望し実行された。

○ 七人の花嫁（旗本退屈男捕物控（前篇））　東横

過度の立廻りがあり、暴力讃美化の恐れあるによって、

1. 邸内牢屋附近立廻り
2. 浪宅内部立廻り

以上二ケ所を部分的に削除を希望し、短縮してもらった。

a—12

旗本退屈男捕物控（後篇）

○ 毒殺魔殿　　東横

前篇同様、同理由によって

ノ、松平邸内立廻中、早乙女主水之介が二刀をもつての立廻りになる場面、一部削除を希

望し、実行された。

6—13

宣傳広告審査概要

スチール

○ ストリップ東京　銀星プロ

ヒロセ元美のストリップスチールは風俗上より見て好ましいものとは思はれないので、キャビネ型スチール以外には使用を遠慮されたい旨、注意した。

○ 赤城から来た男　大映

この映画に於ても決闘シーン（三枚）のスチールは常設館の画カンバンとすることは遠慮されたき旨、傳達した。

○ 東京ファイル二一二　東日興業

旧軍國時代の特攻隊の訓練及出発シーン並に卑猥なる男の裸体スチールは使用を中止されたい旨を傳達した

―6―

文案

○海峡の鮫　　大映

「突破なるか！　三十八度線」

三十八度線はこの映画に直接関係なく内容と違うので削除を希望した

○七色の花　　東横

「私は戦争の間美しい羽蒲団のベットで旦那に抱かれて　ぬく〳〵と寝て暮した」

の「抱かれて」は風俗上より見て好ましからず削除を希望した。

○二十歳前後　　大映

「藤本佐文の行動が描くもの！」

これは日大事件に関連された新聞広告文であるが、日大事件そのものを使用するならばまだしも個人名を掲げて売ることは人権上より見て行過ぎの如く思はれるのでこの文案の使用中止方を希望した。

広告一般

○火の鳥　大映

常設館広告に「前後篇一挙上映」の宣傳があったが、これは虚偽となるので使用中止方を希望した。

○軍艦すでに煙なし　東映

ポスター原図「海戰の図」これは内容と遊離した行過ぎたイメージであり、戰爭映画の誤解となる恐れあり、使用中止方を希望した。

以上簡略に記したが　この他「プレス」にない宣傳が常設館で見受けられるが　この自主企画宣傳については興行場に、また、これは？と思はれる文案については　その都度事前にそれぞれ注意している。

各社封切一覧

封切日	審査番号	題名	製作会社	備考
松竹				
九月廿三日	二六四	長崎の鐘	松竹	
三十日	二八〇	女性三重奏	〃	
十月七日	一三九	君が心の妻	〃	
十四日	二八二	エデンの海	松竹 綜芸プロ	
廿一日	三一五	お嬢さん罷り通る	松竹	
東宝				
九月三十日	三一三	恋愛台風圏	東宝	
十月十四日	三二九	都会の裏側	日映	
	E一八九	火を噴く三十八度線	東興映画	

6―17

大映

九月廿三日	二八三	火の島	大映
十月三日	二八五	二十歳前後	〃
七日	二七七	赤城から来た男	〃
十四日	二九八	海峡の鮫	〃
廿一日	二九七	真珠夫人（処女の巻）	〃

新東宝

九月廿六日	三〇三	腰抜け二刀流	新東宝
十月三日	二七九	曉の追跡	〃
十日	一七八 一七九	山のかなたに（前後篇）	〃
十五日	二九〇	エノケンの豪傑一代男	新東宝 エノケンプロ
廿一日	一四二	雪夫人絵図	新東宝

東映

ち―18

九月廿三日	二九六～一	旗本退屈男捕物控（前） 七人の花嫁	東横	
三十日	二八九 三一八	女学生群 わたしは女性No1	東横 日映	
十月七日	二九六～二	旗本退屈男捕物控（后） 毒殺魔殿	東横	
十四日	二九三 E―199	七色の花 戦火の三十八度線	理研 〃	
廿一日	三一大	軍艦すでに煙なし	新映画	

E—19

映画倫理規程審査報告　第十六号

昭和二十五年十月二十七日発行

発行責任者　野末駿一

東京都中央区築地三ノ六

日本映画連合会事務局

映画倫理規程管理部

築地(55)　二八〇二
〇六九六

映画倫理規程審査報告

第17号

17

映画倫理規程

審査報告

25.10.18 ～ 11.16.

日本映画連合会
映画倫理規程管理委員会

目次

審査脚本一覧

社別	題名	受付日	審査終了日	備考
大映	緋牡丹盗賊	一〇・一六	一〇・一八	
大映	處女峰	一〇・一九	一〇・二三	
東宝	佐々木小次郎（第二部）	一〇・二〇	一〇・二三	
大映	姉妹星	一〇・二四	一〇・二六	
藤本プロ	えり子とともに	一〇・二四	一〇・二七	
東宝 三上プロ	情艶一代女	一〇・二七	一〇・二八	「東京一代女」の改題
新東宝 伊藤プロ	若さま侍捕物帖 謎の能面屋敷	一〇・二六	一〇・三〇	「若さま売出す」の改題
東宝 ブレイクストン	・仮題 運命	一〇・二六	一〇・三〇	
大映	紅蝙蝠	一〇・三〇	一一・一	
東横	乱れ星荒神山	一〇・二〇	一一・一	「雄叫び荒神山」の改題

a—1

社別	題名	受付日	審査終了日	備考
東横	乱れ星荒神山 改訂版	一〇・三〇	一一・一	「新版荒神山」の改題
松竹	奥様に御用心 自主改訂版	一一・一	一一・二	改訂第二稿
東横	風にそよぐ葦（前篇）	一一・七	一一・九	
大映	鉄路の弾痕	一一・九	一一・一〇	
松竹	（仮題）女優と名探偵	一一・九	一一・一四	
松竹	ひばり捕物帖 とんぼ返り道中	一一・八	一一・一四	
新東宝 昭映プロ	愛染香	一一・一四	一一・一六	
松竹	女の水鏡	一一・一三	一一・一六	
エノケンプロ	エノケンの八百八狸大暴れ	一一・一四	一一・一六	

◎ 新作品……………一七

シナリオ数……………一九（内改訂版 二）

ル—2

内訳‖松竹　四（内改訂版一）　東宝　三

大映　五　新東宝　二　東横　三（内改訂版一）

藤本プロ　一　エイケンプロ　一

◎審査シノプシス……五

内訳　大映　二　東横　二　新東宝　一

※　※　※　※

脚本審査概要

緋牡丹盗賊　大映

製作　[illegible]尾[illegible]夫
企画　竹井諒
原作　角田喜久雄
脚本　八尋不二
演出　安達伸生

所謂「緋牡丹盗賊」と将軍家落胤の謎をめぐる時代活劇

全体には問題はないが　部分的にシーン68で数弥と太う若侍がお京さまを無理に抱きよせ口づけする件を煽情的でなく演出して欲しいことと（風俗）　三四ヶ所にある立廻りも　慣例の如く　度を過さないよう注意されるよう希望した（社会）

ル―4

処女峰　大映

製作　土井逸雄
原作　富田常雄
脚本　新藤兼人
演出　木村恵吾

結婚期にある三人の姉妹をめぐる恋愛葛藤を描く

シーン136で達次郎の解決がつくのであるが　悪をこらす意味をもう少し強調して欲しい（法律）

シーン142のアドルムは薬名を出さぬよう希望（法律）

佐々木小次郎（第二部）	東宝

製作　森田信義
　　　宮城鎮治
原作　村上元三
脚本　村上元三
　　　松浦健郎
演出　稲垣浩

若き佐々木小次郎の人間的苦悩と流転の半生を描く

第一部と同じく　小次郎を剣聖的に表現しないように希望した（社会）

＊　＊　＊　＊

a—5

姉妹星

大映

製作　[illegible]田鎮太
　　　[illegible]川吉衛
脚本　依田義賢
　　　野渕昶
演出　野渕昶

不具の姉と嬌慢な妹をめぐる母性愛物語

シーン82　姉（美佐子）が妹（美佐子）にピストルを発射する件があり　その後に「今美佐子が告訴しないと云ったし……云々」と云う台詞がある。殺人未遂は所謂「告訴を俟って論ずべき罪」ではなく（法律）一又美佐子は唖であり唖者は無罪　若しくは罪を軽減されるので（法律）　その線に沿って適当に削除又は訂正を希望した。

えり子とともに

藤本プロダクション

製作　藤本真澄
脚本　井手俊郎
　　　内村直也
演出　豊田四郎

若き現代女性「えり子」をめぐる人々の動きを通じて生活の倫理を探求するラヂオド

ラマの映画化

希望事項なし

情艶一代女（東京一代女の改題）	東宝 三上プロ

製作　三上訓利
原作　邦枝完二
脚本　八田尚之
演出　野村浩将

人の世の煩悩に苦しみつゝ芸術一途に精進する舞踊家花柳寿美の物語

この作品には　実在若しくは近年物故せる人物が多数登場するので　それぐ本人或は遺族に了解を求められるよう念のため申添へた
実在の会社名　寺名等についても　同様の処置を希望した
尚　その外に冒頭に登場する英国人夫妻についても　しかるべく手続方法をとられたいことを希望した（これは日本人俳優が扮する由である）

＊　＊　＊　＊

a―7

若さま侍捕物帖 謎の能面屋敷 「若さま売り出す」の改題	新東宝 伊藤プロ

製作　伊藤基彦
〃　高橋一朗
脚本　井上梅次
演出　中川信夫

「能面賊」の謎を解く「若さま侍」の活躍を描いた時代捕物映画

希望事項なし

仮題 運命	ブレイクストンスタールプロ 東宝

製作　ジョージ・ブレイクストーン
製作主任　森本朴
脚本演出　レイ・スタール

神秘な「運命」の手に操られる男女の愛情の物語

希望事項は次の如くである

(1) 阿片が取扱われているが　日本版の場合は阿片を麻薬以外の別のものに代えて貰いたい

a—8

（法律）

(2) シーンB「支那から密輸された云々」のロヂヤーの台詞があるが　この支那は中国と改訂して欲しい　（国家）

(3) シーンBK人気のない公道　ハヤシが懐中電燈を出して闇物資の箱を裂き中味を調べる処で「アメリカの夕バコよろしい　スコッチウイスキーよろしい　ストレプトマイシンよろしい云々」の台詞があるが　この台詞は止めて貰いたい
又　この場面でアメリカの夕バコやスコッチウイスキーなどを判然と見せることを止めて貰いたい（法律）

(4) シーンAU日本家屋　ロヂヤーがユキコを蹴る処があるが　これは残酷な感じにならぬように演出に注意して貰いたい　（残酷）

(5) シーンDA家の横手　ロヂヤーがノリトモのナイフに背部を刺されて死ぬことになっているが　このロヂヤーの死はノリトモの意志によるものではなく　運命の神によってもたらされたものであるという意図に対して演出に充分注意して貰いたい（法律）

（附記）
この脚本は　英国駐日代表の承認を得たものである。

◇　◇　◇　◇

ロ—9

紅蝙蝠

大映

製作　服部静夫
企画　清川峰輔
原作脚本監督　衣笠貞之助

江戸末期　猿若町の人気役者をめぐる殺人事件を扱った時代探偵劇

シーン10以下伊豫甚と紫近が花札の勝負で女を賭ける（その女と云うのは伊豫甚の女房）と云うことになっているが　これは実は伊豫甚が自分の女房を紫近から遠ざける手段であって　花札の勝負で女を賭けると云うのは表面だけの話であることが誰でも充分了解出来ると考えられる　花札の勝負で女を賭けるなどは　倫理上問題であるが　そのような理由で　脚本のまゝにしておいた。

奥様に御用心（自主改訂版）

松竹

製作　久保光三
脚本　清島長利
演出　瑞穂春海

結婚数年後の夫婦の愛情の問題を描く風俗喜劇

シーン11 良太郎が犬を思い切り蹴飛ばすという個所 動物愛護の精神より残酷な感じにならぬよう 演出上 注意を希望した（残酷）

附記＝第十四号参照

乱れ星荒神山 「雄叫び荒神山」の改題
東横

企画 柳川武夫
、 藤川研一
製作 マキノ光雄
原作 村松梢風
脚本 村松道平
演出 萩原遼

所謂「荒神山」の決闘をめぐつて起るやくざ社会の悲劇を批判的に描いたもの

この脚本の提出前に時代劇の慣例に従つてシノプシスの審査をした時 大体次のように希望しておいた

村松梢風原作によるとあるが 在来のいわゆる荒神山の賭場をめぐる争闘に お菊を批判者として立て 話の首尾にその独白を加えた感じととれる お菊の批判の言葉は至極もつともであるが その中の話は この梗概にみる限り在来とさして変化ありとは思えない やくざに対する批判は単にお菊の言葉のみでは この場合十分果されまい程 内容ではや

a—11

くざの英雄化　悲壮化の傾向が在来どおりに強い　よって二郎自身のお菊の言葉を生かして　全篇にお菊をめぐって批判的にやくざを描き　いわゆる荒神山　血斗の如きは背景へおしやって欲しいものと思う　かかる点から描かれてのみ　この映画化を認めることが出来ると思う。

　以上のような希望に対して第一回目に提出された「雄叫び荒神山」の脚本は我々の最も懸念したところの好ましからざる方向へもってゆかれた在来どおりの「血煙荒神山」を余り離れまい　余りにも時代劇的な時代劇でありすぎるものであった　これでは唯一つその線を通してしか映画化を認め得ないと希望した当方の期待を遠く去るものと云わざるを得なかった。勿論製作者側は部分的にはお菊の台詞によって批判的であろうとしているかに見えるが　如何にお菊がやくざを嫌い否定しても他方で仁吉や長吉をめぐるやくざ達はありのままのやくざの典型的な行動をとり　全篇は荒神山と云う高市へたかまろしをとりあう親分とその一統のやくざの生態そのものを肯定的に描かれており従ってその礼讃化　其の英雄化　悲壮美　兄弟分と云う封建的な関係の美化　その他いわゆる戦前の時代劇のもつ幾多このましからざる要素にみちていると云わねばならない。

　かゝる題材が取り上げられる時　批判的に描くと云うことは単にその中に批判者としての人物を設定し　そのものをして批判の台詞を云わしめればそれで事たりると云うが如きことであっては　何の役にもたたないであろう　これは従来もしばしば在ったことであり

製作者はともするとかゝる人物設定さえあればいかなる二のましからざる題材でも「批判的」に描けていると簡単に思いこんでいられるかに見うけられた　例えば相手をもと（＼）なぐる意図をもっている男が思いきり相手の顔をなぐっておいてから　さて相手にどうもすまなかったと　あとでいくらあやまった所で殴打したという暴力行使は決して否定もされなければ批判もされてはいない　あたかもかゝる単純至極な型式で在来「批判的」と云うことが安易にとられていた傾きがあったのではないだろうか。

　これはこの製作社たる東横映画にのみ向って云うのでなく　より広く一般にも認識して欲しい点である。この「荒神山」はそういう点で　例へば全面的に否定の立場から主題をとり上げた大映の「赤城から来た男」とは同日には論じられないことは明らかである。よってこの脚本は全体に亘って改訂されない限り　我々として認めがたい旨を伝え　更に慎重に訂正された脚本で今一度審査をすることの承諾を求めた

　改ためて改訂本が提出されたが　なお全体に亘って第一稿に認められた好ましからざる傾向が少なからず認められたので　製作者が期待するいわゆる時代劇的ないくつかの焦点が弱められるかも知れないが　敢てそれを承知ならば以下の諸項を改訂して製作に着手されたい旨を伝えた　殊にやくざ礼讃や肯定に関した部分及びその台詞　或いは荒神山の喧嘩場に於ける暴力肯定となる描写などの諸点を訂正して貰うことに承諾を得た　それらの箇所はすべて五十数ヶ所に及んだが大体を以下に略記すれば次の如きである。

即ちやくざ礼讃の肯定的な台詞と演技（社会）暴力肯定と教育の点からみて懸念される台詞及び演技を除くと共に（社会教育残酷）殊に本篇にとって清水の廿八人衆は止むを得ないとしても　こゝへ清水の次郎長が乗り出して　この喧嘩の仁吉方の後押しをするに至つては　封建的な暴力行為の英雄化とやくざ肯定と云うべく　好ましいとは云えない　よつて清水の親分は出さないで欲しい旨を伝えたが　製作者側は次郎長とは扱い方を変えるから山岡鉄舟をこの代りにしたいとのこと　これは改訂本によつて止むを得ないものとして認める事にした

また荒神山の喧嘩場は相手方の安濃徳は敵役として止むを得ないであろうが　仁吉方は必ずしも暴力行使によつて解決しようと始めからかゝるものと描かないようにその点代官の登場を考えたり　やくざ以外の人物がすべて批判的な立場からこの出来事を見ているように描き直して貰つたりともかく理非を正してあくまで交渉を続けようとする態にもつて貰つた（社会）

また仁吉がお菊を自ら離縁する件は　封建的な慣習の肯定であるので（その時代としては勿論当然でもあろうが）批判的に描くか別の型にして貰うことを望み　これは安濃徳が妹をつれ戻すことにして貰つた（社会）　その他の個々の点はいち〳〵挙げるいとまを持たないが規程に照らして製作者側に於いて積極的に訂正改変を加えられたがかゝる映画である故に尚完成映画の審査に於て更に検討の余地を残して貰うことにした。

風にそよぐ葦（前篇）

東横

製作　マキノ光雄
企画　吉田信三
原作　石川達三
脚本　八木保太郎
演出　春原政久

滔々たる軍国時代の波とたゝかう一自由主義者の家庭をめぐる恋愛物

全体として戦争が後方に押しやられているがその意味を徹底する意味で左記の所々を訂正または削除されるよう希望した。

P.8 悠平の台詞で〝戦争と云うものは人間を無駄づかいするもんだよ〟の〝無駄使い〟は日本軍部の批判としては首肯されるが、他国の戦争をあてこする意味にとられる恐れもあるので適宜な表現に訂正すること。（国家）

P.29 藁人形の胸に木銃を突立てる所は残酷な印象を与へないよう、人形の方に工夫を期待したい（残酷）

P.30 〝そんな事で人間が突殺せるか〟——これも余りに好戦的な印象を受けるので、適宜考慮されたい（国家）

P.68 真珠湾攻撃の号外の文字は削除されたい。（国家）

P.69 〝要するに有色人種の勃興期ですな〟——は反国際的な印象を与える恐れがあると考へられるので考慮されたい。（国家）

P.71 戦況放送は演出上刺戟的でないよう留意されたい（国家）

P.127 壁に貼られたビラの文字〝アッツの英霊につゞけ〟〝一機でも多く一機でも多く〟〝一億総蹶起〟は好戦的な印象を与える恐れがあるので表現上注意されたい（国家）

鉄路の弾痕

大映

製作　辻　久一
脚本　柳川真一
演出　安田公義

輸送物資を襲撃する兇悪なギャングと戦う鉄道公安官の活躍を描く

シーン22〜28 新参の鉄道公安官信二がギャング一味が残したハンカチを手に入れ、上司に断りなく単独でその出所を探索する件があるがこれは不条理であるから適宜改訂していたゞくよう希望した（法律）

尚本作品は上記の通り鉄道公安官の活躍を主題とするものであるから運輸・警察等関係当局と連絡の上誤りのないようにせられたい旨を念のため申し添えた。

（仮題）
女優と名探偵
松竹

製作 須佐寛
原案 瑞穂春海
脚本 中山隆三
演出 川島雄三

撮影所を背景として女優と探偵が絡み合う短篇喜劇

希望事項なし

ひばり捕物帖
とんぼ返り道中
松竹

製作 石田清吉
企画 福島通人
脚本 八住利雄
演出 斉藤寅次郎

母子の愛情を描くユーモア捕物帖

希望事項は次の如くである。

(1) シーン47のラブシーンの演技は余りに悪趣味にならぬように演出上注意を希望した。
（風俗）

(2) シーン68「仇をとり」「お父さんの仇をとって」　シーン71「おやじの仇だ」等の台詞

a—17

があるが、事実は仇討ではないので、こんなに仇、仇と云う言葉が出て来るのは、佐七は仇討をやるのだと云う風に誤解する人もあるかと思つたら「仇」とかしなどの言葉は、犯人を見つけ出すし位の言葉に改めて戴きたい（法律）

(3)
シーン78 佐七が佐平次の乾分を二人三人斬り倒すと云うのは これは正当防衛で止むがないのとも思えるが、余程注意して演出して戴かないと積極的に斬り殺す感じになりかねないので、出来ることなら斬り倒す処までは見せずに逃げることにして欲しいと希望した。（法律）

(4)
シーン83 佐平次が蝶松を蹴り上げる処 これは残酷な感じにならぬように演出上注意を希望した。（残酷）

愛染香
新東宝 昭映プロ

製作 望月利雄
原作 川口松太郎
脚本 八住利雄
演出 阿部豊

若き医師と初恋の女性をめぐる恋愛メロドラマ

シーン81等、手術場面の演出は規程に従ってなされる様注意した。（残酷）

a—18

女の水鏡	松竹

製作　小出孝
原作　舟橋聖一
脚本　斉藤良輔
監督　原研吉

現代に生きる様々のタイプの女性の姿を綴る恋愛メロドラマ。

検事の論告は正しい表現にして戴く、例えばシーン53の被告に求刑するのに有期や執猶をつけている如きである。（法律）

エノケンの八百八狸大暴れ	エノケンプロダクション

製作　滝村和男
原作　広田伊太郎
脚本　渡辺邦男
演出　渡辺邦男

「八百八狸」伝説を時代喜劇化したもの。

これは時代喜劇であるが、由来喜劇はその演技が大きく左右するものの故、なお完成映画に於いても検討の余地を残したい旨を伝え、また一つの山に[illegible]の洞窟の前に置物の狸がおかれてあることになっているが、この置物はいわゆる日本の土俗的なもの誇張された狸でないよう希望した。これは風俗的に面白からざる印象を与えると困るので、かく希望した次第である。（風俗）

a — 20

審査集計

	規程條項	関係脚本題名及希望個所数	集計
1	國家及社会	「緋牡丹盗賊」(1) 「佐々水小次郎」(第二部)(1) 「運命」(1) 「乱れ星荒神山」(4) 「風にそよぐ葦」(前篇)(6)	13
2	法律	「處女峰」(2) 「姉妹星」(2) 「運命」(3) 「鉄路の弾痕」(1) 「とんぼ返り道中」(2)	11

6—1

		「女の水鏡」(1)	
3	宗教	なし	0
4	教育	「乱れ星荒神山」(1)	1
5	風俗	「緋牡丹盗賊」(1) 「とんぼ返り道中」(1) 「八百八狸大暴れ」(1)	3
6	性	なし	0

6―2

7	残酷醜汚
「運命」	(1)
「異様に御用心」	(1)
「乱れ星荒神山」	(1)
「風にそよぐ葦」(前篇)	(1)
「とんぼ返り道中」	(1)
「愛染香」	(1)
6	

◉希望事項総数…………三四

ℓ—3

審査映画一覧

審査番号	題名	社名	巻数	呎数	備考
二〇四	東京のヒロイン	新東宝	十一巻	八、五六五呎	
二五七	東京の門	東宝	十巻	八、九五四呎	
二五八	レ・ミゼラブル 第一部・神の悪魔	東横	十三巻	九、八〇〇呎	
二五九	レ・ミゼラブル 第二部・愛と自由の旗	東横	十二巻	一〇、〇〇〇呎	
二七五	黒い花	松竹	十巻	八、七四三呎	
二八六	薔薇合戦	松竹	十巻	八、八一一呎	
二九七	真珠夫人（處女の巻）	大映	十巻	八、二一六呎	
二九七	真珠夫人（人妻の巻）	大映	十巻	八、一六九呎	
三〇〇	黄金獣	新東宝	十巻	八、三九〇呎	「影なき侵入者」の改題
三一一	鬼あざみ	大映	十一巻	八、六〇〇呎	

三一三	三悪人と赤ん坊	大映	九巻	七、七四〇呎	
三一四	アマカラ珍騒動	新東宝	九巻	七、七四六呎	「アマカラ親爺」の改題
三一六	軍艦すでに煙なし	新映配	十巻	八、九〇〇呎	
三二一	天保水滸傳 大利根の夜霧	新東宝	九巻	八、四一四呎	
三二二	肉体の暴風雨（あらし）	東宝	八巻	七、〇三三呎	
三二三	ごろつき船	大映	十巻	七、九一八呎	
三三〇	東京新撰組	松竹	九巻	七、七四六呎	

〇予告篇

二〇四－T	東京のヒロイン	新東宝		
三一一－T	大映ニュース 第一一五号	大映		鬼あざみ
二五八－T－二	レ・ミゼラブル（第一部 神と悪魔）	東横		製作第二報
二五九－T	レ・ミゼラブル（第二部 愛と自由の旗）	東横		
二八六－T	薔薇合戦	松竹		

b—5

二九二一T一一	愛と憎しみの彼方へ	映画芸術協会		製作第一報
二九二一T一二	愛と憎しみの彼方へ	〃		製作第二報
二九七一T	大映ニュース 第一一七号	大映		眞珠夫人（人妻の巻）
三〇〇一T	黄金獣	新東宝		
三一三一T	大映ニュース 第一一六号	大映		三悪人と赤ん坊
三一四一T	アマカラ珍騒動	新東宝		
三二一一T	天保水滸傳 大利根の夜霧	新東宝		附・夜の緋牡丹（特報）
三二三一T	大映ニュース 第一一八号	大映		ごろつき船、鳴れる盛装（特報）
三三四一T	歸郷	松竹		
E一九五一T	東京ファイル二一二	東日興業 ブレイクストン		
N一七〇	日本スポーツ 第七〇号	日映		
N一七一	〃 第七一号	〃		

6—6

N-七二	〃 第七二号	〃		
N-七三	〃 第七三号	〃		
P-一二六	ムービータイムズ 第一二六号	プレミア		
P-一二七	〃 第一二七号	〃		
P-一二八	〃 第一二八号	〃		
P-一二九	〃 第一二九号	〃		
N-E-三	天皇皇后両陛下行幸啓 第五回国民体育大会	日映		日本スポーツ特報
E-八〇	りんご園物語	東宝教育	五巻 四、二三八呎	
E-八二	尿素	日映	二巻 一、六四九呎	東洋高圧工業（株）企画
E-八四	牛のいる村	日映	一巻 八六三呎	
E-九八	移動動物園	日映	二巻 一、六一四呎	
E-一〇二	たんばこ姫	内外映画	二巻 一、九〇〇呎	銀星プロ提供 日本専売公社企画

九—7

E-一〇三	工業都市・四日市	[illegible]教育	二巻、一、八一一呎	日本産業地理大系
E-一〇四	砂に咲く花	東宝教育	三巻 三、九五〇呎	厚生省社会局企画
E-一〇七	アド・トーキーNo.1 ミスター日本を募る	日本映画宣伝(株)	一巻、一〇〇呎	株式会社八重椿企画
E-一〇八	アド・トーキーNo.2 平和生命保険株式会社	日本映画宣傳(株)	一巻、一〇〇呎	平和生命保険株式会社企画
E-一〇九	打撃王デイマジオ	日映	二巻、一、五四五呎	
E-一一四	よろこびの此の日	日映	一巻、八五七呎	愛知県弘報室企画

E—8

映画審査概要

○ 黒い花　松竹

一、好ましくない戦後風俗が過度に出ている点二ヶ所

二、煽情的な点から強盗に迫られている女の顔のアップ及びその手先の表現の個所

三、裁判の公正をやゝ疑わしめる印象を与えるカット

以上削除を希望し実行された

○ 黄金獣　新東宝

「ストリップショウ」の場面、風俗上の点より短縮して貰った

○ 三悪人と赤ん坊　大映

一、女の全裸体のロング（風俗上から）

二、赤ん坊に悪人が短刀をつきつける二カット（残酷の点から）

以上削除を希望し、実行された

ハ―9

○　軍艦すでに煙なし　　新映画社

夜の街頭で女が客引をするシーン削除を希望し実行された。

○　ごろつき船　　大映

「立廻り」過剰のため

一、八幡屋中庭の立廻り一ヶ所

二、船番所内の立廻り五ヶ所

以上削除希望し、実行された。

ｋ—10

宣傳広告審査概要

スチール

○東京の門　東宝

村田知英子と佐々木高丸の演ずるベットシーンのスチールは風俗上より見て好ましくないので使用遠慮されたい旨を傳達した。

○夜の緋牡丹　新東宝

島崎雪子と伊豆肇の奇抜なキッスシーンスチールは一種の変態色情倒錯であり、年少者の模倣の恐れあるとも考へられるので、使用を遠慮されたい旨を傳達した。

○アマカラ珍騒動　新東宝

ストリツプシーンのスチール四枚（島崎魔子）絵カンバン及ポスターに使用されることは風俗上より好ましくないので　キヤビネ版以上の引伸しは遠慮されたい旨を傳達した。

ム—11

○ごろつき船　　大映

大河内と寺島貢の斬り合いシーンのスチール・
寺島が斬られ倒れるところ、残酷な感強く　使用遠慮されたい旨を伝達した。

○乱れ星荒神山　　東横

右太ヱ門、高田浩吉、進藤英太郎の演ずる決斗シーンのスチール、
はさほどの刺戟は無いが　これが拡大され　〃荒神山〃の題名が付せられたときは在来の
〃荒神山〃と同内容のものと誤まられる恐れあり、ポスター等に拡大使用を遠慮されたい
旨を傳達した。

文案

○黒い花　　松竹

「いや！　いや！、男の暴力が白い肉体に迫る　そして……」

この文案を新聞広告ポスター等に使用された場合、挿絵の如何によっては　下品な風俗上

6—12、

好ましくない、印象を受けるので、使用を遠慮されたい旨を傳達した

広告一般

○情熱のルンバ　　　　松竹

松竹興行ガイド広告にラインアップとして掲載されているが、この作品は審査前のものであり　宣伝は遠慮されたい旨を伝達した。

その他、使用されないよう希望した、スチールや文案を使用された場合があり、これは発見次第　速座に使用を止められるよう連絡した。

各社封切一覧

封切日	審査番号	題名	製作会社	備考
松竹				
十月廿八日	二八六	薔薇合戦	松竹	
十一月四日	三〇七	からたちの花	松竹	
十一月十一日	三三〇	東京新撰組	松竹	
	E—一〇九	打撃王、デイマジオ	日映	
東宝				
十月廿八日	三二二	肉体の暴風雨（あらし）	東宝	
十一月三日	二五七	東京の門	〃	
大映				
十月廿八日	三一一	鬼あざみ	大映	
十一月四日	三一三	三悪人と赤ん坊	〃	

十一月十一日	二九七	眞珠夫人（人妻の巻）	〃	
新東宝				
十月廿九日	二〇四	東京のヒロイン	新東宝	
十一月四日	三〇〇	黄金獣	新東宝	
十一月十一日	三一四	アマカラ珍騒動	新東宝	
東映				
十月廿八日	二六七	東京十夜	秀映社	
	二八八	ストリップ東京	銀星プロ	
十一月三日	二五八	レ・ミゼラブル（第一部・神と悪魔）	東横	
十一月十四日	二五九	レ・ミゼラブル（第二部・愛と自由の旗）	東横	

映画倫理規程審査報告　第十七号
昭和二十五年十一月二十八日
発行責任者　野末駿一
東京都中央区築地三ノ六
日本映画連合会事務局
映画倫理規程管理部
電話、築地（55）二八〇二番
〇六九六番

4—16

映画倫理規程審査報告

第18号

18

映画倫理規程

審査報告

日本映画連合会
映画倫理規程管理委員会

目次

審査脚本一覧

社別	題名	受付日	審査終了日	備考
大映	絢爛たる殺人	一一、一四	一一、一七	
新東宝 伊藤プロ	ハワイの夜	一〇、二六		
	改訂版	一一、一七	一一、一九	
新東宝 児井プロ	孔雀の園	一一、一七	一一、一九	「東京の薔薇」の改題
銀星プロ	はたちの倫理	一一、二〇	一一、二二	短篇
新東宝 伊藤プロ	女左膳 ―鍔鳴無刀流の巻―	一一、一四		
	改訂版	一一、二一	一一、二二	
松竹	おぼろ駕籠	一一、九		
	改訂版	一一、二一	一一、二四	
大映	宮城広場	一一、二一	一一、二四	

a―1

松竹	情熱のルムバ	一一二一	一一二四	
新映画社	黄金バット 魔天楼の怪人	一一二二	一一二四	
綜芸プロ	宮塚夫人	一一二四	一一二七	
大映	炎の肌	一一二四	一一二七	
新東宝 昭映プロ	夜来香	一一二七	一一二九	
新東宝 綜芸プロ	右門捕物帖 片眼狼	一一二九	一二二	
大映	阿修羅判官	一二一	一二四	
松竹	地獄の血闘 改訂版	一二二	一二五	「長崎の鐘」改題 改訂第二稿
東横	千石纒	一一二〇		
	改訂版	一二四	一二五	
東横	女賊と判官	一二七	一二八	
大映	雪割草	一二八	一二一二	「秘密」の改題
エノケンプロ	エノケンの天一坊	一二一一	一二一二	

a—2

大映	丗	月	夜	一二・一一	一二・一三

◎新作品………………12

シナリオ数……………二五（内改訂版五）

内訳＝松竹　五（内改訂版二）　大映　六　新東宝　七（内改訂版二）

東横　三（内改訂版一）　綜芸プロ　一　銀星プロ　一

新映画社　一　エノケンプロ　一

◎審査シノプシス……………一一

内訳＝新東宝　三　東横　五　エノケンプロ　一

綜芸プロ　一　映画芸術協会　一

脚本審査概要

絢爛たる殺人
六映

製作　三浦信夫
脚本　高岩肇
演出　加戸敏

レヴュー開演中に起つた殺人事件を扱つた探偵物

シーン5　紳士のワイシヤツの胸の辺りが見る〳〵真赤に染つて行くという処　過度に血を出さないように演出上の注意を希望した（残酷）

シーン40　背景を釣り上げる綱に成瀬がぶらんとぶら下つているという処　これもあまり凄い感じに見せないよう演出上の注意を希望した（残酷）

＊　＊　＊　＊

a—4

ハワイの夜

新東宝
伊藤プロ

製作 伊藤基彦
〃 高橋一朗
原作 今日出海
脚本 阿木翁助
演出 毛利正樹
〃 今日出海

日本の大学野球選手とハワイの二世娘をめぐる恋愛メロドラマ

第一稿に於ては麻薬中毒の女性が出て来たり 戦争当時の場面に少しく印象的に過ぎるものが多かつたりしたので 可成の部分に改訂を希望したのであるが 改訂版に於いては次の場面の演出上の注意を希望しただけである

シーン49「ラジオからサイパン島を完全に占領したというニユースが放送される」とある処（国家）

シーン51「流れてくるアナウンスは日本の無條件降服を告げている」とある前後のところ（国家） 出来るだけ印象的でないように演出して欲しい

シーン66 墓地から十字架をさがし出すところは 墓地を掘り返すというような感じにならぬようにして欲しい（宗教）

シーン88　信太の「おひかえなさい……」云々の台詞は仁義を切るときのものであるが
まともに仁義を切る処を見せるのは止めて欲しい（社会）

孔雀の園 東京の薔薇の改題
新東宝 児井プロ

製作　児井英生
原作　丹羽文雄
脚本　舘岡謙之助
演出　島耕二

東京大阪の株式市場を背景とする恋愛メロドラマ

結末にある瀧川の台詞（紀代に向って）に「宣戦布告」とあるのは　勿論単なる口吻の戯れにはすぎないが　これは他の適当なものに代えられたい旨を希望し　承諾を得た（国家）

シーン52で別室でかわされている個人的な会話を　新聞記者が取材とは云へ　ひそかに録音機（テープレコーダー）によって録音しているのは規程に直接ふれないとはいえやゝ懸念される件であるので　新聞社に於いてかゝる事実ありや否やを確め　製作者側の責任に於てこれを処置されたい旨を伝へた（これは喜劇的な映画などに於いてな

らばフィクションとして別に問題とはならないが）

シーン19の終りで（キャバレーミユッセのシーン）酔漢と山生とがつまらぬことで格斗するとあるのは　こゝで格斗の必ずしも必要でないのにこれを見せることは好ましくないので　おそらくこれは喜劇的な表現でもあろうから　簡単に描写して　いわゆる乱斗を見せるためのみの乱斗であっては困る旨を希望し承諾を得た（社会）

（附記）なほこゝに描かれた証券会社の乗取りの件は　ことが証券に関するだけに　現在違法となっていることを考慮し　製作者側に於いて自主的に慎重処理される旨申添えがあった。

＊　＊　＊　＊

はたちの倫理
銀星プロ

企画　大橋広蔵
製作　黒木啓介
原作　読売新聞社編集局
脚本　泉三郎
演出

戦後の社会に生きる若き世代の苦悩を描くキャメラルポルタージュ

シーン3　「大胆なランデブーの姿態」　「よっぱらいが女に抱きつく」　「接吻」　以上三つは淫猥に亘らないよう演出上の注意を希望した　（風俗）　（三ヶ所）

同じくシーン3　「たばことふかす靴みがきの少年」　（法律）　「ストリップの踊り子」（風俗）

以上二つは削除を希望した．

シーン8　交番の中の場面はヒロポン中毒の少年を取扱っているので　全場面削除を希望した　（法律）

シーン10のパチンコ屋に遊ぶのは若い男とあるが少年でないことと希望した　（教育）

シーン11　ダンスホールに学生女学生の登場するのは教育上面白からぬと考えるので止めて貰うよう希望した　（教育）

シーン16　学生騒動の場面であるが　警官ともみ合うのは教育上面白からぬと考えるので学生としての本分を逸脱しない程度の表現にして欲しいと希望した　（教育）

＊　＊　＊　＊

おぼろ駕籠	松竹

製作　小倉浩一郎
原作　大仏次郎
脚本　依田義賢
演出　伊藤大輔

封建制爛熟に達した江戸を背景に殺人事件をめぐる権力者の陰謀と庶民の葛藤を描く
シーン117の男女関係を語るセリフの「つまらせる先に」と「一口お毒味させた」とは他の穏当な言葉に代えて戴くことを希望した（風俗・性）

宮城広場	大映

製作　箕浦甚吾
原作　川口松太郎
脚本　成澤昌茂
演出　久松静児

戦後の荒廃した風俗の中に生きる青年の苦悩と母の愛情を描くメロドラマ
天ぷら屋で飯を出すのは違法であるから注意されたい（法律）

情熱のルムバ

松竹

製作　小倉武志
原作　大林清
脚本　長瀬喜伴
　　　高柳春雄
演出　佐々木康

斜陽階級の若き女性をめぐる恋愛メロドラマ

キャバレーの「ストリップ・ショウ」の場面は普通の「フロア・ダンス」に変へられたい旨希望した（風俗）

黄金バット 魔天楼の怪人

新映画社

企画　佐藤肇
製作　篠勝三
原作　永松健夫
脚本　西鉄平
演出　志村敏夫

悪と戦う「黄金バット」の活躍物語

シーン61～71 子供が悪漢に捕えられて幽閉される場面があるが これの取扱い方は残酷

の印象を与えないで適当なスリルの程度で表現して欲しいと希望した（武酷）

寶塚夫人	綜芸プロ

製作　竹井諒・坂上靜翁
原作　丸尾長顯
脚本　八住利雄
演出　小田基義

華やかな宝塚の花園を巣立った乙女達をめぐる友情物語

希望事項なし。

炎の肌	大映

製作　根岸省三
脚本　中江良夫
演出　小石榮一

若き孤児園長をめぐる恋愛メロドラマ

収容されている孤児たちがシーン31で私刑をやる件　（勿論私刑とは見られないが）私斗としても残酷になったり　或は少女同志の二の争いが性的な倒錯と印象させたりしまいように注意希望した　（残酷・性）

またシーン41に於ける団長がその一人の少女の園児をまくる件は　他に代えて貰うことを望んだ　（残酷）

喜劇的な演技としてではあるが　シーン58に汗をふくためポケットからハンケチをとろうとする時（ホールで踊っているシーンであるが）隣の女の尻に手があたってどなられるとある件　卑俗な印象でないよう希望した　（風俗）

シーン86のフロアショウ　シーン87の楽屋などの女の裸体まがいの姿は十分注意して演出されたい点を希望した　（風俗）

右門捕物帖 片眼狼	新東宝 綜芸プロ

製作　竹井諒
〃　金田良平
原作　佐々木味津三
脚本　豊田栄
演出　中川信夫

a—12

兇悪な盗賊団と戦う「むっつり右門」の活躍物語

シーン21　53　89等の「捕われた女たちの部屋」の描写は惨酷陰惨にならぬように注意されたい（残酷）

一挿話としてお吉（悪人の首領）が姫君を誘拐させる件があるが　これはお吉の両親と姉の死に対する恨みからであることが　シーン106で判る　これは一種の復讐行為であるから右門の口からはっきり否定させて戴きたい　（社会）

立廻りの場面は冗慢刺戟的にならぬよう注意　特に先眼狼（実は右門）の立廻りは慎重にされたい　（社会）

シーン106でお吉が自ら火中に入った後で　右門が扉を閉めるが　これは自殺を助ける行為ともとれるから　これはあくまでも右門が救おうとして及ばないという風に改められたい（法律）

女左膳 —鍔鳴無刀流の巻—	新東宝 伊藤プロ

製作　伊藤基彦
〃　高橋一郎
原作　陣出達朗
脚本　井上梅次
演出　冬島泰三

a—13

笛の名手たる男装の美少女が悪人を懲らす活躍を描く

最初提出されたシナリオは左膳が女左膳に代えられただけで過去の所謂「丹下左膳」ものと余り変らぬ剣の為の剣の殺伐極まるもので　このまゝでは到底認め難いものであった。が　製作者側もこの点を認められて引続き自発的に改訂稿が提出されたので　正式のディスカスシヨンはこの改訂稿で行った。

これは第一稿に較べると　余程改められてはいたが　未だ不充分と思はれるので以下の諸点を希望した。

所謂「丹下左膳」的な要素を全篇から取り除いていただきたい。

例えば「姓は丹下　名は左膳」等という台詞　他の人物が左膳の再来と騒ぎたてる噂話、講釈師が左膳に比しての名調子等は全部止めていただきたい　又女主人公の扮装は直ちに「丹下左膳」を聯想させぬよう工夫されたい　（社会）

大名の若殿が名刀志津三郎の魅力につかれて試し斬りをする件が物語の発端であり　骨子ともなっているが　試し斬りは人命軽視も甚しい最も忌むべき悪風であるから極力避けていただきたい　（社会）

又志津三郎が妖刀として扱はれ　神秘化されているのも好ましくないから止めていただき

たい（社会）
全面的に殺伐な台詞――例えば「ブッタ斬つてやる――」とか「真剣白刃の切味――」とかの類いの――が多いので　これは出来るだけ柔げていたゞきたい（社会）
立廻りの場面は筋の進行上必要なる最少限度に減らし　且つ演出上充分注意されたい（社会）
要するに数度に亙るディスカスションの結果　製作者の意図は毛頭所謂「丹下左膳」的なものでなく　単に笛の名手たる男装の美少女を中心とする勧善懲悪の捕物帖にあることが明らかとなつたので　我々も諒とした次第である
尚監督冬島泰三氏の過去の作品傾向――いわば情緒的な――も考慮したことを附記する
題名は「女三四郎」の前例もありこのまゝとした。

阿修羅判官	大映

企画　高桑義生
製作　亀田耕司
原作　吉川英治
脚本　新藤兼人
演出　森一生

後年名奉行と謳われた大岡越前守の明断とその若き日の人間的苦悩を描く

シーン39　市民の一家が黒装束の盗賊に襲われて殺されたり　傷つけられたりしているシーン　このシーンは残酷な感じにならぬよう演出上充分に注意して欲しいと希望した（残酷）

シーン49　お袖の「お安く負けとくけど一緒に寝ないか？」の台詞は風俗上面白からず改訂を希望した。（風俗、法律）

シーン81　刑部がはげしく喰き入るという場面　真紅の血が余り多量に出ないよう（醜悪な感じにならぬよう）演出上充分に注意をして欲しいと希望した。（残酷醜汚）

シーン116　刑部が捕手に襲われ　越前と刀を抜いて対立する剣戟のシーン　これも残酷な感じにならぬよう演出上充分に注意して貰いたいと希望した（残酷）

8―14

夜来香

新東宝
昭映プロ

製作　望月利雄
脚本　松浦健郎
〃　市川崑
演出　市川崑

偶然の運命によって相知った若き男女が時の流れに再び別れて行く悲恋物語

この作品の前半部にある中国での戦線描写は勿論いわゆる戦争映画ではなく　単に一人の男と女との運命の転変のすがたの背景のひとつとして描かれているにすぎないものと見られるので　直接的な或は刺戟的な戦争描写は避けられたく　難民の件　或はこの男がのちになって失明の遠因となる空襲シーンの件　ともに注意して演出されたい旨を希望した（国家）

部分的には中国のシーンの部分　難民の件のあとで路傍に「裸の小核児」があるがこの子供は裸であっては困るので訂正を希望した　（風俗）

また日本料理屋の女の一人ぎんの台詞に「おしっこに行ってこようかな」とあるのは取り止めて貰うこと　（風俗）

戦後の部分　この薬を分析してくれと云う時「これですね……神経緩和の特効薬の原素アセトアニゾル……」とげっている　その神経云々から原素まで取って貰うこと（これは麻薬ではないがこのたび製造中止になったヒロポン類似のものらしいので原素名だけにして用途は不明のまゝに止めること）　（法律）

“社交喫茶「シスコ」のシーンでは勿論脚本にはなんら出て来ないが　念のためアロアシヨ

a—17

ウとしてストリップなど一切出さないよう注意して（風俗）
ラスト近くの台詞に「荷抜きか」とあるのは犯罪の暗示になるから止めてもらうこと
（法律）
以上の諸点に配慮されたい旨を希望し　かつ戦争に関連する描写については予め完成映画に於て検討の余地を残したいことを約束して貰った

地獄の血斗 「長崎の顔」の改題
松竹

製作　小倉浩一郎
原作　菊島隆三
脚本　鈴木兵吾
　　　津路嘉郎
演出　大曽根辰夫

宗教の道に更生した兄と　いまはやくざ者の弟とをめぐる愛情メロドラマ

次郎という不良が自分の子供を妊娠している相手の千恵子に対して「足を上げて蹴る……千恵子倒れる」と云う件は止めて貰うこと　（残酷）
その千恵子に朱実が堕胎をすゝめる件　表面に出さず描くこと　台詞を訂正して裏から描

R—18

くようにして貰い　これに関連する後のシーンで一時迷った千恵子がもぐりの産婆の所へ
かけこんでの台詞のうけわたし（交渉のための）は一切止めて貰うことにし　表札その他
外部に産院　助産婦などの正当な公式看板は使用しないよう　それぞれ配慮して貰うこと
（法律）
（千恵子は勿論こゝで決心し子供を生むことになるし　かつてのシーン否定の批判もある
故　心配は勿論ない）

最后に兄の牧師一郎が　その不良の弟をいさめんとして出掛けて行くが　そのシーン及び
その後で牧師たる身が積極的に他人をなぐったりするのは宗職にあるものとし教育上困る
ので他からの攻撃を受身に受け　はずし　いなしてゆくような描写にとゞめられたい旨を
希望した（宗教教育）
なほ　この脚本は改訂稿が提出されたが　以上の希望條項がまだ未訂正であるので　重ね
て注意をのぞみ　あらためて次の如き点を訂正希望した
即ち　千恵子の回想のなかで　次郎とはじめて肉体的関係がうまれる描写は性行為を連想
さす件は一切省略して貰うこと（性）
本人に無断で名儀がかきかえられるかにのべられているのは　悪の行為としては勿論かゝ
ることはありうるであろうが　名儀（所有権）など軽視してかくのごとく取扱われるのは

一般への影響も考慮されるので「その人名儀の店まで撮取されたもの」「人名識」と削除してもらうことなど訂正希望した（法律）

千石纏
東横

製作　マキノ光雄
企画　柳川武大
原作　子母沢寛
脚本　館岡謙之助
　　　依田義賢
演出　マキノ雅弘

徳川末期の江戸を舞台とする火消と力士をめぐる時代劇メロドラマ

この脚本はさきに十一月廿日提出されたが　更に製作者側の都合によって相次いで自主改訂本が提出されたので　この第二稿本に於いて当方は審査することにした　別にこの本に於いては問題となる点はないが　たゞこゝに火消し其他いきな職業の男達が多く出てくる筈であり　これらの男達は脚本に指定されてある一、二のもの以外とくに誇大に刺青をみせせないよう特に注意されたいこと　並びに止むを得ない刺青にしろこれを誇示的に表現しないようその点注意を希望した（社会）

a—20

なおこれは宣伝スチール　ポスター等においても　慎重にとりあつかわれたい旨　念のため注意をのぞんだ。

女賊と判官
東横

製作　マキノ光雄
企画　藤川公二
原案　小国英雄
原　民門敏雄
脚本　村松道平
　　　マキノ雅弘
演出　松田定次
　　　荻原遼

武家を去って市井に投じた遠山金四郎が　再び名判官として怪盗を裁く物語

これは〝いれずみ〟が四回出て来るが　最初の〝いれずみ〟（シーン２）は誇示するところであるから削除していただく。

他の三つは止むを得ざる所であり　また批判もあるので諒とするが　〝いれずみ〟を何故

a—21

好ましく考えないかについて考慮しつつ演出されたい（社会）

シーン100にある台詞

「りんが犯す窃盗件数二千回を越え　その金額二万数十両に及ぶと雖もその間一回も人間を殺傷せざるはいささか以て奇特の行い……」の"いささか以て奇特の行い"は論理に合はぬ　悪いことは悪いのであるから他の表現に変へていただきたい（法律）

雪割草 「秘密」の改題	大映

製作　須田鐘太
脚本　山崎謙太
演出　田坂具隆

夫が他の女性との間にもうけた子供をめぐる夫婦の愛情の問題を描く

シーン67 68、浴場のシーンは卑猥にならぬよう演出上の注意を希望した（風俗）

シーン84〜95空襲のシーンは必要以上に印象的にならぬよう量的にも考慮されたいと希望した（国家）

エノケンの天一坊	エノケンプロ

製作　滝村和男
　　　野坂和馬
脚本　八住利雄
　　　戸田伊太郎
演出　渡辺邦男

「天一坊と伊賀亮」物語りを喜劇化したもの。

シーン16で和尚が金包を貰って豹変する件は宗教上の見地から適当に改訂されたい旨希望した（宗教）

母月夜	六映

製作　中代富士男
脚本　松田昌一
演出　佐伯幸三

愛情深き母娘の別離と再会を描く音楽メロドラマ

老婆心から次の諸点を注意した

シーン52　元刑事矢田の台詞で「……君のような前科のある人間……」は事実と異るので
　訂正されたい　（法律）

雪野（母）がマキ（娘）に対する台詞の中　母が子に云う言葉としては乱暴にすぎるもの
　があるので　適当に改められたい　（教育）

子役の扱いは児童虐待の観念を与えぬよう演出上注意されたい　（残酷）

十七年以前に「上野の地下道」「青空楽団」と云う流行語はなかったのであるから考慮
　されたい　（教育）

a—24

審査集計

規程條項	関係脚本題名及希望個所数	集計
1 國家及社会	「ハワイの夜」(3) 「孔雀の園」(2) 「片眼狼」(2) 「女左膳」(5) 「夜来香」(1) 「千石纒」(1) 「女賊と判官」(1) 「雪割草」(1)	16
2 法律	「はたちの倫理」(2) 「宮城広場」(1)	

6—1

区分	分野	作品	計
2	法律	「片眼狼」(1)、「阿修羅判官」(1)、「夜来香」(2)、「地獄の血闘」(2)、「女賊と判官」(1)、「母月夜」(1)	11
3	宗教	「ハワイの夜」(1)、「地獄の血闘」(1)、「エノケンの天一坊」(1)	3
4	教育	「はたちの倫理」(3)、「地獄の血闘」(1)、「母月夜」(2)	6
		「はたちの倫理」(4)	

8—2

5	風俗	「おぼろ駕籠」(1) 「情熱のルムバ」(1) 「炎の肌」(2) 「阿修羅判官」(1) 「夜来香」(3) 「雪割草」(1)	13
6	性	「おぼろ駕籠」(1) 「炎の肌」(1) 「地獄の血闘」(1)	3
7	残酷醜汚	「絢爛たる殺人」(2) 「摩天楼の怪人」(1) 「炎の肌」(2) 「片眼狼」(1)	11

ℓ—3

7		
残酷醜汚		
「阿修羅判官」(3)	「地獄の血闘」(1)	「母月夜」(1)

◉希望事項總数……六三

◉調査上、特に協力を受けたる官庁團体

○警視庁鑑識課

○警視庁少年第二課

審査映画一覧

審査番号	題名	社名	巻数	呎数	備考
一五一	偽れる盛装	大映	十二巻	九、五五五呎	
二五〇	奥様に御用心	松竹	九巻	七、八五七呎	
三〇八	野性のめざめ	ラヂオ映画	八巻	五、七〇〇呎	
三一七	左近捕物帖 鮮血の手型	松竹	十巻	八、二一〇呎	
三二〇	佐々木小次郎（第一部）	東宝	十二巻	一〇、四三四呎	
三二四	帰郷	松竹	十一巻	九、二六一呎	
三二五	三つの結婚	松竹	十巻	八、八九三呎	
三二七	決斗の河	京阪映画	九巻	七、四六六呎	「東京の屋根の下」改題
三三一	夜の緋牡丹	新東宝 銀座プロ	十一巻	九、四八八呎	
三三二	天皇の帽子	東横	九巻	七、七一二呎	

2—5

三三三	緋牡丹盗賊	大映	九巻、七、四七四呎	
三三四	處女峰	大映	十巻、八、八四〇呎	
三三五	乱れ星荒神山	東横	八巻、七、四七二呎	
三三七	姉妹星	大映	九巻、七、五一三呎	
三三九	謎の能面屋敷 若さま侍捕物帖	新東宝 伊藤プロ	九巻、七、七七二呎	
三四九	女優と名探偵	松竹	三巻、二、七五〇呎	
三五一	女左膳（鍔鳴無刀流の巻）	新東宝 伊藤プロ	九巻、七、四一五呎	
三五四	エノケンの八百八狸大暴れ	エノケンプロ	八巻、七〇四一呎	
○予告篇				
二二〇－T	奥様に御用心	松竹		
二九二－T－三	愛と憎しみの彼方へ	映画芸術協会		製作第三報
三一七－T	左近捕物帖 鮮血の手型	松竹		
三二〇－T	佐々木小次郎（第一部）	東宝		

三三一－T	夜の緋牡丹	新東宝 銀座プロ		
三三三－T	大映ニュース 第一二一号	大映		緋牡丹盗賊
三三四－T	大映ニュース 第一二〇号	大映		處女峰
三三七－T	大映ニュース 第一二二号	大映		姉妹星
三三九－T	謎の能面屋敷 若さま侍捕物帖	新東宝 伊藤プロ		
三四六－T	大映ニュース 第一二三号	大映		鉄路の弾痕
三五一－T	女左膳 (鍔鳴無刀流の巻)	新東宝 伊藤プロ		
三五三－T－一	新東宝はつ春のプロカード	新東宝		愛染香・えり子とともに・夜来香・孔雀の園・片眼狼
三五四－T	エノケンの八百八狸大暴れ	エノケンプロ		
N－七四	日本スポーツ 第七四号	日映		
N－七五	〃 第七五号	〃		
N－七六	〃 第七六号	〃		

8－7

N－七七	日本スポーツ 第七七号	日映		
N－七八	〃 第七八号	〃		
P－一三〇	ムービータイムズ 第一三〇号	プレミア		
P－一三一	〃 第一三一号	〃		
P－一三二	〃 第一三二号	〃		
P－一三三	〃 第一三三号	〃		
P－一三四	〃 第一三四号	〃		
E－一一九	ヒット・メロディ 歌の爆弾	新東宝	七巻 五、九四九呎	再編輯
E－一二四	思い出のアルバム	松竹	八巻 七、〇一二呎	再編輯
E－一二五	新鏡獅子	松竹	三巻 二、一五〇呎	歌舞伎記録映画
E－一〇一	新しい歌声	東宝教育	三巻 二、六四八呎	労働省婦人少年局企画

2－8

E-一〇六	影	日映	二巻 一、九四二呎	関東配電株式会社企画
E-一一〇	敢斗の記録	鬼怒川工事々務所	一巻 八九六呎	建設省後援
E-一一一	たのしいスキー学校	日映	二巻 一、五六二呎	
E-一一二	薫る英気	日映	二巻 一、六九三呎	名古屋市大会事務局企画
E-一一三	若い力	日映	三巻 二、五四六呎	愛知県国体実行委員会企画
E-一一五	或る小さな自転車工場の話	日映	三巻 二、八六六呎	中小企業庁企画
E-一一六	いねの一生	日映	二巻 一、九四七呎	
E-一一七	良寛さん	記録映画社	二巻 一、九三五呎	
E-一一八	村の新地図	記録映画社	二巻 一、八六〇呎	農林省企画
E-一二〇	蟲先生龍宮の巻	日本産業映画社	一巻 九六五呎	漫画
E-一二一	炭坑の人々	日映	二巻 一、八二二呎	
E-一二二	敵配ダラフ とうだい	日映	一巻 八〇〇呎	
E-一二八	伊勢	新映画	二巻 一、八〇〇呎	伊勢神宮式年遷宮奉賛会企画

ℓ—9

E—一二九	コンマーシャルニュース	東宝事業部	一巻 二七六呎	広告映画
E—一三一	北上川の詩(うた)	新日本映画研究所	三巻 二、五〇〇呎	
E—一三二	ムーヴィ・アド第一号	電通映画社	一巻 二〇〇呎	広告映画
E—一三三	双葉山物語	相撲協会映画部	五巻 三、九〇〇呎	
E—一三五	新しい地方税の話	山口県弘報課	一巻 九九五呎	
E—一三九	小人とあお虫	東宝教育	二巻 一、五五二呎	漫画
S—四二	追分三五郎	日活	七巻 五、一四八呎	

L—10

映画審査概要

○偽れる盛装　　　　　　　　　　大映

銭湯のシーン一ヶ所（七呎）風俗上の点で削除を希望し　実行された

○佐々木小次郎（第一部）　　　　東宝

1、立廻りの場面　一五四呎

2、小次郎の裸形（温泉浴）の場面、　五呎（風俗上の点で）

以上削除を希望し実行された

○帰　　　　郷　　　　　　　　　松竹

劇中ダイヤモンドの件・違法により　次の二つの台詞の抹消を希望し実行された

1、地下室のシーン・華僑の店云々の「華僑の」

2、高屋信輔の家のシーン・税金で出した云々の「税金で」

○決斗の河　京阪映画

1.「売春行為」暗示の場面、一〇五呎
2.「ストリップ・ショウ」の場面、三五呎
以上削除を希望し実行された。

○乱れ星荒神山　東横

全体として批判的態度で進められているが（審査報告第十七号参照）乱斗場面が過度と思はれるので自主的に一四五呎削除して貰った。

○姉妹星　大映

芙美子がピストルを所持しているのは違法であるから、土岐の台詞「多分不起訴になるそうだから心配しなくてもいいんだよ」は不適当と考え、八呎削除を希望し実行された。

○女優と名探偵　松竹

男娼出現のシーン、風俗上よろしくないので削除を希望し実行された（三呎）

○　女左膳　鍔鳴無刀流の巻　新東宝　伊藤プロ

1、悪人の「殺斗（暗殺）の場面　二七、五呎
2、立廻りの場面　一六七呎
以上削除を希望し実行された

○　女左膳（鍔鳴無刀流の巻）（予告篇）　新東宝　伊藤プロ

1、「辻斬り」の場面（スーパー共）三呎
2、「老人斬殺」の場面、二、五呎
以上削除を希望し実行された

○　思い出のアルバム　松竹

「高田の馬場」のシーン、改題及び場面の改修を希望し「珍説高田の馬場」と訂正、内

8—13

容も喜劇的処理が加えられた。

○追分三五郎　日活

原作
脚本　小國夏男　製作　昭和十年、五月
演出　辻吉郎　CCD番号A一〇三五〇

（C.C.Dの番号のある新版である）と云うことを前提として次の部分の削除を希望し実行された。

1、三五郎が仁義を切る処三ヶ所（九八呎）

2、千丁篭の中（太鼓の出る処から、七五郎の出る前まで）（二四呎）

宣傳広告審査概要

スチール

○ 天保水滸傳 大利根の夜霧　新東宝

1、嵐寛寿郎（大原幽学）と山村聰（平手酒造）の決斗シーン　NO.54

2、〃　〃　〃　NO.55

3、〃　〃手下との決斗シーン　NO.31

これ等のスチールを拡大して利用されるときは過去の単なる封建的興味本位の時代劇と誤まられる恐れがあるので従来通りポスター絵カンバン等への利用は遠慮されたい旨伝達、

○ 夜の緋牡丹　新東宝

スカートを捲くり上げ（島崎雪子）太モモをゆび指して（伊豆肇に）見せ付けているシーン、NO.30

4—15

このスチールは煽情的なものを観客に与へる恐れ有り　風俗上より見て使用遠慮されたい
旨傳達

○決闘の河　　　　東宝

伊吹まり子（杉サカエ）にかじり付く杉山昌三九（コルトの政）　No.19

この女の腰を抱く男の手が拡大使用された場合、風俗上より見て卑猥に感ぜられる恐れが
あるやうに考へらるので、拡大（ポスター絵カンバン拡大寫眞）されるときは、男の腰に
廻る手を消して使用されたい旨を希望することを傳達

○謎の能面屋敷 若さま侍捕物帖　　　　新東宝

杉山昌三九が金語楼に斬り付けているシーン。No.25

このスチールは斬り殺されたシーンではないが、從來もこの種の斬り合のスチールは御遠
慮頂つてをり、その線から傳達

○エノケンの八百八狸大暴れ　　　　東映

2—16

吉村美紗子の水浴（戸外）を榎本がのぞいているシーン　No.15

この種の入浴スチールすべてを禁じているものでは無いが、このスチールの場合　女の下半身が不明瞭では有るが写り　榎本がのぞき見しているに於ては　風俗上より卑猥感を与える恐れがあるので　使用遠慮されたい旨傳達

尚、この映画スチールは管理部に届けられる以前に使用されてをり　回収を希望した。

文案

○決闘の河　　東宝

この映画が「蟻の町」の生態を描いているものであり、「鳩の町」に関連した宣傳文案は内容の題材と離れて来るので（文案(1)の

浅草の夜のエレジー！　夜の媚態　鳩の町！

の「媚態」を削除した文案程度に止めていたゞきたい旨を傳達

○奥様に御用心　　松竹

大阪支店発行プレス

「パジャマとベッドがちらついて　独身の方には目の毒です……御夫婦ならニヤニヤ笑って見られますが」

この文案は必要以上に寝室を連想させたもので、喜劇ではあるが　風俗上より見て遠慮されたい旨伝達。

2—12

各社封切一覧

封切日	審査番号	題名	製作会社	備考
松竹				
十一月十八日	二七五	黒い花	松竹	
廿五日	三二四	帰郷	松竹	
十二月二日	三一七	鮮血の手型（女近捕物帖）	松竹	
九日	E－一二四	思ひ出のアルバム	松竹	再編集物
	三四九	女優と名探偵	松竹	
十六日	三二五	二つの結婚	松竹	
東宝				
十一月廿五日	三二七	決闘の河	京阪映画 小川プロ	
大映				
十一月十八日	三二三	ごろつき船	大映	

8－79

月日	番号	題名	製作
十二月廿五日		新版再上映	
十二月一日	三三四	処女峰	大映
九日	三三三	緋牡丹盗賊	大映
十六日	三三七	姉妹星	大映
新東宝			
十一月十八日	三二一	天保水滸傳 大利根の夜霧	新東宝 綜芸プロ
廿五日		新版再上映	
十二月一日	三三九	謎の能面屋敷 若さま侍捕物帖	新東宝 伊藤プロ
八日	三三一	夜の緋牡丹	新東宝 銀座プロ
十五日	三五一	女左膳（鍔鳴無刀流の巻）	新東宝 伊藤プロ
東映			
十一月廿三日	三三五	乱れ星荒神山	東横
十二月一日	三三二	天皇の帽子	東横

十二月八日		新版再上映	
十六日	三五四	エノケンの八百八狸大暴れ	エノケンプロ

6—21

映画倫理規程審査報告　第十八号

昭和二十五年十二月二十八日

発行責任者　野末駿一

東京都中央区築地三ノ六

日本映画連合会事務局

映画倫理規程管理部

電話築地(55)二八〇二
〇六九六番

映画倫理規程審査報告

第19号

19

映画倫理規程

審査報告

25.12.19.～26.1.18

日本映画連合会
映画倫理規程管理委員会

目次

審査脚本一覧

社別	題名	受付日	審査終了日	備考
東宝 日映	深夜の非常線	一二二五	一二一八	「非常線」の改題
大映	消防決死隊	一二一六	一二一九	「怪火の街」の改題
大映	暴夜物語	一二一九	一二二一	
松竹	ザクザク娘	一二二〇	一二二二	
松竹	乾杯若且那	一二二〇	一二二二	
映画芸術協会	（仮題）悲歌	一二二一	一二二三	
新東宝 銀座プロ	麗春花	一二二五	一二二七	
新東宝 金語楼プロ	金語楼のおやおや人生	一二二五	一二二七	
松竹	善魔	一二二三	一二二九	
松竹	「桑門の街」より 愛情の旋風	一二二大	一二二九	

a—1

社別	題名	受付日	審査終了日	備考
松竹	白痴	一二 三〇	一 一二	
松竹	愛の山脈（やまなみ）	一二 三〇	一 一一	
松竹	美しい暦	一 九	一 一一	
東宝	続佐々木小次郎			
	（自主改訂版）	一 九	一 一一	「佐々木小次郎第二部」改題 改訂
大映	鉄の爪	一 九	一 一一	「人間獣」の改題

◎新作品……………………一四

シナリオ数……………………一五（内改訂版 一）

内訳＝松竹 七　東宝 一（内改訂版 一）

大映 三　新東宝 二

映画芸術協会　一、

東宝
日映　一、

◎審査シノプシス……………一

内訳＝東横　一、

※　※　※　※　※　※

脚本審査概要

深夜の非常線（非常線の改題）	日映 東宝

製作　中村正義
企画脚本　中井日本ニュース
演出　村松清四郎

社会の眞実を写し取らんとするニュースキャメラマンの活躍を描くセミ・ドキュメンタリー作品

丸山がこのシナリオでは時々便所に行きたくなるが　その演技は卑猥となる恐れがあるのでやめて戴く　（風俗）

シーン12で谷が拾ったピストルを矢巻に返すのは兇器を処分する手続として不当であるので他の適当な表現に変へて戴きたい　（法律）

シーン14の青酸加里は薬名は出さぬよう希望する　（法律）

シーン63　波の台詞「あらア……いやア　じゃ　もう今夜はおやすみなさい　グッナイ」

は冗談で云う台詞ではあるが　男女の交渉を意味するので　適当に処理されたい（性）

消防決死隊（怪火の街の山爆）	大映

製作　須田鐘太
脚本　八尋不二
演出　田中重雄

若い三人の消防官をめぐってその尊い使命を描く探偵活劇物

シーン22　泰彦と姉弓子の居間にかけられてある壁の「亡夫や父の正装の肖像画」は（もと貴族である）武官の姿でなく文官のものにしてほしい旨を希望　（国家）

シーン37にある消防署長の台詞に　刑事々件がたま〳〵火災現場に関係あるため「協力してやるんだぞ」とあり　勿論これは文意はわかるが　消防署が検察当局と公的に協力するかの如き誤解を生んでは困るので　念のため訂正をのぞんだ　「協力してやるんだぞ　こっち（消防）でも　きゝこみや原因調査を入念にやる」とある件である

（法律）

シーン47　リリイ（酒場のマヽ）が防火施設の調査に来た消防官に饗応しての台詞の終りの部分「こんなもので買收しようなどとは致しませんから　」とあるのは直接的な表現すぎて　がゝることが一般とうけとられくは困るので　この部分だけはやめてほしい旨を望む　（法律）

シーン55　黒部の（ギャング）台詞の中の「面倒なら片附けてしまってもいい」は　暴力行使の刺戟にすぎるから　行動は悪人のものとして認めえても　台詞では　言外にふせて欲しい旨をのぞむ　（社会）

たゞこの台詞がそれほど悪意でなく演技的に処理出来れば　製作者側の責任に於てや[illegible]られたい旨とのぞんだ。どちらにしても　これはいわゆるギャング映画ではないので　如上の台詞など不必要に印象ずけることは好ましいとは云へない。これは十二月八日の管理委員会の決議に挑って在来ならば　そのまゝにしたかもしれないが　特に処置を望んだ次第である。

暴夜物語
大映

製作　根岸省三
原作　丹羽文雄
脚本　柃田昌一
演出　小石栄一

夫を刑務所に送り　子供と別れてダンスホールに働く女性の悲劇

シーン45「保護検束」は現在行われていないから　警部の台詞の「……保護検束を加えたい……」は適当に改訂されたい（法律）

シーン17及びシーン64以下の三郎を取巻く争斗の場面は三郎としては自衛の域を出でぬよう演出上注意されたい　以下の台詞は改訂されたい（社会）

シーン5　重藤（与太者）「……若造にけじめを喰って……」（隠語）（社会・教育）

シーン6　秀子（ダンサー）「……たまにはお客の云う事もきかなけりや……」（売春肯定）（法律性）

シーン16　光子（ダンサー）「只今出かけますんでござんす」云々（やくざの仁義）（社会）

シーン28　秀子「……可愛い尻……」（卑猥）（風俗）

シーン37　重藤「誰のばしたぞ？」（隠語）（教育）

シーン16　ダンスホールに学生が客として登場するが「学生」は遠慮されたい（教育）

＊　＊　＊

a—7

ザクザク娘	松竹

製作　小出孝
脚本　池田忠雄
〃　柳井隆雄
〃　中山隆三
〃　光畑碩郎
演出　大庭秀雄

歌手志望の田舎出の女性が　独特のヴギ調で歌謡界を風靡して行く物語

冒頭のストリップ・ショウ劇場の場面は風俗上充分注意して演出されるよう希望した（風俗）

乾杯若旦那	松竹

製作　桑田良太郎
〃　白井和夫
原作　中野実
脚本　津路嘉郎
演出　池田忠雄

東京の下町を舞台とする明朗恋愛喜劇

希望事項なし

（仮題）

悲歌

映画芸術協会

製作　本木荘二郎
企画　昆野和平
脚本　小国英雄・山本嘉次郎
演出　山本嘉次郎

自己の芸術に悩む音楽家が一女性の魂に導かれて苦心の作曲を完成する物語

(一) シーン14―34　回想のシーンは美代が雇主の暴力で辱められ、悲しみの極自殺をはかり上京して悪い男にだまされて又辱しめられ遂には夜の女に転落　男から男へわたり歩くといつたことが画面として連続的に出てくるのであるが　これは風俗上及び性関係よりして甚だよろしからずと思はれる。

結局これらのシーンは改変し　簡単にたゞ美代はそのような過去をもつ女であると判る程度の極めて印象的でないものにする外なく　そこでその要領で風俗上及び性関係よりする悪影響を避けて貰いたいと希望した（風俗、性）

(二) シーン31―34　美代が五十男（実は中学校長）を誘惑し　その男の妻と娘は夫を恨んで母娘心中をするに至る　などは風俗上からも性関係からも余りにも混乱した世界を描くものであり　そこでこのくだりは全部削除を希望した（風俗、性）

(三) この脚本にはしばしば〝淫売〟という言葉が使われている　いずれも「売春」と正当化せずしという倫理規程に反するものであるから　他の言葉に改訂することを希望した
（性）

(四) シーン56　坂田「頼むからそう無理ゆうなよ　寄ったら最後帰すもんか　お前と来たら
もう……！（とニヤ〳〵する）」
美代「バカねえ　自分の方がヨツポドのくせに」
坂田「な　後生だから今夜だけはカンベンしてくんな」
以上の台詞は合衾の場面を暗示していて風俗上不可であるから　改訂或いは削除して貰いたいと希望した　（風俗　性）

(五) シーン63　直彦が最初に美代の家へ来て美代の蒲団で寝ているシーン　この場合同衾ではないが　始めの処では　美代が寝ている直彦の唇に酒を流しこんだり　終りには美代がこの部屋の電燈を消してしまったりするが　風俗上の点を十分考慮して演出して貰いたいと希望した　（風俗）

(六) シーン69　坂田「（イライラして）で　その男ってえのは　その時までいたのか」
婆や「夜中に御小用に参りました時　こゝの御座敷にアカ〳〵と電気がついていましたんで　オヤ変だなアって……でも旦那様かも知れないって

a―10

ね……旦那様はよく夜中に電気をおつけになるのがお好きだからし
坂田サバ為　そんなこたア　どうだっていゝ　いつ帰ったんだ　その男はし
等の台詞があり　それに続いて「蒲団はどうなっていた？」とか「枕は？」などと
云う台詞もあるのであるが　それら以上の台詞は(四)の場合と同じく合衾の場面を暗示し
ていて風俗上不都合であるから　改訂して貰いたいと希望した（風俗）
シーン95の与太者の台詞の中に　「おいらもシガンつけられているんで　工合が悪いか
らさア」と云うのがあるが　ガンつけるという隠語は教育上不可につき別の言葉に改訂
して貰いたいと希望した（教育）
(七)
シーン122の朱に染って倒れている坂田　美代血の海の中にボンヤリ座っていると云うシ
ーンは残酷を感じにならぬよう演出上十分注意して貰いたいと希望した（残酷）

a—11

麗春花

新東宝
銀座プロ

製作　原作　脚本　八田尚之
演出　千葉泰樹

生さぬ仲の父と娘をめぐる愛情の物語

(一) シーン22　弦三宅のシーンで机の上にビタミンの注射薬と注射器が置いてあるが　ここではビタミンの注射薬だけにして貰いたいと希望した　それからこのシーンのヒロポンに関する話は全部削除を希望した　（法律）

(二) シーン61　さだえが妊娠中絶の手術をするのであるが　これは法律的に条件が具備していなければ出来ない筈であるから　その点脚本を補正して戴きたいと希望した（法律）

(三) シーン80　弦三の声の中に「大内はキリストも私生児だと云々」と云うのがあるが　これは英子が私生児であることを気にはしていないということなのであるが　それにしてもキリスト云々は不適当であると思はれるので改めて貰いたいと希望した（宗教）

金語楼の おやおや人生

新東宝
金語楼プロ

製作　有崎勉
原作　小笠原久夫
脚本　有崎勉
　　　山下与志一
演出　毛利正樹

都会の善玉　悪玉の策謀に巻き込まれた父娘の愛情喜劇

a — 12

観客に児童が多いことにも留意して次の諸点を希望した

(一) シーン1の「飛んでもハップン……」「ネバーマイン　東京にア宿屋(ドア)は……」シーン54の「ネバハップン……」等の流行語　隠語はなるべく避けていただきたい（教育）（三ヶ所）

(二) シーン5の終りの「あ　小便したっ」という台詞は止めていただきたい（醜汚）

(三) 「実態クラブ」（カストリ雑誌らしいが）の大写しと使用される場合は　煽情的にならぬようにされたい（風俗）

(四) シーン10「警察警官」は「鉄道公安官」の誤まりであるから　適宜改めていただきたい（法律）

(五) シーン13　地下室の酒場　特殊の客の集るらしい酒場の雰囲気──とあるが　秘密クラブのような印象を与えぬよう注意されたい（風俗、法律）

(六) シーン20　鍋山（易者）の台詞で「人をダマして喰っている商売だ」は職業蔑視の恐れがあるから改めていただきたい（社会）

(七) シーン44（寝室）煽情的にならぬよう演出上注意されたい（風俗）

(八) 街の親役の所持する拳銃は　この劇に於て必要欠くべからざるものと思へないから　その使用は遠慮されたい　（法律）

(九) シーン71　千川の改心する件はもっと明確に描写していただきたい　（法律）

善魔
松竹

製作　小出孝
原作　岸田国士
脚本　野田高梧
　　　木下恵介
演出　木下恵介

善意の人々が汚濁の世を生き抜こうとする苦悩と葛藤を描く

全体には何ら問題はないであろうが　このなかに夫の代理として弁護士が女の方へ離婚の交渉にくる件があるが　こゝに描かれている限りでは　余りにも一方的で女の方の人権が考慮されていないかに見えるのはどうかと思われるので　このまゝでも女の方がそれを一方的だと少くとも批判的にうけとるように描かれて欲しい　さもないと新憲法の精神が尊重されていない感じを与える恐れがあると思う　（法律）

「桑門の街」より
愛情の旋風

松竹

製作　石田清吉
原作　中村八朗
脚本　陶山鉄
演出　岩間鶴夫

格式ある寺院の主となつた若き僧侶が破戒僧と呼ばれつゝ生きる人間的苦悩を描く

飲み屋〃青葉屋〃が淫売屋になつているのは不穏当と思われるので単なる飲み屋の表現にして戴きたい　従つてセリフ並に演技はそのように訂正して表現して欲しい（風俗性）

シーン31に出て来るビジョンでの日の丸の旗波の出征風景は軍国主義的であるので　そのような印象のないビジョンに変へて欲しい　（国家）

その外立廻り（格斗）は暴力讃美にならぬよう希望した　（社会）

尚本文にはないが梗概に〃若光寺〃とあるのは実在の寺院であるから訂正してほしい

× × × × × × ×

白痴
松竹

製作　小出孝
企画　本木荘二郎
脚本　久板栄二郎
　　　黒沢明
演出　黒沢明

人の世の憎しみを否定し　愛の心を強調するドストイエフスキー原作の翻案物

冒頭から特異な人物が出て来るし　戦争犯罪人（無罪ではあるが）出るのはこれはドストイエフスキーの原作を翻案したからであり　その意味で通読すれば倫理規程としては問題はないことに審査員の意見は一致している

しかし次の二箇所は演出上の注意を希望した．

(一)シーン40のストリップショウは画面を清潔にする意味から胸当　パンツは附すること（風俗）

(二)シーン107で死体の描写をする台詞

〃ところで不思議でまらねえのは　三寸からいやもっと深く　丁度こゝんところへ……〃のうち　〃三寸からいやもっと深く〃だけは単なる台詞だけでもやゝ残酷な感じがするので削除するか　演出上軟かく表現して欲しい　（残酷）

a—16

~~峠の山脈~~ 嵐の姉妹

松竹

製作　小倉浩一郎
脚本　鈴木兵吾
演出　佐々木康

地方ボスをめぐる疑獄事件を暴かんとする青年新聞記者の活躍を描いたメロドラマ

(一)壮吉は最后に改心するとはいえ　過去には大沢の悪事を助けていたのであるから　当然法の裁きを受けるべきである。シーン89以下はそのように改めていただきたい（法律）シーン73の富田の台詞「……向井さんの名が出ないことを僕は……」も以上の意味から訂正していただきたい　（法律）

(二)県の役人が大沢に買収されていることになっているので　（画面には出ないから）　実際の県名　地名等を観客に聯想させることは避けるべきだと思う　それ故　地名　河の名等に実在の名を使用するのは止めていただきたい　（社会）

(三)シーン62で塚本が縛られて倒れているのは　いかに悪人の仕業でも行き過ぎであるから「山小屋に閉じこめられている」という程度に改めていただきたい　（残酷）

(四)シーン69の川辰の台詞「警察で塚本が云ったことが　こっちへ、つっぬけですかり……」

a—17

は警察の腐敗を想わせる恐れがあるので止めていただきたい（法律）

美しい暦	松竹

製作　大町龍夫
原作　石坂洋次郎
脚本　柳井隆雄
演出　原研吉

高校生活を舞台に若き日の哀歓を描く青春メロドラマ

希望事項なし

續 佐々木小次郎（「佐々木小次郎 第二部」改題 自主改訂版）	東宝 森田プロ

製作　森田信義
原作　宮城鎮治
〃　村上元三
脚本　村上元三
〃　松浦健郎
〃　稲垣浩
演出　稲垣浩

「佐々木小次郎」続篇

佐々木小次郎の取扱いについては第一部と同じ注意を以って取扱われたい（社会）
首呂利の人物は描き方に依れば陰謀を讃美する結果となると思はれるので　そうならぬよう表現上注意されたい（法律）
シーン26で小次郎が役人の一人を斬るのはあくまで無意識であり　あとで後悔するところを明瞭に出して貰いたい（法律）
シーン128小次郎と海賊との立廻りは過度にわたらぬように（社会）
シーン131甚内どす黒い血を頬に流して笑うところ「どす黒い血」と云う表現が過度にわたらぬように（残酷）
シーン133覚禅の身から「無数の血が流れる――」のは困るので少数の血とされたい（残酷）
シーン134七太夫の切腹は正面から出さず単なる自殺として簡略に見せられたい（社会）

鉄の爪（人間獣の改題）	大映

製作　平尾善夫
原案　中溝勝三
脚本　安達伸生
演出　安達伸生

人間の神性と獣性の葛藤に悩む青年をめぐる怪奇活劇

全体にやゝ低俗な趣味をねらったきらいがない訳ではないがエロティシズムとグロテスクな描写を慎重に処理してともかくその心配のないようにしてほしい旨を通じて承諾を得た　それらは「胸もあらわなパジャマ姿」の月岡雪江或いは「宝石座の安物ドベラルショウの着板」ステージのショウ　シーン41の「透明美人のショウ」異常性格の田代がタブーであるウイスキーをあふって「豊満な肉体・妖艶な肢体の雪江」のイメージに煽情的となる件（シーン42）或いはシーン43ロックホテルにおける人間獣の雪江と木島を殺さんとするシーン　シーン72の「キャバレー—密林—ジャングルのホールの雪江の舞踊」これは明らかにストリップショウなるにつき　ことにシーン76の件などはやめてほしいこと等々を注意希望しかゝる点を考慮しエロティシズムとグロテスクとでもいってこの映画を宣伝されることは寒心にたへないのでプレスブック　スチール等前以て一応当方に見せてほしいことを約束承認を得た（風俗残酷醜汚）尚その他の点で「聖米教会」というのが出てくるが背景が神戸と指定されてある丈に類似名の実在教会がある場合困るのでこの点注意されたい事を望んだ。同様「阪神商事」も実在あるやの疑ひあり訂正を望んだ（社会）シーン28でこの異常性格の田代がその原因ともなる南方の密林での戦時回想の件ナラタージュの画面の方をグロテ●スクにならぬ様望んだ（残酷醜汚）之らは演出によっていかようともなるので完成映画で尚検討したい旨約束した・宝石座の表のシーン（シーン66）で看板の外に広告ビラが号外形式を真似てまかれるがいかにも新聞で犯人容疑となっている人間獣なるものを売物にするかに見えるのは如何かと思われるので之はやめてほしい旨を望んだ（法律）冒頭のトルストイの言葉は合議の上やめて貰った・之は逆効果をきたすおそれがあるからである　シーン90の牧師の言葉（未定になっている）は慎重結末をつけられたい旨を望んだ（法律）

審査集計

規程條項	関係脚本題名及希望個所数		集計
1 國家及社会	「消防決死隊」	2	13
	「鉄の爪」	1	
	「続佐々木小次郎」	3	
	「愛の山脈」	1	
	「愛情の旋風」	2	
	「暴夜物語」	3	
	「おやおや人生」	1	
	「深夜の非常線」	2	
	「消防決死隊」	2	
	「鉄の爪」	2	

a—1

2	法律	「続佐々木小次郎」	2	20
		「愛の山脈」	3	
		「麗春花」	2	
		「善魔」	1	
		「暴夜物語」	2	
		「おやおや人生」	4	
3	宗教	「麗春花」	1	1
4	教育	「悲歌」	1	7
		「暴夜物語」	3	
		「おやおや人生」	3	
		「深夜の非常線」	1	
		「鉄の爪」	1	

8—2

5	風俗	「白痴」	1
		「サクサク娘」	1
		「愛情の旋風」	1
		「悲歌」	5
		「暴夜物語」	1
		「おやおや人生」	3
			14
6	性	「深夜の非常線」	1
		「愛情の旋風」	1
		「悲歌」	4
		「暴夜物語」	1
			7
		「鉄の爪」	2
		「白痴」	1
		「続佐々木小次郎」	2

&—3

7	残酷醜汚	「愛の山脈」		1	8
		「悲歌」		1	
		「おやおや人生」	1	1	

◉希望事項総数……七〇

2—4

審査映画一覧

審査番号	題名	社名	巻数	呎数	備考
二九二	愛と憎しみの彼方へ	映画藝術協会	十二巻	九、五九九呎	
三四三	紅蝙蝠	大映	十巻	八、三〇〇呎	
三四五	とんぼ返り道中	松竹	九巻	七、四〇四呎	
三四六	鉄路の弾痕	大映	九巻	七、一一七呎	
三四八	おぼろ駕籠	松竹	十二巻	八、七九三呎	
三五〇	女の水鏡	松竹	九巻	八、〇九三呎	
三五三	愛染香	新東宝 昭映プロ	八巻	六、七九五呎	
三五五	孔雀の園	新東宝 児井プロ	七巻	六、三一一呎	
三五七	千石纏	東横	九巻	七、五〇七呎	
三五八	宮城廣場	大映	十巻	八、一〇〇呎	

三五九	情熱のルムバ	松竹	十巻 七、七〇〇呎	
三六〇	黄金バット 魔天楼の怪人	新映画	八巻 六、五一五呎	
三六三	夜来香	新東宝 昭映プロ	九巻 七、九四四呎	
三六四	右門捕物帖 片眼狼	新東宝 綜藝プロ	八巻 七、三二五呎	
三六六	女賊と判官	東横	九巻 七、九七三呎	
三六八	エノケンの天一坊	エノケンプロ	七巻 六、七二五呎	
三七一	深夜の非常線	日映 東宝	九巻 六、二四六呎	
三五〇－T	一九五一年松竹映画 春の凱歌	松竹		女の氷鏡他四本
三五一－T	大映ニュース 第一一九号	大映		偽れる盛装
三五二－T	大映ニュース 第一二六号	大映		絢爛たる殺人
三五三－T－二	愛染香	新東宝 昭映プロ		第二報
三五五－T	孔雀の園	新東宝 児井プロ		

三五七－T	千石纏	東横		
三五八－T	大映ニュース 第一二四号	大映		宮城広場他二本
三五八－T－二	大映ニュース 第一二五号	大映		宮城広場（第二報）
三六三－T	夜来香	新東宝 昭映プロ		
三六四－T	右門捕物帖 片眼狼	新東宝 綜芸プロ		
N－七九	日本スポーツ 第七九号	日映		
N－八〇	〃 第八〇号	〃		
N－八一	〃 第八一号	〃		
N－八二	〃 第八二号	〃		
P－一三五	ムービータイムズ 第一二五号	プレミア		
P－一三六	〃 第一二六号	〃		
P－一三七	〃 第一二七号	〃		

P－一三八	ムービータイムズ 第一三八号	プレミア		
E－八六	夢ぞ果なし	東京発声	四巻 三、四〇〇呎	
E－一二六	走行五万キロ	近代映画社	一巻 九六〇呎	横浜ゴム製造株式会社企画
E－一二七	一九五一年松竹ビック・パレート 憧れの星座	松竹	一巻 一一〇〇呎	
E－一三〇	伸びゆく力	日映	四巻 二、九四九呎	労働局厚生課企画
E－一三六	アド・トーキーNo.3 君待つ口紅	日本映画宣傳（株）	一巻 一〇〇〇呎	広告映画
E－一三七	進む土地改良	読売映画社	二巻 一、八〇〇呎	
E－一三八	緑の村へ	読売新聞社	二巻 一、五二〇呎	農林省企画
E－一四〇	ムーヴィーアド・第二号	電通	一巻 二〇七呎	広告映画
E－一四一	アド・トーキーNo.4 先づ健康	日本映画宣傳（株）	一巻 一〇〇〇呎	広告映画
E－一四三	女の手帖	理研	二巻 一、九〇〇呎	都道府県選挙管理委員会企画
E－一四四	観光の茨城	茨城県弘報課	二巻 一、八六三呎	茨城県庁企画 天然色
E－一四五	朝風に乗って	東宝教育	三巻 二、六九〇呎	

映画審査概要

○おぼろ駕籠　　松竹

武士の切腹が詳細に描写されているシーン　封建的風習の強調を戒める点から削除希望し実行された。

○（右門捕物帖）片眼狼　　新東宝　綜芸プロ

立廻り過剰のため　方円寺々内のシーン18呎削除を希望し実行された。

6—9

宣傳広告審査概要

スチール

○　佐々木小次郎　　東宝

1、佐々木小次郎が一乗山で待ち伏せた者を切り付ける決斗シーン

2、佐々木小次郎と兵介（清川荘司）との決斗シーン

（プレス差し絵もこれに準ずる）

これ等のスチールを拡大して利用されるときは過去の単なる封建的興味本位の時代劇と誤まられる恐れがあり、従来の例によりポスター絵カンバン等への利用は遠慮されたい旨を傳達。

○　おぼろ駕籠　　松竹

1、橋の上での阪妻をとりかこんでの決斗シーン　No.29

以上のスチール前例に準じ使用遠慮されたい旨を傳達

○紅蝙蝠　大映

1、長谷川と水戸とのコタツ際に於けるラブシーン、

手前の室に寝具が寫り、スチールの構図から見て風俗上好ましいとは言えず使用を遠慮されたい旨を傳達、

○夜来香　新東宝

1、上原謙と久慈あさみのラブシーン　No.2

他に類似の上半身スチール等も有り、この軍刀の明らかに見えているスチールは遠慮されたい旨を傳達、

8—11

プレス

○片眼狼　新東宝

嵐寛寿郎の片眼をかくし剣を構へたスナップ（差し絵）

時代劇宣傳の前例により遠慮されたい旨を傳達

一ケ年審査統計

（昭和二十五年一月一日―十二月三十一日）

◉脚　本

○受付けたる脚本数（改訂版を含む）……三〇四本

○受付けた作品題名の数……二四七本

（再提出された改訂版を除く）

（内　訳）

松　竹	六〇本	東　横	二五本
東　宝	二三本	太　泉	一〇本
大　映	四六本	其の他	四七本
新東宝	三六本		

○審査を終了したもの……二三八本

（内　訳）

松　竹	五三本	大　映	四八本
東　宝	二三本	新東宝	三八本
東　横	二三本	其の他	四三本
太　泉	一〇本		

◉シノプシス

○受付けたシノプシス数……………一三七本

（内　訳）

松竹	一六本	東横	四九本
東宝	六本	太泉	一四本
大映	二八本	其の他	一一本
新東宝	一三本		

○終了したシノプシス数……………一二九本

（内　訳）

松竹	一六本	東横	四四本
東宝	六本	太泉	一四本
大映	二七本	其の他	一〇本
新東宝	一二本		

○備　考

1、受付数と終了数の差は審査中のもの、製作者の都合により取下げられたもの等である。

2、以上の六社との提携については、その社に含めた。

◉脚本審査集計

○改訂・削除・注意・を希望した数……………九〇四件

國家及社会　三〇九　法律　二二七、　宗敎　一三

敎育、　七五　風俗　一三七　性　三七

残酷醜汚、　一〇六、

（注）國家及社会の項目の数が全集計数の約三分の一を占め、法律の項目も亦これに略々近い数に上っている。

封建社会から民主的社会への移行、これに伴う法律関係の変動こゝに反映しているものと思われる。

風俗と性に関する項目の数、及び残酷醜汚についての事項が残の大部分であるが、特に昨年下半期に注目された風俗上の諸点暴力描寫の注意件数等がこの数字を生んだのであろう・

敎育に関する件は全集計の約一割を示し、宗敎に関しては依然として少い・

◉審査映画数

○完成劇映画数……………二二二本

（内訳）　松竹　四八本　東横　二六本

東宝　一九本　　太泉　一二本
大映　四八本　　其の他　二七本
新東宝　四二本

○それらの予告篇……一六四本

（内訳）

松竹　二三本　　東横　二三本
東宝　八本　　太泉　一一本
大映　四九本　　其の他　一〇本
新東宝　四〇本

○新版……二九本

○併映短篇……一二一本

○スポーツニュース……七九本

○その他……六本

（乙女の性典、インパール作戦等、映倫で脚本審査を経ずして完成した劇、記録）

◉映画カット希望件数……九六件

2―15

◉ 映画宣傳広告改訂削除注意希望件数……………八七件

（二月二十八日より審査開始）

○プレス（文案）　一二　　○新聞廣告　一四

○スチール　四二　　○撮影所通信　三

○ポスター　四　　○脚本未審査廣告　八

○挿絵　二　　○絵看板　二

8—16

各社封切一覧

封切日	審査番号	題名	製作会社	備考
松竹				
十二月二十三日	二二〇	奥様に御用心	松竹	
二十九日	三五九	情熱のルムバ	松竹	
一月三日	三四五	とんぼ返り道中	松竹	
八日	三五〇	女の水鏡	松竹	
十五日	三四八	おぼろ駕籠	松竹	
東宝				
十二月二十三日	三二〇	佐々木小次郎 第一部	東宝	
三十日	三六八	エノケンの天一坊	エノケンプロ	
一月四日	三七一	深夜の非常線	東宝 日映	

と—17

一月十一日	二九二	愛と憎しみの彼方へ	映画芸術協会	

大映

十二月二十三日	三四六	鉄路の弾痕	大映	
三十日	三四三	紅蝙蝠	大映	
一月六日	三五八	宮城広場	大映	
十三日	一五一	鶴乱る盛装	大映	

新東宝

十二月二十三日		旧作名画再上映		
二十九日	三五三	愛染香	新東宝 昭映プロ	
一月三日	三五五	孔雀の園	新東宝 児井プロ	
七日	三六四	片眼狼	新東宝 綜芸プロ	
十三日	三六三	夜来香	新東宝 昭映プロ	

東映

十二月二十五日	三六〇	摩天楼の怪人	新映画社
三十日	三五七	千石纏	東横
一月 五日	三六六	女賊と判官	東横
十一日	二九二	愛と憎しみの彼方へ	映画芸術協会

2—19

映画倫理規程審査報告　第十九号

昭和廿六年一月廿六日発行

発行責任者　野末駿一

東京都中央区築地三ノ六

日本映画連合会

映画倫理規程管理部

電話築地(55)二八〇二番

〇六九六番

映画倫理規程審査記録

第20号

20

映画倫理規程

審査記録

日本映画連合会

映画倫理規程管理委員会

目次

管理部からのお知らせ

本冊子はこれまで「審査報告」として　審査の内容を記録して関係者のみならず一般にも配付して来たが　今般これを「審査記録」と改めて　関係者に配付し　一般には広報的なものは別に作成して配付する。

○委員長書簡について

過般渡辺委員長から製作関係者に対し　左の書簡が送られた

昭和二十六年二月二十日

時下益々御清祥の段大慶の至りに存じます

映画倫理規程の管理運営につきましては　かねて諸賢の御協力により着々所期の成果を収めて居りますが　偶々二月九日の管理委員会に於て　審査報告をめぐり別紙の如き熱心なる意見が開陳せられ　各位の御注意を喚起することとなりましたので茲に書

簡を以て御通報申上げます

「映画倫理規程」は申すまでもなく日本映画の純化向上を目ざして業界一致を以て制定　自主的に管理運営しつつあるものでありまして　映画の製作に当っては常にこれに基く反省自戒が加えらるべきものであります。

この意味に於きまして此の際各位一段の御配慮を煩わしたく存じます

二月九日午后三時半　映連会議室に於て　定例の映画倫理規程管理委員会が開催されその席上専門審査員阪田英一氏から東横作品「お艶殺し」（原作谷崎潤一郎）の脚本審査経過が報告された

その審査報告の趣旨は大要次の如きものであった

最初にこの企画のシノプシスが提出された時　審査員はかゝる異常な情痴の世界を描くことが倫理規程の精神から見て適当でなく従ってこの映画化は困難であるとの見地からその旨を製作者側に伝えた・

製作者側はその判断を諒として充分倫理規程の條項を考慮し　原作の内容を改変してシナリオの構成を行った故検討を乞うとの申入れあり　脚本が提出された　しかしこの稿本ではお艶の性格設定その他に根本的な難点があるため　更に大改訂を希望し　重ねて提出された第二稿本につき詳細に考慮検討の結果　更に風俗上の点　殺人場面の描写等々に関

し　十数ヶ條の訂正　注意希望を提示　製作者側の了承を経て審査を終った次第である。
以上の審査報告をめぐって管理委員諸氏の間に熱烈な意見の交換が行われた結果　一致した結論の趣旨は大要次の如きものであった。
この脚本に現わされた如く　強烈な異常愛慾の姿を　特に今日無批判に映画化して公衆の前に提供することは　映画界が日本映画の浄化をめざして制定した倫理規程の精神に根本的に背反し　専門審査員の労は洵に多とするが部分的に如何なる改訂を施してもその雰囲気は規程の條項に基本的な反触を示す虞れなしとしない　その印象は完成映画の画面に於てはじめて正確に判断し得るものとは云え　このような企画自体が充分慎重なる配慮の下に立案せらるべきものと考えられる。最近一般の企画状況が　風俗上　教育上間々不幸にして規程の精神に背反するものあるやに感ぜられることは洵に寒心に堪えざる所であり世論の反響もいかゞと思われるので各社一層の自粛を要望したいと思う。

（以上）

＊　＊　＊

○肺患の取扱いについて

二月十九日の協力員会議及び二月二十三日の管理委員会で　映画中の肺結核患者の取扱

いについて　熱心な検討が行われた。
肺結核患者の数は相当にあり　それ〳〵希望を持ちつゝ闘病生活を続けているのであるが　たま〳〵映画中に取扱われる肺患者が　ニヒリスティックであったり　センチメンタルな意図を以て表現されていたりすると　彼等の希望の光を消すこととなり　社会的に影響するところ甚大と考えられるので　その取扱いについて　製作者に充分な考慮を要望したい――という結論であった。

※　※　※

○麻薬その他について

麻薬及びそれに類する薬品は　映画では取扱わないことになっているが　まだ時々シナリオに取扱われている　如何なる方法に依ろうとも　これは避けて戴きたい。
注射も割合に多く取扱われているが、医療関係者（医師や看護婦等の法律を以て許されている専門家）以外が　注射器や注射薬を所持することは　避けて戴きたい　医療関係者でも　直接注射する場面は　同じように取扱はないことになっている　（間接の表現はよいと思う）
手術の場面も　同じく直接表現しないようにお願いしたい。

×　×　×

a―4

その他企画上またはシナリオ執筆上　留意されたいものに　軍歌と、ストリップがあるこれらは何れも映画では取扱はないこととなつているので　その旨関係者に充分徹底して戴きたい。

◇　◇　◇　◇

a—5

審査脚本一覧

社別	題名	受付日	審査終了日	備考
新東宝 宝プロ	又四郎行状記 鬼姫しぐれ	一、一二	一、一七	
東横	風にそよぐ葦（終篇）	一、二四	一、二六	
東横	無國籍者	一、二四	一、二六	
松竹	我が家は楽し	一、二五	一、二六	「女の学校」改題
松竹	父恋し	一、二六	一、三〇	「父の名は言えない」改題
大映	月の渡り鳥	一、一九		
大映	〃 改訂版	一、三〇	一、三一	改訂第二稿
大映	恋の阿蘭陀坂	一、二九	一、三一	
大映	自由学校	一、三一	二、二	
東横	お艶殺し	一、一九		

a-6

東横	〃 改訂版	二・一	二・二	改訂第二稿
松竹	怪塔傳	二・三	二・五	
松竹	海を渡る千万長者	二・五	二・七	
大映	アベックパトロール 赤い鍵	二・八	二・一〇	
新東宝 昭映プロ	（仮題）月が出た出た	二・八	二・一〇	
教映	ドレミハ先生	二・八	二・一三	
大映	泥にまみれて	二・一二	二・一四	
新東宝	桃の花の咲く下で	二・一二	二・一四	
東宝	若い娘たち	二・一四	二・一九	
第一映画プロ	（仮題）曠野の誓ひ	二・八	二・二〇	
東横	夢介千両みやげ	二・一七	二・二一	
東宝	その人の名は言えない	二・一九	二・二二	
松竹	戀情旅行	二・一四	二・二二	

a—7

新東宝	恋人	二　二一	二　二三
大映	誰が私を裁くのか	二　二二	二　二六

◎新作品……………………二三

シナリオ数……………………二五（内改訂版二）

内訳＝松竹　五　東宝　二　大映　七（内改訂版一）

新東宝　四　東横　五（内改訂版一）

教映　一　第一映画プロ　一

◎審査シノプシス……………………九

内訳＝松竹　一　東宝　五　新東宝　二

東横　一

ル—8

脚本審査概要

又四郎行状記 鬼姫しぐれ	新東宝 宝プロ

製作　高村將嗣
原作　山手樹一郎
脚本　萩原章
演出　中川信夫

大名の二人の姫君の世嗣問題をめぐる明朗時代劇

これは二人の姫をめぐつてその世嗣をきめる所謂お家騒動物とも見えるが　浪人又四郎を主として　お艶という「おきやんな」芸者を傍役としつゝ、喜劇的に演出されるものとみて（この点製作者側にたしかめ　その確認を得たが）封建的なものゝ肯定にならないものとして　一応注意を望んだ。

かく見た上では　全体には何ら大きな問題はないが　脚本提出と同時に　この中で又四郎のしばしば使う（入婿）を皮肉に（種馬）と云うのは（入婿）に訂正される旨申し出があつた。これは脚本にはそのまゝ残つているので　念のためこゝに記しておく

篇中しばしば（斬る）とか（斬つて捨てるべきだ）とかあるのは　余りにも無雑作な云い

方で 暴力肯定の観念を助長し 暴力によって私斗的に何事でも 解決すればすむとの封建的な慣習を（年少観客に与へる印象を考慮して）想起せしめる恐れあり 時代劇一般としてもか、る行動や言葉はより慎重に取り扱われたい旨を望んだ（社会 教育）
また（切腹を覚悟で申上げるが）との台詞 或は字幕で（暗殺隊）と出るのは共に止めて貰った（社会 法律）
さらに この中でお艶と云う芸者 姫の一人多恵姫その他が（連立ち）をする件が二三ケ所あるが これは演出如何によっては猥雑な描写となるので 演出者の心づもり確めた上でなお注意すること、し 云はでもの事であるが 演出者の注意は勿論望ましいこともべておいた （風俗）
またシーン61・62は女の部屋へ男がしのびこむ件二つであるが共に性行為の暗示がそのあとにかくされてあるので改訂をのぞんだ（性）（二ケ所）

風にそよぐ葦（終戦篇）	東横

製作 マキノ光雄
企画 吉田信
〃 坪井與
原作 石川達三
脚本 八木保太郎
演出 春原政久

a—10

戦時中　激しい軍国的風潮の中に耐え抜いた一自由主義者の家庭が再び戦後の混乱に苦悩する悲劇を描く

戦争中の話なので連合国側を「敵」と呼ぶのは当然であるが　今となつてその呼称に時間的ズレが生じ　かえつて国際感情を害う恐れが生ずるかも知れない　従つて出来得る限り（そしてその虞れのある個所は）他の表現に変えるよう希望した（国家）

また主要人物の一人広瀬が悪いことをする時に必ず不敵な微笑を浮べるのは　表現上悪の讃美　悪魔主義となる虞れがあると思われるので　そうならぬよう留意して演出されたい（社会、法律　教育）

此の広瀬なる人物は悪の限りを盡し乍ら　此の「終戦篇」では罰せられてはいないが　映画はこれ一本として上映される関係上　なるべくなら罰せられるように改訂を希望するが　一歩譲つて当然罰せられる人物のように表現すれば　画面で罰せられなくても　それを想像させることが出来る　その意味に於いても　広瀬の扱い方は重要で　このシナリオで表現されているように　ニヤリと笑うことによつて　この人物に好意的な表現をしないよう特に強く注意を喚起した。

以上の外　細かい注意として次の諸所の改訂を希望した

a—11

(1) シーン17 料亭の場で「実はあの娘をあんたに予定しておいたんですが 少佐にとら
れてしまったんですよ」という構見の台詞は情交を暗示するので改訂を希望（性）
同じくシーン17の最后「社長 こいつを轟沈してはどうです 面白い軍艦ですよ」は
性行為を暗示するので削除を希望（性）

(2) シーン37の終りから38・39まで 広瀬が德子を暴力でキスした後押し倒し 時間経過を
見せて 情事のすんだ後を見せるのは情事の直接表現と異ならないのでキス以後（キス
はよい）全部削除して欲しいと希望（性）

(3) シーン63の玉音レコードの放送は種々困難を伴うと思う 終戦時の実際の放送は玉音レ
コードの次に和田アナウンサーがもう一度勅語を朗読した
松竹映画「黒い花」ではその和田アナの放送を模して使用したが この映画でもその方
を希望する旨意見を述べた （国家）

(4) シーン70 邦雄が粗暴な行動で壁の「米国軍用機一覧表」を剥ぎとるのは その行為は
当時は当然としても今日では時間的ズレがあるので「米国」の文字を消して 一般「軍
用機一覧表」という形にして欲しい （国家）

(5) シーン88 「ソ連抑留同胞帰還促進祈願断食」の大看板の「ソ連」の文字は当分の間外
国名を出さぬ慣例に従い処理されたい （国家）

(6) シーン95「一票百円として五千票か」「一票百円は今時の相場として安いもんですぞ」
は余りに具体的で且つ買収の相場を知らせることが種々社会に悪影響を与えると考えら
れるので改訂のこと（法律）

(7) シーン93には「社会党」「自由党」「共産党」の名が出るが それらが買収され得
るという印象を与えるので 架空の党名にするか または買収されない場面を出すよう
改訂されたい（社会）

シーン110の「国民党」は架空の党名らしいが 若し小党派で実在するか否か調査の上使
用されたい

(8) シーン101の場面に出てくるヒロポンのくだりは全部慣例に従って削除されたい（法律）

(9) シーン107の裸ダンス 108の裸ダンサーのトミーの表現は何れも風俗上卑猥感を出さぬ程
度のこと（風俗）

(10) シーン123 買出しの話の所で
「やっとた米二升だけ」
の「お米」の文字は消して貰う（法律）

× × ×

a — 13

無國籍者
東横

製作　マキノ光雄
企画　高木次郎
原作　高見順
脚本　八住利雄
監督　市川崑

宿命の前に自らの国籍を抹消し去つた一放浪者の魂の孤独を描くメロドラマ

内容自体がかなり刺戟的な要素を含んでいるので　ニヒリズム礼讃とか或は風俗上の点でも煽情的にならぬよう　演出上慎重な配慮を希望した（社会教育風俗）

又部分的には次の諸点を希望した

(1) シーン18は観客にチヤブ屋であるという印象を与えぬようにされたい　従つて　シーン15の「……チヤブ屋へ……」　「チヤブ屋？……」　シーン18の「……女はいらないよ」　「……もう寝ない？」　シーン33の「……足抜きでもないから……」　等の台詞は適宜改訂して戴きたい　（性　風俗）

(2) シーン27　シーン35の「英軍」という言葉は敵とか敵軍とかに改めて戴きたい（国家）

(3) シーン43　爆撃の場面は余り凄惨にならぬように演出上注意されたい
又同じシーンの　「血まみれになつて倒れている」　シーン58の「血を吹いている」

も同様　（国家）（三ケ所）

(4) シーン44　桜井が十夜子に踊りを強要する場面は　煽情的にならぬよう演出されたい（風俗）

又　他の場面も含めて　台詞の中に「ストリップ」「裸踊り」「すっぱだか」等という言葉がかなり度々出て来るが　これらは出来るだけ止めるか　他の言葉に代えて戴きたい　（風俗）

(5) シーン51　地下室の場面は　銀座の真中に密輸団の巣窟が余りにも簡単に存在するような印象を与える虞れがないでもない　これは演出によって或る程度救えると思うのでその旨希望した　（法律）

(6) 戸張が持って帰った「宝石」は「宝石」と明示せず「或る貴重な品物」ということにして戴きたい　（法律）

我が家は楽し（女の学校の改題）	松竹

製作　小出孝
脚本　柳井隆雄
〃　田中澄江
演出　中村登

美しい肉親愛に育まれて苦しい世の中を明るく生き抜く一家庭の生活を描く

シーン９の「お姉さんの顔なんか風邪引いた賑国ですようだ」は 個人的な中傷と解される虞れがあるかも知れない 軽く笑いを目的とした表現であると思われるが 当人から抗議が来た場合 製作者側で責任を持たれるよう手配するか削除するかを勧告した （社会）

シーン55の通行の男が朋子の顔を殴りつけるところは残酷と思われるので改訂を希望した

（残酷 社会）

父恋し（父の名は云えないの改題）	松竹

製作 小倉武志

脚本 長瀬喜伴

演出 瑞穂春海

別れた父を慕う歌の上手な少女をめぐるメロドラマ

希望事項なし

― 16

月の渡り鳥

大映

企画　清川峰輔
原作　長谷川伸
脚本・演出　衣笠貞之助

数年ぶりで思い出の土地を踏んだ男が横暴な顔役を懲して旅に就く物語

第一稿には次の諸点が認められたので再考を求めた　それは内容全般が

(1) 暴力肯定と云うより暴力讃美に近いこと　（社会）

(2) 主人公はやくざではないが　その言動はやくざと大差なく　いわばやくざのヒロイズムが謳われていること　（社会）

(3) 倫理規程に充分留意していることはよく分るが　結果に於いて過去の所謂「股旅もの」に似た印象を受けること　（社会）

この結果第二稿本が提出されたが　これには全体のやくざ臭が大分なくなり　主人公銀平の喧嘩の動機に正当な必然性を持たせるなど色々の点が改訂された　然し倫理規程の上から未だ不充分な点が認められるので以下の諸点を希望した。

(1) 製作意図の如くあくまで恋愛物語を主に喧嘩争斗の場面は従に取扱うこと　しかも観者

の描写は出来るだけ簡略にすること　要するに観客に与える印象をあくまで主人公主人に絡まる悲恋物語にして戴きたい（社会）

(2) まだ各処に覗える暴力肯定　やくざのヒロイズムの残滓を取除いて戴きたい　この為には例えば　シーン15「俺は立派に死んで見せる……」　シーン16「俺ら一人で引受けてやる喧嘩だ……」　シーン32「昔は立派に帆立の奴を相手にしたお前さんじゃないか」等の台詞を適宜削除若しくは改訂すること（社会）（三ケ所）

又シーン11　帆立方といざこざが起る場面で　銀平が真先に勢い立つが　これをさそうでなくするなど　凡ゆる言動の上で(2)の虞れのある個処を取り除くか改訂して戴きたい（社会）

以上の希望事項によって尚　一段の改訂が施されるならば　倫理規程として　許容し得る作品になると考える

恋の阿蘭陀坂	大映

製作　箕浦甚吾
脚本　松田昌一
演出　鈴木英夫

長崎を舞台に描くさすらいのサーカス娘の悲恋物語

希望事項なし

自由學校

大映

製作 服部静夫
原作 獅子文六
脚本 新藤兼人
演出 吉村公三郎

煩わしい世の中に人間的な自由を求める男をめぐる社会諷刺劇

(1) シーン1、にある台詞「グズグズしてたら前の戦争の身の振り方もつかないうちにまた戦争にひつかかるわよ」は第三次大戦のあることを断定しているようにも取られる恐れがあるので、適宜改訂を希望した。(國家)

(2) シーン14 のニヨロニヨロシヨウの踊の場面は慣例の如く、胸あて、腰あてを使用するよう希望。(風俗)

(3) 法律用語の使用は正確を期すよう希望した。(法律)(三ケ所)

ム—1

お艶殺し

東横

製作 マキノ光雄
企画 柳井武夫
原作 谷崎潤一郎
脚本 依田義賢
演出 マキノ雅弘

美女お艶をめぐる愛慾悲劇を扱った谷崎潤一郎原作の映画化

一、これはシノプシスが提出された際にかゝる異常な情痴の世界を描くことは映画倫理規程の範囲では容認されないであらう、従って谷崎潤一郎氏作「お艶殺し」の映画化は到底困難であらうと云う意見を製作者側へ傳へた。

二、しかし製作者側ではシノプシス提出と同時に着手したシナリオでは新助のお艶に対する純情と云うことに重点を置き、従って原作にある如き情痴の世界からは遙かに刺戟的でない愛情の世界を描くことになる筈であり、又新助は原作では、三太、お市、徳兵衛、清次、お艶の五人を殺害することになっているが、この点でも原作をはなれて倫理規程で容認出来る脚色を行うことになっているから、必ずしもシナリオにおいては「お艶殺し」の映画化は映画倫理規程の面において絶望と云うことになっていないと思うとの意見であるのでそのシナリオの完成を待つことになったが、

三、さて、そのシナリオが提出されたのであるが、そのシナリオは勿論、原作からみれば、その情痴の世界の描き方も随分刺戟的なものがなくなっているけれども、しかしお艶の異常な性格が（シーン40）以後にハッキリと描き出されていて、これが先づ倫理規程では重大な難点となっていた。それから新助が五人の男女を殺害することも、このシナリオでは、お市が殺害されないことになっていることが改められた唯一の点であると言っ

ても好い程で、その他の殺人の場面はそれぞれ残酷な感じが強く、この点も相当の改訂をしなければと思われた。が、しかし　これはお艶の異常な性格がはっきり描き出されている。

難点が脚本の改訂によって解決されるならば、それに関聯して自然に或る部分、殺人の場面も改訂されることが期待されるので　殺人の場面については　お艶の性格による難点が解決した後にその点の希望事項を述べさせて貰うこととし　取敢えずこの際はお艶の性格による倫理の面の難点に対いして、例へば、このお艶は全然毒婦であり、淫婦であり、少しも普通の女としての良心と云うものを見せていないのであるが、この性格を考慮して改訂して貰うか、或いはお艶を全面的に批判的に描くと云うことに改訂して貰うが、と云うようなことによってその解決を希望した。

四、そして、その大改訂の結果は、いよ〳〵原作（シノプシス）の趣きからははなれたものとなり、又お艶の異常な性格も一段と目立たないものとなり、シノプシスにおいて殆んど映画倫理規程の面から映画化は望みなしと思われたこの「お艶殺し」はこのシナリオに部分的な何個処かの改訂を希望、或いは演出上の注意を希望することによってシナリオの審査が終了すると云う処え到達した。

なほ、　その改訂及び演出上の注意についての希望事項は次の如きものである。

A、風俗上の点について、

（一）シーン21、の二階の部屋でお艶と新助が抱擁するシーンはお艶が媚態を見せると云った感じにならぬよう演出上注意して貰いたい。（風俗）

又シーン43にも同様のシーンがあるが、こゝでも同じ注意をして欲しい。（風俗）

（二）シーン22、舟宿の二階の場面ではお艶が蒲団にねていて、新助が起きて外の風景を見ていることになっているが、二人が同衾した後であることをハッキリ感じさせないよう演出上注意して欲しい。（性）

（三）シーン24、清次の舟宿の部屋でお艶にぶって呉れと云われて、新助がお艶をぶち、お艶が嬉しがると云ったシーンがあるが、少し刺戟的であり、演出によっては異常な情痴の感じにもなるから、その点を避けるため、演出上充分に注意するか、脚本を改訂することにして貰いたい。（性）

（四）シーン44、蔦屋の二階でお艶が新助の首をしめたりするラブ・シーンは、これも異常な情痴の感じになる危険があるから、演出上充分に注意して欲しい。（性）

（五）シーン52、蔦屋の二階でお艶が寝床に腹這って長煙管でたばこをふかしており、新助がその枕許に坐っているど云うシーン、これも同衾した後であることを　ハッキリ感じさせないよう演出上注意して貰いたい。（性）

(六)シーン69、二階の部屋でのお艶の「なにも芹沢さんがはじめてじゃないんだよ、清次にだって徳兵衛にだって体をまかした覚えがあるんだよ云々」の台詞は　風俗上甚だ不都合であるから、支障のない程度のものに改訂して欲しい。（風俗）

B. 殺人の点に関して

(一)シーン30、大川端で新助が三太に襲われ、かえって逆に新助が三太を殺してしまうが、その后の（シーン33）で、その三太の死体を新助が川端え引きずって行き川え投げ込むのは残酷な感じであるから止めて貰いたい。（残酷）

(二)シーン34、清次の舟宿の勝手口で新助がお市に云う「おら三太を殺して来たんだ、一人殺すも二人殺すのも一緒だ云々」の台詞は余りにも殺人に積極的な感想であり、これは削除して欲しい。（法律）

(三)負傷した徳兵衛が新助に殺されるシーンは、改訂されて裏にかくされてしまっているがそれでも（シーン51改訂個所）川堤のシーンに新助がお艶に云う「お前は心配しなくたっていゝんだ、おらどうせ人殺しだ、おれの邪魔する奴は片附けてしまう」の台詞の後で闇の中でギヤアと悲鳴が聞える処は残酷な感じが強いから止めて貰いたい。（残酷）

(四)次に清次が（シーン61）の舟宿の裏で新助に刺し殺される個所であるが、こゝでは清次

2―5

の方が殺意の強かったと云う感じに演出上の注意をして欲しい、と云うのは、新助が自分とお艶との間に邪魔になる奴は誰でも殺すと云う風な異常な情痴を感じさせる危険があるからである（法律・性）

その意味から（シーン61）の前後のシーンで新助とお艶の殺人に積極的である感じの台詞も削除するか改訂するかして貰いたい（法律、性）

又（シーン60）の二階の部屋で、新助が「どうせ架みに陥った体だ、もうおれは自首なんかしねえ、誰が死ぬもんか」と云い、お艶は満足して「嬉しい」と云うシーンは直接に殺人には関係はないが、しかし、これはその前后の殺人にからんで異常な情痴を感じさせるものであるから、このシーンは大部分削除を望みたい（法律・性）

C. 其の他

(一) シーン49、芹沢の屋敷でお艶が芹沢に啖呵をきる個所であるが、これはお艶が徳兵衛に「筋書通りにやってくれ」とたのまれてやるものであるから其の感じに演出するよう注意して貰いたい。お艶がこゝで颯爽と啖呵をきるというのでは芹沢とお艶の関係からしてもお艶を殊更に異常な性格に感じさせるものであり、ゆすりの啖呵が讃美されている感じになる危険があると思われる（法律・性）

(二) 最后の（シーン76）の墓場のシーンは新助がお艶の死体を葬るために、墓の上を掘るのであるが、グロテスクな感じが強いと思うし、そして新助の「さあ、新世帯だぜ、さー諸にたのしくいつまでも……」の台詞は墓穴にお艶を引き入れると、しっかり抱いて、がばとうち伏して泣くと云う結末になっているが、これはグロテスクな感じにもなる危険もあると思われる。

「情婦マノン」と云う外國映画の結末も、男が砂の中に女の死体を埋めるシーンとなっているが、あの場合は沙漠の人家も何もない場所での話しであるから、墓場の場合とは大分條件が違うと考えられる。それ故この墓場のシーンは全部削除して（シーン75）で結末をつけるか、又は前に述べた危険のないように改訂及び演出上の注意をして欲しい

（醜汚、性）

怪塔傳
松竹

製作　小倉浩一郎
原作　角田喜久雄
脚本　八尋不二
演出　丸根賛太郎

尾州家の秘密をめぐる正邪の葛藤を描いた傳奇時代探偵劇

1.この映画は全体として相当グロテスクの感じの強いものになると思われるので、その点につき全面的に演出上の注意を希望した。（醜汚）

2.一貫斎の地獄絵と云うのは弄り殺しにされる美女を描いてあると云うことになっているが、刺戟的でない感じの絵にして貰うことを希望した（残酷）

3.白塔屋敷の老婆は額の真中にえぐったような傷痕があり　まるで目が三つあるように見えるすさまじい面貌と云うことになっているが、余り醜悪な感じのものにならぬように注意を希望した。（醜汚）

4.シーン41、42、の一貫斎父娘拷問のシーンは余り残酷な感じにならぬよう演出上の注意を希望した。（残酷）

5.安敵芳太郎は口から白い泡をふき、一見白痴と感じられる若侍と云うことになっているが、これも余り醜悪な感じにならぬよう注意を希望した。（醜汚）

6.シーン62、シーン72
又その芳太郎がみやに結婚をせまる処は　これ亦、醜悪な感じにならぬよう演出上の注意を希望した（醜汚）

7.シーン80　のバサリと音がして　木の間から縄が生きた蛇の様にお松の首にまきつき

そのまゝお松の体は吊り上げると云うのは余程演出上注意して欲しい、或いはこの部分別のものに改訂を希望した。(残酷)

8、シーン102、白塔屋敷の廣間の乱斗の場面及び、シーン103白塔屋敷附近の乱斗は刺戟的にならぬよう演出上の注意を希望した。(社会)(二ヶ所)

又シーン102の三郎がみやの襟元をつかんで膝の下え敷き、その咽喉に脇差を突きつける場面も余り残酷な感じにならぬよう演出上注意を希望した。(残酷)

海を渡る千万長者　松竹

製作　石田清吉
脚本　伏見晁
演出　斎藤寅次郎

成功してアメリカから帰國した富豪をめぐる親族たちの人情の機微を描く喜劇

別にとりたてて云うべき大きな問題はないが、個々の部分で以下の諸点を特に注意して貰うように傳えた。

(1)キャバレーのショウが出てくるが、(シーン27のショウは芦原、秋月のO・S・Kのものと指定があり、これは心配はないであろうが)例によってストリップショウ的なもの

にならぬよう演出上の考慮を願いたい（風俗）

(2) シーン10　チャッカリしている運転手の妻春子の台詞に「ネバーでハンプンよ」とあるのは特にこれでなければならぬ必要さはなく、か丶る言葉を安易に扱われることは好ましくないと思う　演出上注意してほしい（教育）

(3) シーン42　岡本医師が注射する件があるが、従来の如く注意を望む（法律）

(4) シーン27・キャバレーのホール「女の店を抱いたり　手を握ったり　伴野は仲々色好みらしい」とあるが、例え喜劇とは云え、過度の逸脱なきようにせられたい（風俗）

(5) 養老院の新築場に「大林組」とあり、実在名（関西）あるにより、これがタイアップかなりや否やを特に確められたい（[redacted]）タイアップならば問題はない。（社会）

(6) シーン70　ホールでスクリーンにこの主人公のハワイでの実景が出てくるが、その中に四四二部隊の墓に花輪を送るシーンも出てくるとあり、この映画が喜劇映画である故にか丶る戦死者の墓を安易に取り上げることは礼にかく不安もあり、完成映画に於いてこれはなほ検討したいことを約束、云うまでもなくこれら海外実景は従来どおりC・I・E・の承認を特に得ておかれたいことは勿論である

A—10

後記、完成映画においては、かなり脚本は変更されており、以上のうち(3)・(4)・(5)は該当箇所は出てこなかった。(1)は、その台詞はそのままつかはれてはいるが、その印象刺戟的ではなくこのままにしてもらつた。

審査脚本にはなかつた箇所のひとつに、精神病院の病室内の描写があるが、在来の喜劇映画のとりあつかい方からみて、やや逸脱のきらいがないとは言へず、好ましいこととは決して言へないのだが、ここが、特に喜劇的なたくみな演出で、精神不具者を必しも規程第七に触れる印象を与へないので特にこのままにしておいた。ただ今后、かかるエピソードは逸脱なきようとりあつかはれたいと思う。

アベック・パトロール 赤い鍵	大映

企画　辻　久一
脚本　柳川真一
演出　安田公義

新しいアベック・パトロール制を扱った探偵物

シーン63、の夜の女の表現は卑猥に亘らぬように希望した（性　風俗）

假題 月が出た出た

新東宝
昭映プロ

製作　望月利雄
脚本　森岡良
演出　志村敏夫

めぐり會った孫を仲に結ばれる反目した父子の人情物語

(1) 貝島炭坑と云うのは実在のものであるからこの場合、別の名に変えて欲しい（社会）

(2) シーン8、やけっぱちな軍歌を唄って……とあるが軍歌は慣例上困るから別の歌にして貰いたい（國家）

(3) シーン15、社長室に於ける傳造の台詞の中に「勝手にふやした家族を養う義務はないんじゃ」とあるは、横暴な社長の言葉として或いは当然のものかも知れぬが、社長として余りに法律を無視した言葉でもあると思われるので適当に改訂して欲しい、（法律）

(4) シーン27、春の家の一室に於ける傳造の台詞の中にある「倅が戦地で最后の突撃に移る前に」（國家）と云うのと、「またまた一夜を明かした女の情が」（性）と云うのは、少しく刺戟的な言葉であると思われる。これらも適当に改訂して貰いたい。

(5) シーン45 から シーン55までの、茶ら平が番の家の塀の外から、芸者の着物から洋服に着かえる処をのぞき見するところは、非常に悪趣味であると思われる。ぐっと短かくして出来るだけ風俗上の点に気をつけて 演出して欲しい。（風俗）

(6) シーン95～97
雄作達と益源一味との乱斗のシーンは残酷な感じにならぬように、演出上の注意をして貰いたい（残酷）

(7) シーン17
常吉と茶ら平の会話に麻雀賭博に関するものがあるが これは削除して欲しい（法律）

ドレミハ先生
故映

製作 平林丸夫
企画 菅長雄
原作脚本 佃順
構成 山本嵯
演出

都に病む元の先生を田舎の児童たちが代表を送って見舞う師弟愛の物語

級友を駅に見送る小学生たちへ、一人遅れて来た少年が、汽車の窓硝子に、「気をつけて
行け」と白墨で書く件あり。（この少年はいつも白墨で楽書をする癖がある）　汽車は公
共物であり、みだりに楽書することは好ましいことではない。
かつまた、この映画は少年の人達を対象とした映画であるだけに、かゝる印象を肯定的に
与えたり、或いは興味をもたせたりすることはいけない。
よってこの件は改訂して欲しいと思う。（あと二ヶ所　こゝが思い出としてまた出て来る
のと、車中でそれを見るショットとがある。これは同様処置されたいものである）

（教育）（三ヶ所）

a—14

泥にまみれて

大映

企画　加賀四郎
原作　石川達三
脚本　八木沢武孝
演出　久松静児

結婚生活に於ける幾多の危機を愛情と理智を以て乗り切って行った夫婦の物語

シーン31　警官が劇団員を検束する所　戦前の場面ではあるが「激しく殴り飛ばされる古沢」と云う表現は強すぎると考えられるので　批判的に表現するかまたは隠和になされたい（法律　残酷）

シーン33　看守が検束された女優に云う言葉で「どの阿魔だ！」は同じ理由で抹消して欲しい（法律　社会）

シーン48　壮行会で歌われる「天に代りて」は軍歌でないものに代えられたい　（国家）

桃の花の咲く下で

新東宝

製作　佐藤一郎
脚本　清水宏
〃　岸松雄
監督　清水宏

一人の子供をめぐる実母と養母の愛情物語

全体にわたる問題は何らないが　母とママさんとが野天風呂に入っているところがあるが
(画では湯につかっていることになっている)その背后にもし入浴中の女達がいるなら
裸体を見せないように注意して欲しい　(風俗)

若い娘たち
東宝

製作　藤本真澄
原作　石坂洋次郎
脚本　井手俊郎
演出　千葉泰樹

若い娘たちの結婚をめぐる明るい青春物語

以下の個所について希望事項を提出した
シーン13　カナ子(娘)が美保子(母親)に云う科白で「未亡人の性の悩みとかなんとか
——お母さんだってあるでしょう　男の人を欲しいと思った事が……」と云うのがあるが
この中で性　男の人はそれぞれ削除訂正していただくこと　(性)

8 — 16

シーン30　川崎（医学生）とカナ子の会話で川崎の
「天使や女神のように素晴らしく思われる婦人でも動物のメスとしての素朴で原始的な生理から……云々」
カナ子「……私はまた女の身体を覗きたいからではなかったのかしら……」
川崎「……実際にはまだ一度も女の身体を覗いた……いや診た事はないんです」
の中　傍線の個所は削除していたゞくこと（風俗）（四ヶ所）
シーン33　橋本（医学生）の科白の中「掻爬」は他の語に変へていたゞくこと（残酷醜汚）
シーン66　千枝（叔母）と善吉（叔父）の会話の中
千枝「――私でさえまだこの通り……」　善吉「お前さんは特別だろう」はやめていたゞくこと（性）
シーン12　川崎がズボンのボタンを脱していて注意される件は　卑猥にならぬよう演出上注意していたゞくこと（風俗）
シーン32　手術室の中は刺戟的にならぬよう同様演出上注意していたゞくこと（残酷醜汚）

6―17

（假題）
曠野の誓ひ

第一映画プロ

製作　北次二郎
脚本　古川良範
演出　京極高英

北海道の国鉄の機関手と可憐なアイヌ乙女をめぐる友愛物語

老婆心から以下の諸点を注意した

(1) 加賀山（国鉄総裁）と云う実在の名前が出てくるが　これは慣例通り処理していたゞく
（社会）

(2) この脚本は　重病の少女を救うため　急行列車を曠野の寒駅に不時停車させるのがクライマックスになっている　これは現実にはあり得ぬことであろうが　映画はもとより創作であり　更に運輸当局もこの点諒承されている由であるから　別に向題はないと思うが　観客に「違法」と云う感じを与えぬように描写して戴きたい　（法律）

(3) この作品と同じ企画が大映にあり　目下大映側と交渉中の由であるが　これらの点については製作者側の責任に於いて処理して戴く

春川無刀流

夢介千両みやげ	東横

製作　マキノ光雄
企画　藤川研一
原作　山手樹一郎
脚本　民門敏夫
〃　村松道平
演出　萩原遼

千両の金を与えられて人生修業の旅に上った若者が正邪の葛藤にまき込まれて世間の諸相を体験する物語

希望事項なし

その人の名は言えない	東宝

製作　藤本真澄
脚本　八木隆一郎
演出　杉江敏男

どの男性に対しても何かみたされないものを感じる一人の女が結局自分の愛の対象は義兄でしかなかったと知って思いきる話

全体には問題はないが（原作井上靖の長篇小説より八木隆一郎脚色のもの）演出上 以下の点に考慮されたい旨を注意した これらは敢て言うをまたないかも知れないが 前もつてこの注意を与えることによって冗な接渉をさけたいからである 念のため附言しておく

(a) シーン28 銀座裏通（車道に自動車が止り 扉をあけて土門が秋子に声をかける）とある件 人道から三十糎はなれて車にのってはいけない交通條令があるによって 注意演出をのぞむ （法律）

(b) シーン29 キャバレーであるが 言ふまでもなく脚本にはないがストリップショウなど背景に出さぬこと （風俗）

(c) シーン30 料理屋の一室での秋子と土門との件 さいごのF.Oが二人の性行為をその後に暗示さすような直接的な終りかたでないように注意のこと （性）

(d) シーン40 風呂場（温泉） 男同志のみであるが 全裸などの出ぬように注意 （風俗）

(e) シーン69 沢木家の風呂場 秋子が腕の動脈をきって自殺した後の件 直接的な描写をさけられたいこと （社会 教育 残酷）

感情旅行

松竹

製作　中野泰介
原作　藤沢桓夫
脚本　鈴木兵吾
演出　佐々木康

貴金属商殺人事件に絡んで相愛の男女をめぐる恋愛葛藤を描く

シーン76　天王寺警察のシーンで杉岡の「御安心なさい　楠さんの嫌疑はすっかり晴れましたよ」の台詞は　楠が一度金を盗んでいるのであるから少しく不都合に感じられる　改訂を希望した　（法律）

又同じシーンのその後の杉岡の台詞に「直き原田と井熊が拘引されて来ますから」とあるが　この拘引は逮捕の方が正しい　そのように改訂を希望した　（法律）

恋人

新東宝

製作　青柳信雄
原作　梅田晴夫
脚本　和田夏十
〃　市川崑
演出　市川崑

結婚を明日に控えた若い女性の心理をめぐる青春物語

希望事項なし

誰が私を裁くのか	大映

原作　井上友一郎
脚本　新藤兼人
演出　谷口千吉

偶然の過去（失）をめぐって男性の横暴に苦しむ善意の女性の抗議を描くメロドラマ

(一) 林の中にある小さな小屋の中の康子　順三の抱擁のシーン（シーン13　41）は風俗上の

点を十分に演出上注意して欲しい　（風俗）
それから（シーン41）の順三がムシロの上に並ン「僕たちははじめて此処で結ばれたんだ此処で」と云うのは少しあくど過ぎると思われるので　適当に改訂して貰いたいと希望した　（性）

(二)同じ林の中の小さな小屋の中で康子と小栗の抱擁（シーン49）も風俗上の点を十分に注意して演出して欲しいと希望した。（風俗）

(三)そのほか（シーン36）化粧室での終りの処の順三と康子の夫婦生活のシーンと（シーン59）の順三が康子を愛撫するシーンそれから（シーン71）で順三がミドリとふざけているシーンはそれぞれ風俗上の点を十分に注意して貰いたいと希望した　（風俗）（三ヶ所）

(四)又（シーン59）で順三が怒って康子の頬を打つ処　無残な感じにならぬよう演出上十分に注意して欲しいと希望した　（社会　残酷）

(五)それから法廷のシーンに関してであるが（シーン29）の検事の論告はこれだけの証拠で

起訴するのは軽卒だと思われるので　その論告の終りの処一部分改訂を希望した（法律）
それともう一つ（シーン66）の康子の登場する処であるが　この所謂「在廷証人」の処置に裁判長の発言がないのは不適当であると考えられるので　然るべき処理を希望した
（法律）

6 — 24

審査集計

規程條項	関係脚本題名及希望個所数		集計
國家及社会	「泥にまみれて」	2	35
	「月が出た出た」	3	
	「無國籍者」	5	
	「海を渡る千万長者」	1	
	「怪塔伝」	2	
	「自由学校」	1	
	「我が家は楽し」	2	
	「月の渡り鳥」	8	
	「風にそよぐ葦」（終戦篇）	6	

c—1

2		
法律	「その人の名は言えない」	1
	「鬼姫しぐれ」	2
	「朧野の誓い」	1
	「誰が私を裁くのか」	1
	「泥にまみれて」	2
	「月が出た出た」	2
	「無國籍者」	2
	「海を渡る千万長者」	1
	「自由学校」	3
	「風にそよぐ葦」（終戦篇）	4
	「お艶殺し」	5
	「その人の名は言えない」	1
	「鬼姫しぐれ」	1
26		

c－2

番号	分類	題名	数	計
		「感情旅行」	2	
		「曠野の誓い」	1	
		「誰が私を裁くのか」	2	
3	宗教			0
4	教育	「ドレミハ先生」	3	8
		「無國籍者」	1	
		「海を渡る千万長者」	1	
		「風にそよぐ葦」（終戦篇）	1	
		「その人の名は言えない」	1	
		「鬼姫しぐれ」	1	
		「桃の花の咲く下で」	1	
		「赤い鍵」	1	

c－3

5	風俗	27
	「月が出た出た」	1
	「無國籍者」	4
	「海を渡る千万長者」	2
	「自由学校」	1
	「風にそよぐ葦」（終戦篇）	1
	「お艶殺し」	3
	「その人の名は言えない」	2
	「若い娘たち」	5
	「鬼姐しぐれ」	1
	「誰が私を裁くのか」	5
	「赤い鍵」	1
	「月が出た出た」	1
	「無國籍者」	1

C－4

6	性	「風にそよぐ葦」（終戦篇）	3
		「お艶殺し」	9
		「その人の名は言えない」	1
		「若い娘たち」	2
		「鬼姫しぐれ」	2
		「誰が私を裁くのか」	1
			21
7	残酷醜汚	「泥にまみれて」	1
		「月が出た出た」	1
		「怪塔傳」	8
		「我が家は楽し」	1
		「お艶殺し」	3
		「その人の名は言えない」	1
		「若い娘たち」	2
			18

c－5

「誰が私を裁くのか」

1

◉希望事項総数……………一三五

c－6

審査映画一覧

審査番号	題名	社名	巻数	呎数	備考
三二	その後の蜂の巣の子供達	新東宝 蜂の巣プロ	十巻	八、四六六呎	
三三八―一	えり子とともに（第一部）	藤本プロ	八巻	七、五二〇呎	
三三八―二	えり子とともに（第二部）	〃	六巻	五、六〇七呎	
三四三	情艶一代女	東宝 三上プロ	九巻	八、〇六五呎	
三四四	風にそよぐ葦（前篇）	東横	十巻	九、一八〇呎	
三四七	地獄の血斗	松竹	十巻	七、九二三呎	
三五二	絢爛たる殺人	大映	九巻	七、三八〇呎	
三六二	宝塚夫人	東宝 綜芸プロ	九巻	六、八四六呎	
三六五	阿修羅判官	大映	十巻	七、九七〇呎	
三六九	母月夜	〃	十巻	七、九一五呎	

三七二	消防決死隊	大映	十巻	八、一四〇呎
三七三	暴夜物語	〃	九巻	七、二八八呎
三七四	ザクザク娘	松竹	十巻	七、六三五呎
三七五	乾杯!若旦那	〃	九巻	七、四三二呎
三七六	悲歌(えれじい)	東宝 映芸協	十巻	九、八四六呎
三七七	善魔	松竹	十一巻	九、七〇九呎
三八〇	「桑門の街」より 愛情の旋風	〃	十巻	八、二一〇呎
三八三	嵐の姉妹	〃	九巻	八、〇八九呎
三八四	鉄の爪	大映	十巻	七、五二〇呎
三八六	又四郎行状記 鬼姫しぐれ	新東宝 宝プロ	九巻	七、八一七呎
三八七	お艶殺し	東横	九巻	八、七五〇呎
三九三	恋の阿蘭陀坂	大映	九巻	七、一七六呎
三九六	海を渡る千万長者	松竹	八巻	八、〇四七呎

E―一九五	東京ファイル二一二	東日興業 ブレイクストン	十巻 八、四六七呎	
E―一四二	艶のある天使	都映画	六巻 四、八二六呎	
三三八―T	えり子とともに	藤本プロ		
三四二―T	情艶一代女	東宝 三上プロ		
三六五―T	大映ニュース第一三〇号	大映		阿修羅判官
三六九―T	〃 第一二七号	〃		母月夜
三七二―T	〃 第一三九号	〃		消防決死隊
三七三―T	〃 第一三八号	〃		暴夜物語
三七六―T	悲歌(えれじい)	東宝 映芸協		
三七[illegible]―T	善魔	松竹		
三八〇―T	「泰門の街」より 愛情の旋風	松竹		

c―9

三八四－T	大映ニュース第一三一号	大映		鮫の爪・自由学校（特報）
三九[illegible]－T	〃　第一三二号	〃		恋の阿蘭陀坂
N－八三	日本スポーツ第八三号	日映		
N－八四	〃　第八四号	〃		
N－八五	〃　第八五号	〃		
N－八六	〃　第八六号	〃		
N－八七	〃　第八七号	〃		
N－八八	〃　第八八号	〃		
P－一三九	ムービータイムズ第一三九号	プレミア		
P－一四〇	〃　第一四〇号	〃		
P－一四一	〃　第一四一号	〃		
P－一四二	〃　第一四二号	〃		

c－10

P－一四三	〃 第一四三号	〃		
P－一四四	〃 第一四四号	〃		
E－一五四	新しき日本 静岡県篇	東日興業	三巻 二、二八三呎	毎日新聞社企画
E－一五五	〃 千葉県篇	〃	二巻 一、六六七呎	〃
E－一五六	〃 長野県篇	〃	二巻 二、〇五九呎	〃
E－一五七	〃 和歌山県篇	〃	二巻 一、七八一呎	〃
E－一六〇	〃 山梨県篇	〃	二巻 一、八〇二呎	〃
E－一六一	〃 観光群馬篇	〃	一巻 九五五呎	〃
E－一六二	〃 島根県篇	〃	一巻 八九九呎	〃
E－一六八	〃 兵庫県篇	〃	二巻 一、八九〇呎	〃
E－一七二	〃 伸びゆく埼玉篇	〃	二巻 一、八一四呎	〃
E－七五	王様のしっぽ	日本漫画	三巻 二、六九七呎	漫画

E－一四六	造　般	新映画社	一巻　九六一呎	逓[illegible]造[illegible]所企画
E－一四七	村の人気者	日本漫画	一巻　六六一呎	漫画
E－一四八	ムービー・アド　第三号	電通	一巻　二〇〇呎	広告映画
E－一四九	歌舞伎座	松竹	一巻　二七五呎	記録映画
E－一五〇	連獅子	〃	二巻　一、一七五呎	歌舞伎記録映画
E－一五一	文楽（伽羅先代萩）	〃	一巻　七四三呎	文楽記録映画
E－一五二	歌舞伎十八番の内　勧進帳	〃	八巻　六、九一〇呎	歌舞伎記録映画
E－一五三	買いよい店に	東京映画技術研究所	二巻　一、五〇〇呎	東京都商工指導所企画
E－一六三	日本の象徴	理研	二巻　一、九六〇呎	
E－一六五	どうぶつアルバム	日映	一巻　六〇七呎	
E－一六六	昭和二十六年春場所　大相撲	大日本相撲協会映画部	二巻　一、八三〇呎	
E－一六九	國民の中の天皇	日映	三巻　二、三〇四呎	
E－一七一	紙のできるまで	東日興業	二巻　一、九四七呎	苫小牧製紙株式会社企画

S－四四	金色夜叉	東横	九巻 七、九九九呎	総集版
S－四五	すいれん夫人とバラ娘	〃	九巻 七、二〇〇呎	

c − 13

映画審査概要

○風にそよぐ葦（前篇）　東横

富士山麓の機動演習のシーン必要以上に長く、その為にその画面だけ浮き上って軍国主義讃美になる恐れがあるので百呎短縮して戴いた。

○地獄の血斗　松竹

1. 愛している男の名前をその女が腕に刺青している。それを男の兄である牧師にその愛情の深さを示すためにそれを見せる箇所、刺戟的すぎるので長さをちぢめてフラッシュ的にして貰った。

2. また封建的なやくざを思わす台詞「お前も男なら顔を貸せ」と云う所「お前も男なら」を除いて貰った。

○阿修羅判官　大映

刑部屋敷捕物剣戟のシーンは、刑部が事もなげに捕手の役人を斬るなどあり、その好ましからざる個所二四呎削除を希望し実行された。

○消防決死隊　大映

密輸団の社長の台詞のなかにある「香港」と云う外国地名をとる。これはこの悪漢団があたかも第三国人かの如き印象をも与えかねない心配がありかつかかるギャング行動が外地え直接連関して描かれることは好ましくない故である。よって後半この一団が逃走のときの台詞に「いよいよこれで日本ともお別れだ」とある中の「日本」を除いて貰った。（なおこれらは審査の脚本にはなかったものである）

また酒席で「田原坂」の唄をうたうが、これは（脚本のときはなかったもの）軍国主義的な歌曲にも類するものと見られないこともないので、注意を希望し、今後かかるものは避けられたい旨を伝えた。ここに於けるものはそれほどの印象はないので、一応このままとしたが、決して好ましいものとは云わない

○暴夜物語　大映

1. 支度部屋よりダンサーが出てゆくシーンで、やくざの仁義に類する台詞を四呎。
2、拳斗のシーン過剰のため三箇所三八呎

以上削除希望し実行された。

○ 東京ファイル二一二

東日興業
ブレイクストンプロ

この映画は完成映画をもって審査を求められた故に、脚本審査を先ず行っていたならば、なお訂正の余地があったであろうが、それがない為に製作者にとってもこの点残念なケースであった。と云ってこの映画をブレイクストンプロの作品――つまりアメリカ人の演出になる作品として（半ば外国映画とも見られる見方もあるかに思えるが）かかるものとして特別な條件や考慮をもってすると云うことは絶対にしないことにした。日本映画として申請された以上、日本映画倫理規程をもって審査する。日本映画なみの取り扱いをすべきは云うを俟たないと思う。これは今後かかる提携作品の場合の将来しばしば起るかにも推察されるので特に一言しておきたい。

所で邦文字幕をスーパーインポーズする前に、その字幕原案について何らかの感想を求められたので、たまたまこの映画のアメリカ版の試写を参考のために見たのち当方の考えを述べておいた。それらは大体次の如きものである

(a) 新橋の大衆酒場のシーンで刺青の半裸の男、或いは肥大な腹部に人の顔を墨書きした半裸の男などのショットは好ましいとは云えない。

(b) 神風特攻隊のシーンは在来の日本映画の扱い方からすれば、その印象はかなり危険な

c—46

物を含んでいるし、またその点、日本映画には在来いまだかって見られなかった描写と云わねばならぬ。

(C)　争議のシーンで国鉄の制帽をかぶった労働者の姿がはっきりと認めうるが、これはこの争議をオリジナルでは日本の全交通機関のゼネストとなっているのを現実の状勢と照合すれば、交通機関でなく、その組織を不分明にされた方が好ましいと思われるので国鉄制帽の見えるカットは好ましくないと考えられる。

(d)　あとは台詞として「共産主義」、「槌と鎌の策動だ」、「ロシヤ要人達—ラシャンスタッフ　メンバアズ」、「朝鮮事変——これはジムが太郎に語っている所で、そのあとのジエフリの〝朝鮮の戦局をまとめたところたいの部分は含まない」、「朝鮮の戦局——大山の台詞」　「交通産業関係のゼネスト——これは(C)でのべた」

(e)　松戸の父が国務大臣ですと現職にしてあるのは、でしたと過去にされた方がこの作品の場合よくはないかとも云った

以上をそれぞれ適当なものに代えられた方がよくはないかとの感想を述べておいた。

日本版の試写に当っては　ただ神風シーンを如何に扱うかに製作者側と懇談を重ね、太郎が「特攻隊」にいたことの説明となる描写を　もっと限られた範囲にとどめられたい旨を希望し、刺戟的なショットと台詞のある部分二九二呎を切除して貰うことになった。

なお、以上の諸箇所がそれぞれ適当に訂正されても、なお全体としてこゝに描かれた「日

本人」が、外国人の見た日本人の姿で、その印象は必ずしも好いとは云えないけれども・それは勿論製作者の芸術的主観の問題であって、「映倫」のタッチし得ないところであろうが、ただひとつ、日本の警察治安の管掌が日本人の手にあることを、も少し強調して描いて欲しかった点、あのまゝでは占領軍が直接これを統率しているかの誤解を生みかねないので、せめて、Inspector Tabuchi of the metropolitan polic とあるのを「警視庁の田渕警部」として貰った。始めはただ田渕部長とのみあった為め、アメリカ軍の関係者とも思えたからである。

○ 新しき日本 山梨縣篇　東日興業

増富ラジウム鉱泉、湯舟より婦人が上る場面五呎削除希望し実行された。

○ 王様のしっぽ　日本漫画

これは勿論児童を対象とした漫画映画ではあるが、大人の鑑賞にもたえる諷刺的な主題であるので、その点を考慮してこの中にある台詞の一つに、大臣が「新憲法ひとつ　政府命令第百号、、、、云々」とあるのを、はじめの「新憲法ひとつ」だけ取って貰うことにした。憲法と政府命令とを混同した印象を与える事を恐れて以上の処置をした。

宣傳広告審査概要

スチール

○ 東京ファイル二一二　東日興業

本映画中にない場面のスチール六枚（番号119、120、178、186、187番号なきもの一枚、フローレンス・マリーとロバート・ペイトンの水着姿のキス・シーン）は、その使用を遠慮されたい旨伝えた。

○ 鉄の爪　大映

（接吻場面）近衛敏明と圓マリアの抱擁接吻場面（一枚）、両者の口唇の接触がやゝ露骨に出ており、風俗上煽情のおそれがあるので使用中止方を伝達。

但し、これは抱擁接吻場面の全面的中止を意味するものではなく、本映画「鉄の爪」は怪奇映画に属するものであって、すでに煽情的要素を多分に内蔵しているので、内容と睨み合せた上、この措置をとったものであって、特殊の例であることを銘記しておく。

○月の渡り鳥　　大映

本映画は脚本審査の際やくざ物であることを殊更に強調しないよう留意を求めたものであるが（その旨脚本担当専門審査員より連絡あり）本スチールにおける長谷川一夫の扮装は明らかに喧嘩支度であって些か過度に亘ると考へられるので、使用中止方を依頼した。

プレス

○愛情の旋風　　松竹

松竹大阪支店作製の本映画プレス中に記載された宣伝文案中「どうせわが身は生臭坊主、今宵も行くかあの娘のもとえ」の「今宵」以下は僧侶を主人公とする本映画に於ては、内容ともやゝ背馳し且つ僧侶を侮辱するおそれがあるので使用方中止を依頼した。

雑誌

○悲歌　　東宝映画芸術協会

「映画世界」一月十五日号の裏表紙（表紙の三）に本映画が「聖春婦」（仮題）として広告されているが、これは届出の題名と相違する上に、なお且つ現在改題につき審査中であって未解決のものなので、この題名をもって宣伝することを遠慮されたい旨依頼した。

各社封切一覧

封切日	審査番号	題名	製作会社	備考
松竹				
一月二十二日	三四七	地獄の血斗	松竹	
二十八日	三七四	ジグザグ娘	松竹	
二月四日	三七五	乾杯若旦那	松竹	
十一日	三八〇	愛情の旋風	松竹	
十七日	三七七	善魔	松竹	
二十四日	三八三	嵐の姉妹	松竹	
東宝				
一月十九日	三四四	風にそよぐ葦（前篇）	東横	
二十六日	E－一九五	東京ファイル２１２	東日興業 ブレイクトン	

二月 三日	三四二	情艶一代女	東宝	
十日	S－四四	（新版）金色夜叉	東横	
十七日	三八七	お艶殺し	東横	
二十四日	三七六	「聖春婦」より 悲歌	東宝 映芸協	

大映

一月二十日	三五二	絢爛たる殺人	大映	
二十七日	三六九	母月夜	大映	
二月 三日	三七三	暴夜物語	大映	
十日	三七二	消防決死隊	大映	
十五日	三六五	阿修羅判官	大映	
二十四日	三八四	鉄の爪	大映	

新東宝

一月二十九日	三三八一	えり子とともに（第一部）	藤本プロ	

二月 五日	三三八ー二	丸り子とともに（第二部）	藤本プロ
十一日	三八六	又四郎行状記 鬼姫しぐれ	新東宝 宝プロ

東映

一月 十九日	三四四	風にそよぐ葦（前篇）	東横
二十六日	E-一九五	東京ファイル212	東日興業 ブレイクストン
二月 三日	三四二	情艶一代女	東宝
十日	S-四四	金色夜叉（新版）	東横
十七日	三八七	お艶殺し	東横
二十四日	三七六	悲歌	東宝 映芸協

C-23

映画倫理規程審査記録　第二十号

昭和二十六年三月一日発行

発行責任者　荻原光雄

東京都中央区築地三ノ六

日本映画連合会

映画倫理規程管理部

電話築地(55)二八〇二番
〇六九六番

C－24

映画倫理規程審査記録

第21号

映画倫理規程

審査記録

日本映画連合会

映画倫理規程管理委員会

目次

管理部からのお知らせ

○再び「軍歌」について

軍歌については前号でお知らせしましたが　その後松竹の「少年期」製作スタッフからもう一度研究して欲しい旨提案されましたので　管理委員会で検討されましたが　やはり軍歌は使用しないという既定方針が再確認されました　軍歌とは何かということはむつかしい問題ですが「軍や侵略を材料にして人心を鼓舞する歌詞の歌」と軍歌と解して　たとえそのメロディだけでも使用しないようお願いしたいと思います。

○少年を観客対象とする映画

少年少女を観客対象とする映画には　たとえ些末な部分の描写でも充分注意して欲しい特に性の問題　品行の問題　犯罪の描き方等に於て少年少女に悪影響を与えるような描写は必ず避けて戴きたい。これも管理委員会で討議され　決定されたことでありますからその方針で今後の審査を行うことになっています。若し不審の点があったら遠慮なく申出て戴ければ御説明出来ると思います。

○いわゆる「性映画」の審査について

劇映画と併映のため時々いわゆる性映画が審査室に提出されますが　この性に関する短篇教育映画は　もともと観客対象の特殊な限定を條件として（たとえば映画教室とか性教育のための会合とか）関係当局の指導のもとに製作されるものでありますので　もともと娯楽映画を上映する一般映画館を目的としないものであります　それ故一応関係当局の指導ずみのものでも娯楽映画と併映されるときには　その点で屡々このましくない描写を除いてもらわねばならないことが多いのであります　その結果　映画の態をなさなくなる場合すら往々さけがたいこともあります。この間の事情を十分熟知されない向きもあるかに思えますので　念のためこゝに再記しておく次第であります。

審査脚本一覧

社別	題名	受付日	審査終了日	備考
松竹	自由学校	二、二三	三、一	
新星映画社	どっこい生きてる（改題） 旧「どっこいおいらは生きている」	一二、二九		
〃	改訂版	一、一八		改訂第二稿
〃	改訂版	三、二	三、五	改訂第三稿
大映	西城家の饗宴	三、三	三、六	
大映	母千鳥	三、五	三、七	
松竹	男の哀愁	三、五	三、七	
大映	萬花地獄	三、七	三、一二	
大映	泥にまみれて 自主改訂版	三、九	三、一二	
大映	緑の果てに手を振る天使	三、一二	三、一六	

大映	銭形平次	三 一五	三 一七
松竹	少年期	三 六	三 一九
新東宝 宝プロ	又四郎行状記 神変美女峠	三 一六	三 一九
東横	祇園物語 春怨	三 一六	三 二二
東横	無国籍者 自主改訂版	三 一九	三 二二
東横	牢獄の花嫁	三 二〇	三 二二
大映	上州鴉	三 二二	三 二六
新東宝 綜芸プロ	中山安兵衛	三 一七	三 二六
東宝	伊豆物語	三 二六	三 二八
松竹	初恋トンコ娘	三 二六	三 二八

a—4

◎新作品……一六

シナリオ数……二〇（内改訂版四）

内訳＝松竹　四　東宝　一　大映　七（内改訂版一）

新東宝　二　東横　三（内改訂版一）

新星映画　三（内改訂版二）

◎審査シノプシス……三

内訳＝東宝　一　新東宝　二

脚本審査概要

自由学校
松竹

製作　山本武
原作　獅子文六
脚本　斉藤良輔
演出　澁谷実

煩わしい世の中に人間的な自由を求める男をめぐる社会諷刺劇

シーン33ー34　暗示的に描写されてはいるが〝覗き〟であるから　卑猥な印象を与えないようにしてほしい　（風俗）

シーン36　〝これが温泉マークの後始末をつけるところですよ〟　と云う台詞は　堕胎を意味するので　削除を希望した　（性、法律）

シーン38　〝麻薬患者〟という台詞は削除すること　（法律）

シーン41　駒子を襲う怪漢が　覆面をとると　十七八の少年であるのは穏当ではないと考える　二十才以上として欲しいと希望した　（教育）

a—6

シーン57　銀子の台詞で男性の批判の台詞中に〝アレが好きで……〟とあるのは卑猥であるから削除を希望する（風俗・性）
シーン69　検事の台詞中にある〝麻薬売却事件〟と云う言葉は削除を希望した（法律）

どっこい生きてる
「どっこいおいらは生きている」改題

新星映画社

製作　松本酉三
脚本　岩佐氏寿
〃　平田兼三郎
〃　今井正
演出　今井正

或る日雇労務者一家の生活を描く

この脚本は第一稿提出の時製作者側から自発的に改訂稿を出したい旨の申出があつたので第一稿は内審程度にとどめて　正式のディスカッションは改訂稿によつて行うことにした
さて　改訂稿であるが　この作品はもともと或る日雇労務者の一家が生活苦と斗ってゆく物語で　当然職業安定所の場面が出てくるのであるが　それが改訂稿に於てはかなり判然的に取扱われ一読所謂「職安問題」をテーマとして前面に押し出しているという印象を受

けた。

労務者達が安定所の所長を取り巻いて交渉する場面　安定所の前で労務者達が不安動揺する場面などが特にそういう印象を強めていることは勿論である

所謂「職安問題」は衆知のように昨年末新聞にも屡々報道された事実問題であるから　これをこのように刺戟的に取り扱うことは　一般劇映画としては不適当と考える　それでこの由を製作者側に話しその線からの訂正を希望した　（社会）

製作者側も了承されて月余にわたる改訂の末改訂第三稿が提出された

第三稿では「職安」は全くの背景として扱われ　作品全体は単に〝或る日雇労務者一家の物語〟という風に改訂された

この結果　根本的には何ら倫理規程に抵触する処のない作品になり得たが　尚細かい点で以下の点を希望した。

シーン44　寮の中庭で毛利（主人公）が子供に「学校行ってんのか？」と訊ねると「おかしくって」と答えるが　これは教育上よろしくないと考えるので　訂正していただきたい　（社会）

シーン58　警察署で係官の「本来なら三倍の料金を払わなきゃならないんだが　今回は大目に見ておこう云々」の中　「今回は大目に」以下は　削除もしくは訂正していただきた

い（法律）

尚念のため　演出上次の点を申し添えた

物語が暗いものであるから　演出によって幾分でも明るくなるよう扱っていただきたい

（社会）

木賃宿のバクチ場面は　具体的な描写は避けていただきたい　（法律）

西城家の饗宴	大映

脚本　新藤兼人

演出　鈴木英夫

美しい愛情に結ばれた一家の生活に反映する現代世相のエピソードを綴る

全体にはいわゆるホームドラマを意図するもの（製作意図による）だけに　何等問題はないが　以下の二点を念のため注意してもらうことにした

a—9

1 東郷平八郎の書が「紙屑同様」の値しかないと述べられてあるのは 一つの批判とし
てであろうことはよく分るが 事実は時価もあり またその子孫の現存もあることは故
この表現は少し柔げて貰うこと （社会）

2 妊娠中の藤子が早産となる件 こゝのケースは腎臓を悪くしているため 危険な印象
を与えることになるのだが 一般的に妊娠恐怖の印象を女性に与えまい為刺戟的でな
くして欲しい つまり特殊な条件が揃った為に こゝは病状が危険なのだということ
が分れば好い （早産児でも育つものだと云うことはその前に台詞で説明されてある
ので十分である） （社会）

母千鳥	大映

脚本 松田昌一

演出 佐伯幸三

子供の将来のために身を引いた貧しい女主人をめぐる母性愛メロドラマ

希望事項 なし

男の哀愁 「春の風」の改題	松竹

製作　山口松三郎
脚本　池田忠雄
演出　岩間鶴夫

現代学生生活を背景に一人の未亡人と大学生の恋愛問題を描く青春メロドラマ

希望事項なし

萬花地獄	大映

原作　吉川英治
脚本　民門敏雄
　　　安達伸生
演出　安達伸生

萬花多宝塔の秘宝をめぐる伝奇時代劇

1　主人公の三日之助は「群盗の頭」と云うことになっているが　これは盗賊の美化にな

る恐れがあるから止めていただきたい　従ってこれに連関のある台詞は適宜訂正していただくこと（法律）

2．シーン24　悪家老大学の台詞「その公卿は――供人もろとも殺されてしまったのじゃ」は訂正していただきたい（法律、残酷）

3．刺青は本来好ましいものではないが　この場合は誇示的でなく　又劇中かなり重要な因子になっているので止むを得ないが　その取扱いは演出上充分注意していただきたい（社会）

4．剣の場面が数回あるが　これは物語の進行上必要なる最低限度にとゞめていただきたい（社会）

泥にまみれて（自主改訂版）	大映

企画　加賀四郎
原作　石川達三
脚本　八木沢武孝
監督　久松静児

希望事項なし

線の果てに手を振る天使 「手を振る少女」の改題
大映

企画　辻　久一
脚本　犬塚　稔
演出　加戸　敏

国鉄の従業員達と可憐手引揚少女をめぐる愛情の物語

この作品では重病の少女を救う為に曠野の真中に列車を不時停車させるのが　劇的クライマックスになっている
映画は勿論〝虚構〟であるから或る程度の〝創作〟は許されるべきであるが　列車を駅以外に停車させると云うのは　現実と照し合せて些か無理であろうと考える
それでこの点他の描写に代えていただくか　或はこれ以外に方法がないとすれば　（仮にあっても劇的効果は半減されるであろうが）　運輸当局の了解を得ることはもとより　観客に充分納得させるだけの裏附けをして〝違法〟という感じを与えぬよう手配慮をしていただきたい旨を希望した　（法律）

銭形平次	大映

企画　清川峰輔
原作　野村胡堂
脚本　冬島泰三
演出　森一生

公金盗難に絡まる殺人事件を解決する銭形平次の活躍を描く

シーン39　子供達の「泥坊ごっこ」は他の遊びに代えていただきたい旨希望した（教育）
又殺人の現場や平次がお常の刺青（つくりものであるが）を発見する場面等は残酷或は卑猥にならぬよう演出上慎重な配慮を希望した（残酷　社会　風俗）

少年期	松竹

製作　小倉武志
脚本　木下恵介
〃　田中澄江
演出　木下恵介

母とその子を中心に戦争に耐えて彼等が如何に生き抜いたかをヒユウマニスティック

に描く物語

この物語は時代の背景が戦争末期より終戦時にわたつており　篇中戦時国内描写の当然と考えられる種々戦争関係のものが環境として取り上げられてあるが　作品全体は　これらの素材が批判的に処理してあるものなる故に一応問題はないと思われる

たゞ演出においてこれらが更に如何なる印象となるかはまた別である故　なお　完成映画において検討の余地を残したい

それにしても　以下の諸点は訂正を望みたいと思う

1（P11）校庭で環境描写としての「海ゆかば」の合唱が聞える件　（国家）

2（P57）鎮守の森え行く行列「打ちてしやまん」の旗とある　この旗は遠景としてにとどめ特別な描写などさけること　（国家）

3（P82）倉木教諭の訓辞を簡略にされたいこと　（国家）

4（P117）やはり背景として女学生たちの「落下傘部隊」のコーラスのある件　（国家）
以上は特に軍事色の描写が限度以上であり　影響好ましからずと思う　これでなければならぬ唯一性がない故　他のものに代えられたいのである

なお

1（P93）B29の実影は止められたいこと　（国家）

2（P66）一団の中学生が買出しの「母と山崎夫人」とをひやかす三行の台詞は教育的に好ましくない　（教育）

3　細部の戦時色描写も過度に刺戟的でないよう配慮を乞う　（国家）

＊　＊　＊　＊　＊　＊

a—16

又四郎行状記
神変美女峠

新東宝
宝プロ

製作　高村将嗣
原作　山手樹一郎
脚本　豊田実
演出　萩原章

大名の二人の姫君の世嗣問題をめぐる正邪の葛藤を描く
念のために立廻りの場面は過度に亘らぬよう演出上の注意を望んだ（社会）

祇園物語
春怨

東横

製作　マキノ光雄
企画　柳川武夫
脚本　井上金太郎
〃　依田義賢
演出　マキノ雅弘

京都祇園を背景に三人の娘達と親の世代を描く情愛物語

a—17

「偽れる盛装」と似た封建的な慣習の多く残っている世界を素材としているだけに　批判
的でなければ困るのだが　この作品はその方向にもつていつてあるものとして　その点で
は問題はあるまいと思われるが　演出如何によつては　どう強調されるかも知れず　なお
完成映画に於いて検討の余地は残しておきたい
殊に妾　妾の子と本妻の子などの対比的なとりあげかたは注意してやつてほしいものであ
ると思われる．

部分的には

1　「ポツダム宣言や　あかん」　あるいは「すみません　ヴァイニング夫人」など冗
談にいつている台詞は好ましくないこと　（国家　社会）（二ケ所）

2　「いっ、煙草もらつてきまつさ」は暗に外国煙草を意味するものともとれるので　好ま
しくないこと　（法律）

など訂正希望をした

無國籍者
自主改訂版

東横

製作　マキノ光雄
企画　高木次郎
原作　高見順
脚本　八住利雄
監督　市川崑

1　女の首飾りにマルキの銀貨が使用されているが　之は慣例により他の物に代えて戴きたい（法律）

2　シーン44　偽刑事の件で礼状を見せるが　之は偽刑事でも止めて戴きたい（法律）
又シーン11のタイトルの文章は事実と相違しているので念のため注意を希望した

牢獄の花嫁

東横

製作　マキノ光雄
企画　坪井与
原作　吉川英治
脚本　伊藤大輔
演出　松田定次

勢州千早家の血統をめぐる暗闘にまき込まれた老探偵父子の苦心を描く傳奇時代劇

A — 1

戦后すでに新版として日活作品が出　かつ現代劇化した東横作品もあったが　これは時代劇としてもとの原作より脚色されたもの　后篇は未だ未提出である
このなかに殺されてゆく女のいくつかの死体に左の指が切られていることになっている
その描写など残酷な感じにならぬよう注意してほしい　（残酷）（シーン9 38 112）
台詞のなかに「切腹もの」（シーン9）「切腹」（シーン67）の言葉がみえるが　これは他に代えてほしい　（社会）（二ヶ所）
シーン97はお幸といふ女が自身番で拷問をうける描写であるが（勿論間接的に一応は描かれてあるが）これではこのましくないので直接的な描写をさけ　その叩きの悲鳴やその拷向の結果の女の姿など演出上注意されたい　（残酷）

上州鴉	大映

原作　三村伸太郎
脚本　新藤兼人
演出　冬島泰三

信州路のある宿場を舞台に法網に追われるやくざ者をめぐってさまざまの人生街道を辿る人々の姿を描く

シーン11竹の二番で
女の声「ねえ……どうするのさ……ねえ……」
男の声「あ　痛ッ　痛いなあ……」　そしてその後で寝巻姿の若い男が襖の中から出て来て大あくび　つゞいてなまめかしい恰好の若い女が現れる……と云うシーン　風俗上面白からず　改訂を希望した　（風俗　性）

シーン46其の他の其の以後の
佐兵衛がお光に身売りさせるくだり　及び（シーン88）の滝蔵の台詞のお光に関するものは　いずれも人身売買を肯定していて少しも批判的ではないと考えられる　その点シナリオの改訂をして貰いたいと希望した　（法律）

シーン71以後の
仇討が目的の若い武士と老僕が出て来るシーンは　これも仇討と云うものを何んとなく肯定している感じであるから　仇討と云うものを否定している感じに演出上の注意をして欲しいと希望した　（社会）

シーン111離れ座敷以後
亥之が足五郎を殺そうとする処であるが　それは亥之が病気の女房を転地療養させる金を儲けようと云うので足五郎と賭博をやり結局負けてしまう　その負けたことによる根

みが殺意の原因なのである　処で　この殺意であるが　やくざからきっぱり足を洗った男として面白からざるものであり　これではやくざから足を洗った男にならないので亥之が足五郎を殺そうとする原因につき（シーン11）以前のいずれかのシナリオの改訂を希望した　（社会）

中山安兵衛（新説 高田の馬場の改題）
新東宝 綜芸プロ

製作　竹中美弘
原作　中山義秀
脚本　佐伯清
〃　友田昌二郎
演出　佐伯清

封建的な武士社会に生きる中山安兵衛の人間的苦悩を描く

１　この新説「高田の馬場」はシノプシスが提出された際には　新説「高田の馬場」ではなく　ただ「高田の馬場」と云う題名になっていた　処で「高田の馬場」を取扱った終戦前の映画が禁止映画と云うことになっているので　この「高田の馬場」も若しあの過去の映画における如き　血なまぐさき仇討高田の馬場　不当に英雄化された中山安兵衛が描かれるものであれば　それは当然映画化が絶望であると云う意見を製作者側に伝え

るべきものであるが　これは正しき史実の観点に立ち英雄ならぬ人間中山安兵衛を描くものであり　かつ「高田の馬場」の場面もこれは出ることは出るが　勿論仇討高田の馬場ではなく　従来の「高田の馬場」の誇張と誤謬を訂正する場面として取り上げるものであるから　あの過去における如き過度に刺戟的な血なまぐさき場面とはならないであろうとのことであるので敢てこのシノプシスの映画化を容認した次第である　ただ「高田の馬場」と云う題名は禁止映画に類するものであるから　禁止映画とは内容の異るものであることを示す題名にして貰いたいと希望した

2

さてそのシナリオが提出されたのであるが　これは意外にも英雄ならぬ人間中山安兵衛の孤独の苦悶を描くと云うことに重点を置かれているものと云うよりは大部分の人々には高田の馬場事件にのみ重点が置かれているとしか感じられないものと思われた　勿論この高田の馬場事件は製作者側の主張する正しき史実と云うものによって過去のものとは改められている個所もあるにはあるが　甚だ遺憾なこと乍らそれらの改められた個所によって　映画観客大衆が果して従来の禁止映画「高田の馬場」とこの新説「高田の馬場」とが倫理的に見て目立って違ったものと感じるかどうかが少しく疑問に思われるのであった　それ故映画観客大衆にこの新説「高田の馬場」が禁止映画のそれと倫理的には異るものであることを目立って感じさせるために　倫理規程としては次の諸点につき製作者側に改訂を希望するのが適当であると思われた

①全体として武士階級の讃美に関する個所がしばしば見られるのであるか　これは削除して貰いたい　或いはもっと武士階級の批判を強くして欲しい（社会）

②「高田の馬場」の決斗は　結局果し合いを登場人物の全部が肯定しているので　これは暴力によって事を解決すると云うことが肯定されたままで終っているのであるが　この点を考慮してシナリオを改訂して貰いたい（社会）

③又「高田の馬場」の決斗では　安兵衛が三人を斬り殺しているだけで　昔の映画のように十八人も斬り殺すことにはなっていないのであるから　勿論場面としては昔のもののような凄惨さはないにしても　それでもこの脚本における如き事細かな描写は倫理規程では容認されないし　それにこの決斗に至るまでの人物の描き方にもこのシナリオでは相当の悲壮感を盛り上げているので　その点も考慮して幾分は脚本も部分的に改訂し　又過度に残酷醜汚の感じにならぬよう演出上の注意も希望する（社会　残酷　醜汚）

④更に決斗以後の大衆の安兵衛に対する賞讃の声の沸騰場面についてであるが　これは安兵衛のヒロイズム否定のために重要であることは判るが　これも余りにこのシナリオでは過度であると思われる　そのため安兵衛のヒロイズム否定の面である最後の安兵衛の懐疑もただ高田の馬場事件の余韻としか感じられないのではないかと云う危険もなくはないと考えられる　その点を考慮してヒロイズム否定の面を効果あらしめるように脚本

を改訂して貰いたい　（社会　教育）

3　処がこれに対して製作者側では前述の希望事項のうち③の項即ち決斗に至るまでの悲壮感及び決斗場面に関する注意に対しては充分了解は出来るが　①②及び④の項はいささか納得し難いものもあるとの意見が出た　若しそれらの注意通りに既に安兵衛が懐疑する以前に武士階級の批判が十分に行われていて又果し合いに高田の馬場え安兵衛が行くと云うのでなく別の事情で出かけたと云うのであれば　最早安兵衛の懐疑も苦悶も大して重大な意味がなくなってしまうのではないか　武士階級の中にいる安兵衛がその武士階級の中に生きていたために果し合いを正当なるものと信じ正当なことと思い込んで果し合いをやってこそ　彼等を斬り殺さなければならなかった安兵衛に深刻な懐疑を生ぜしめたものであり深刻な武士階級えの批判ともなり得るのではあるまいか！　④の項においてもヒロイズム否定のためには決斗以後の大衆の安兵衛賞讃の声は多い程よいのではあるまいか　賞讃の声が多いことは安兵衛の懐疑や苦悶を寧ろ深刻にするものであって　そのために安兵衛の苦悶も高田の馬場事件の余韻になってしまうとは考えられないと云うのが製作者側の意見の大要である

4　そのような次第であるので　当方は製作者側の意見を　そして製作者側は当方の意見をそれぞれ互に検討の上　日を改ためて意見を述べ合うことになったのであるが　その意

見の交換においても　製作者側としては前述の如くこのシナリオの重点はあくまで安兵衛の懐疑と苦悶に置かれているのであって　高田の馬場の事件も安兵衛に対する大衆の賞讃の声も武士階級のありかたも　それらは絶対に安兵衛の懐疑と苦悶のために描くものであることの主張は変らず　しかし当方としては十分にこのシナリオのままでその意図の如くに演出し　絶対に倫理規程の面からも支障なきを期し得ると確信する製作者側の真意を疑うのではないが、どうしてもこのシナリオに対しての武士階級に対する批判の否定　暴力をもって事を解決する件に対する否定について改訂を希望するのが正当であると思われるので　製作者側の主張を全面的に容認することが出来ず結局は以下の如き改訂希望事項或いは演出注意希望事項を製作者側で改めて了解したのではあるが　それでも前述の武士階級に対する批判と暴力肯定に関する件の解決が後日に保留されることになってしまった

① 武士階級を美化していると考えられる台詞（シーン8）六郎左の「剣を執っては堀内道場の四天王云々」其他16ケ所それぞれ改訂或いは削除して貰いたい　（社会）（十六ケ所）
それから（シーン7）の堀内道場のシーンで生馬と安兵衛が竹刀を合せるところは過度に安兵衛の剣道が讃美された感じにならぬよう演出上の注意を望みたい　（社会）

② 「高田の馬場」の決斗までに至る悲壮感を少くするために（シーン29）で六郎左エ門が

行燈の光の下で刀の目釘を調べている処（シーン66）の安兵エが酒を口に含んで含嗽をし　自分の体にふきつけるという処は削除して貰いたい　（社会）（二ヶ所）

又決斗の場面（シーン69）の安兵エの台詞「叔父御　止めを……」　及び「立会の作法だ　止めを刺せ」は勿論削除して貰いたい　（社会）（二ヶ所）

又これは前回に既に希望してあることではあるが　全体として決斗に至るまでの悲壮感と決斗場面の残酷醜汚の感じについては出来るだけこれを避けるようくれぐれも演出上注意して欲しい

又この決斗場面は後の安兵エの懐疑と苦悶のためのものであるから　絶対に決斗場面がこの映画の所謂見世場にあるという感じにならぬように注意して貰いたい

③　決斗以後の安兵エに対する賞讃の声の沸騰場面についてであるが　その過度であると感じられることは　この安兵エに対する賞讃の声をもっと安兵エの苦悶に直結するようなものにシナリオの一部を改訂することによって避け得るという結論となり　一応これらの場面についての一部を改訂して貰うことを望んだ

④　それから題名に関してであるが　新説「高田の馬場」では　その内容からしてやはり「高田の馬場」を見世場にする如き感じがするし　それに禁止映画の題名とも似た感じがするものだけに　一そう前記の点の危険が考えられるので　その内容に相応しい即ち

九一7

人間安兵エを描いた映画であるという意味の題名が望ましいのであったが　これは製作者側の了承を得て　中山義秀作「高田の馬場」より〃中山安兵衛〃と題名が変更された

5 以上の如く武士階級に対する批判と暴力肯定に関する件の解決がそして決斗以後の安兵エに対する賞讃の声の場面のシナリオ改訂に関しての当方の完全な了解が後日に保留されることとなったので　結局これらの点については　シナリオ審査の延長として　三月二十二日新東宝撮影所試写室において　ラッシュ総輯篇によってその解決がなされることとなり　試写後製作者側と討議の結果　次の改訂を希望し　製作者側はその全部を了承して　漸くにしてこのシナリオの審査を完了した．

① 高田の馬場の決斗場面はこのままで少くともこの映画の見せ場という感じにはなっていないが　残酷という感じの点で演出上で不可と思われる個所（十ヶ所）の削除を希望した

② 決斗以後の安兵エに対する大衆の賞讃する場面はシナリオの台詞に一部の改訂が行われていたが　やはりこの大衆の賞讃は安兵エの苦悶と直結していないものが多く　やはり安兵エの懐疑の効果をかえって少くする感じに思われるので　その場面11カットのうち6カットの削除を希望した

③ （シーン100）村上の表の場面での台詞のうち「伯父菅野大郎左エ門に助太刀致しまし

たは武士の義理」の市郎左の台詞を削除し　こゝえ暴力否定即ち果し合いを否定した台詞を入れて貰いたいと希望した。

伊豆物語
東宝

製作　児井英生
原作　藤原審爾
脚本　館岡謙之助
演出　渡辺邦男

湯の町熱海を舞台として薄倖盲目の一女性をめぐる恋愛を描くメロドラマ

1. シーン14　風呂場の中での女中達の状態は風俗上の点を演出上注意して貰いたい（風俗）
2. シーン75　廊下に聞えて来るおえいの呻き声は武彦がおえいに抱きついた場面の直後のものであるから　刺戟的でないように演出の際に充分注意して欲しい（性）
3. 武彦に対する制裁とも云うべきものがあまり明瞭になっていないから　それを画面にハッキリ出して貰いたい　その点につきシナリオを一部改訂して欲しい（社会）

初恋トンコ娘	松竹

製作　山口松三郎
原作　鹿島孝二
脚本　伏見晁
演出　斉藤寅次郎

昼は事務員として　夜は芸妓となって働く娘をめぐる人情喜劇

1 トンコ節の歌われるシーンがたび／＼出て来るが　このトンコ節の歌詞は　今公然と歌われているもののなかにも　映画倫理規程の風俗に関する條項よりして不可であるものもあり　その点注意を希望した　（風俗）

2 シーン34の盲唖学校同窓会の場面であるが　この不自由な人達を弄んでいるという感じにならぬよう演出上充分に注意して貰いたいと希望した　（残酷）

審査集計

規程條項	関係脚本題名及希望個所数		集計
1 國家及社会	「どっこい生きてる」（「どっこいおいらは生きている」の改題）	3	47
	「西城家の饗宴」	2	
	「万花地獄」	2	
	「銭形平次」	1	
	「少年期」	6	
	「神変美女峠」	1	
	「春怨」	2	
	「牢獄の花嫁」	2	
	「中山安兵衛」	25	

番号	分類	作品	件数	計
		「上州鴉」	2	
		「伊豆物語」、	1	
2	法律	「自由学校」	3	12
		「どっこい生きてる」（どっこいおいらは生きている）の改題	2	
		「万花地獄」	2	
		「旅の果てに手を振る天使」	1	
		「無國籍者」（自主改訂版）	2	
		「春怨」	1	
		「上州鴉」	1	
3	宗教	希望事項なし		0
4	教育	「自由学校」	1	4
		「銭形平次」	1	

c — 2

		「少年期」	1	
		「中山安兵衛」	1	
5	風俗	「自由学校」	2	6
		「銭形平次」	1	
		「上州鴉」	1	
		「初恋トンコ娘」	1	
		「伊豆物語」	1	
6	性	「自由学校」	2	4
		「上州鴉」	1	
		「伊豆物語」	1	
7	残酷醜汚	「万花地獄」	1	4
		「銭形平次」	1	
		「牢獄の花嫁」	2	

c — 3

「中山安兵衛」	/
「初恋トンコ娘」	/

希望事項總数……七九

審査映画一覧

審査番号	題名	社名	巻数	呎数	備考
一七五	熱砂の白蘭	東宝	十一巻	九、二〇一呎	
二九九	カルメン故郷に帰る	松竹	十巻	七、八〇七呎	天然色版
二九九	カルメン故郷に帰る	松竹	九巻	七、六三八呎	白黒版
三三六	続佐々木小次郎	東宝	十二巻	一〇、三九八呎	
三六七	雪割草	大映	十巻	九、二二二呎	
三七九	おやおや人生	新東宝 金プロ	八巻	七、〇九五呎	
三八五	美しい暦	松竹	九巻	八、四二五呎	
三八八	月の渡り鳥	大映 新演伎座	八巻	七、五八二呎	
三八九	風にそよぐ葦（愛の終戦篇）	東横	十巻	八、六〇七呎	
三九一	我が家は楽し	松竹	十巻	八、二一七呎	

三九二	父恋し	松竹	八巻	五、九六三呎	
三九五	怪塔傳	松竹	九巻	七、六九三呎	
三九八	月が出た出た	新東宝 昭映プロ	八巻	六、八二六呎	
三九九	アベック・パトロール 赤い鍵	大映	八巻	六、二一四呎	
四〇二	桃の花の咲く下で	新東宝	八巻	六、六四一呎	
四〇三	夢介千両みやげ 春風無刀流	東横	八巻	七、二六七呎	
四〇五	若い娘たち	東宝	十巻	八、一五四呎	
四〇六	中山安兵衛	新東宝 綜芸プロ	十巻	八、三五四呎	
四〇八	恋人	新東宝	八巻	六、五〇九呎	
一七五―T	熱砂の白蘭	東宝			
二九九―T	カルメン故郷に帰る	松竹			天然色版
三三六―T	続佐々木小次郎	東宝			

三六七―T	大映ニュース 第一二四号	大映		雪割草
三八八―T	〃 第一三三号	大映		月の渡り鳥
三九一―T	松竹製作ニュース 第五二号	松竹		我が家は楽し
三九五―T	〃 第五一号	松竹		怪塔傳
三九九―T	大映ニュース 第一三五号	大映		アベック・パトロール 赤い鍵
四〇一―T	〃 第一三六号	大映		泥にまみれて
四〇四―T	松竹製作ニュース 第五三号	松竹		愛情旅行
四〇五―T	若い娘たち	東宝		
四一〇―T―一	自由学校	松竹		特報
N―八九	日本スポーツ 第八九号	日映		
N―九〇	〃 第九〇号	日映		
N―九一	〃 第九一号	日映		

N-九二	日本スポーツ 第九二号	日映			
N-九三	〃 第九三号	日映			
P-一四五	ムービータイムズ 第一四五号	プレミア			
P-一四六	〃 第一四六号	プレミア			
P-一四七	〃 第一四七号	プレミア			
P-一四八	〃 第一四八号	プレミア			
P-一四九	〃 第一四九号	プレミア			
E-一一五八	新しき日本 青森十和田篇	東日興業	一巻	九九四呎	毎日新聞社企画
E-一一八一	〃 観光茨城篇	東日興業	一巻	一、〇〇六呎	〃
E-一一八八	伸びゆく蚕糸群馬	東日興業	二巻	四八〇呎	〃 （一六ミリ）
E-一一六四	キャノン・カメラ	読売映画社	二巻	一、八〇〇呎	
E-一一七三	これは何でせう	日映	一巻	一、〇三三呎	愛知県企画

E-一七四	スピード	東日興業	一巻	六七〇呎	
E-一七六	ラヂオの役割（やくわり）	日映	二巻	一、七〇三呎	
E-一七七	アド・トーキー 優良児に育てましょう	日本映画宣傳（株）	一巻	一〇〇呎	
E-一七八	冬の山中湖	日映	一巻	二二六呎	富士山麓電鉄企画
E-一八〇	希望は輝く	日映	二巻	一、五〇七呎	全國選挙管理委員会企画
E-一八五	ムービー・アド No.4 宮田自転車篇	電通	一巻	二〇〇呎	
E-一八六	アド・トーキー「キヤメル一家」"お父さん朝寝坊の巻"	日本映画宣伝（株）	一巻	一二〇呎	天然色漫画
E-一九〇	ムービー・アド No.5 三共オリザニン・レッド	電通	一巻	二〇〇呎	
E-一九二	雪の楽園	日映	一巻	一、〇一四呎	國鉄長野地方営業事務所企画
E-一九三	若きアジア	日映	二巻	一、三〇一呎	
E-一九九	吾等の皇太子殿下	プレミア	二巻	一、三四〇呎	
	薔薇に刺あり	東洋映画	一巻	四〇〇呎	一六ミリ

映画審査概要

○雪割草　大映

空襲の場面　この場面として少しく刺戟的であるので、エフェクトの一部分削除を希望し実行された。

○風にそよぐ葦（愛の終戦篇）　東横

ストリップの場面六十呎削除希望し実行された。

○怪塔傳　松竹

1、白塔屋敷広間乱斗場面、鉄脊が白塔三郎の妻を切る個所四呎

2、芳太郎が傷の浪人を切る個所の一部五呎

以上、刺戟的にすぎるので、削除希望し実行された。

○自由学校（予告篇特報）　松竹

ストリップの場面十呎削除希望し実行された。

○ 薔薇に刺あり　東洋映画株式会社

この映画は一般観客を対象として製作されたものとは思われぬ　又、映画倫理規程の面よりしても、これを一般の劇映画の観客には如何に部分改訂をなすも不適当のものであるとしか考えられない、よってこの映画を一般観客のための映画としては、映画倫理規程において認めないことにした

宣傳広告審査概要

スチール

○怪　塔　傳　　松竹

スチール番号19（鶴田浩二の扮する侍が他の侍を斬る所）は　残酷の感があるので　使用方中止されたい旨を傳達した。

○春風無刀流（夢介千両みやげ）　　東横

スチール番号26は、女子を殺傷する現状を寫したものであって、残酷の感があるので、従来の例に習い、使用を中止されたい旨を傳達した。

○中山安兵衛　　新東宝

スチール番号3（嵐寛寿郎扮する安兵衛ほか三名が叔父の死骸を囲んで嘆き悲しむ場面）は残酷の感があるので、使用を遠慮されたい旨傳達した。

○月の渡り鳥　　大映

長谷川一夫扮する銀平が阿部修扮する多次郎を斬り殺す場面、この場面は残酷の感があるので、使用を遠慮されたい旨傳達した。

プレス

○中山安兵衛　　新東宝

高田の馬場の仇討を復讐とせず、果合とし、且つそれを強調しないという脚本審査の趣旨に基き、併せて本映画の内容とも相違するので、プレス中の宣傳文案の一部「酒をあおって高田の馬場へ浪人安兵衛韋駄天走り!!」の中、最後の「韋駄天走り」の削除を希望し、出来上ったポスターにも右の字句は使用されていない

なおもう一つ、いくつかある宣傳文案の中、その一部使用したり、二以上組合せて使用する場合は倫理規程に抵触する虞れなしとしないので、プレス指定通りの使用方を徹底する様希望した。

本映画の宣傳広告審査には　脚本担当者と密接に連絡をとった。

各社封切一覧

封切日	審査番号	題名	製作会社	備考
松竹				
三月三日	三九六	海を渡る千万長者	松竹	
九日	三九二	父恋し	松竹	
十七日	三九五	怪塔傳	松竹	
二十一日	二九九	カルメン故郷に帰る	松竹	天然色版特別公開
二十四日	三九一	我が家は楽し	松竹	
三十一日	三八五	美しい暦	松竹	
東宝 東映				
三月三日	三六二	宝塚夫人	東宝 綜芸プロ	
十日	三八九	風にそよぐ葦（愛の終戦篇）	東横	

十七日	四〇三	夢介千両みやげ 春風無刀流	東横	
二十四日	一七五	熱砂の白蘭	東宝	
三十一日	三三六	続佐々木小次郎	東宝	
大映				
三月 三日	三九三	恋の阿蘭陀坂	大映	
十日	三〇八	仔熊物語	ラヂオ映画	
十五日	三八八	月の渡り鳥	大映	
二十四日	三六七	雪割草	大映	
三十一日	三九九	アベック・パトロール 赤い鍵	大映	
新東宝				
三月 三日	三九八	日が出た出た	新東宝 昭映プロ	
十日	四〇八	恋人	新東宝	
十七日	三七九	おやおや人生	新東宝 金プロ	

三月二十四日	四〇二	桃の花の咲く下で	新東宝
三十一日	四〇六	中山安兵衛	新東宝 綜芸プロ

映画倫理規程審査記録 第二十一号

昭和二十六年四月五日発行

発行責任者 荻原光雄

東京都中央区築地三ノ六

日本映画連合会

映画倫理規程管理部

電話築地(55)二八〇二 〇六九六番

映画倫理規程審査記録

第22号

22

映画倫理規程

審査記録

26. 4. 1. — 26. 4. 30.

日本映画連合会

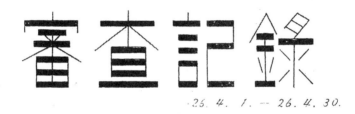

映画倫理規程管理委員会

目次

管理部からのお知らせ

○画面の背景について

映画場面の背景として　時々ストリップ劇場の表看板が写されることがあり　スキヤバレー　酒場の内部描写に壁の装飾画として裸体が描かれていることがありますが　これらの描写は　直接裸体を写すものではなくても　それに準じて審査することになりましたからお含みおき下さい、殊にストリップ劇場の看板はたとえ実在しているものを写したものにもせよ　過度に煽情的なものが多いようですから　これは注意して戴きたいと思います。

○享楽場に於ける年少者の取扱いについて

児童福祉法や労働基準法が問題となっている折柄　もともと違法の虞れある酒場や小料理屋に夜間現われる子供の花売りその他は出さないで戴きたいと思います、特にそれが批判的に取り上げられる場合はいざ知らず　単なる背景人物として環境描写に使われることはやめていただきたいと思います

a—7

審査脚本一覧

社名	題名	受付日	審査終了日	備考
松竹	花吹雪 大江戸五人男	三・二三	四・二	
新東宝	新遊侠伝（第一部ドロンゲームの巻）	三・三一	四・二	
〃	新遊侠伝 遊侠往来	三・三一	四・二	
松竹	天明太郎	四・二	四・四	
東宝	袴だれ保輔	四・二	四・五	
新東宝 伊藤プロ	若さま侍捕物帖 呪ひの人形師	四・四	四・六	
東映	豪快三人男	四・四	四・六	
大映	江の島悲歌	四・二	四・七	
松竹	獣の宿	四・四	四・九	
東京発声	明日の抱擁	四・六	四・九	

東映	風雲児	四・九	四・一一	
新映画社	湯の町情話	四・一三	四・一六	
松竹	泣きぬれた人形	三・二七		
〃	改訂版	四・二		改訂第二稿
〃	改訂版	四・一二	四・一七	改訂第三稿
東宝	目下恋愛中	四・一七	四・一九	
大映	七つの星座	四・一九	四・二〇	
〃	情炎の波止場	四・一七	四・二〇	
東宝	誇だれ保輔 自主改訂版	四・一九	四・二三	
日本グラフィック映画（株）	天城の決闘	二・二六		
〃	改訂版	四・二〇	四・二三	改訂第二稿
松竹	麦秋	四・二〇	四・二四	
大映	お遊さま	四・二四	四・二五	

社名	題名	受付日	審査終了日	備考
松竹	あゝ青春	三・二二		
〃	〃 改訂版	四・二五	四・二六	
金語楼プロ	(仮題)新婚ゴーストップ	四・二五	四・二七	
東宝	海の廃園	四・二五	四・二八	

2—4

◎新作品……二二

シナリオ数……二七（内改訂版五）

内訳＝松竹　九（内改訂版三）

東宝　四（内改訂版一）

大映　四　新東宝　三

東映　二　東京発声　一

新映画社　一　日本グラフィック映画　二（内改訂版一）

金語楼プロ　一

◎審査シノプシス……五

内訳＝新東宝　三　東映

ラヂオ映画　一

脚本審査概要

花吹雪 大江戸五人男	松竹

製作　月森仙之助
脚本　八尋不二
〃　柳川真一
〃　依田義賢
演出　伊藤大輔

封建制華やかなりし頃の大江戸を舞台に旗本と町民との対立抗争の姿を描く

この映画は町民と旗本との争いを描くもので　これを現代の世相と比較すると諷刺的なものが出て来るが　製作者は歌舞伎風な味で描く意向らしいので　そのようにして欲しいことを希望して次の諸点を注意した。

(一) 幡随院長兵衛は巷説ではやくざの開祖と云うことになっているが　これをやくざとして描くことは好ましくないので　シーン11の〃でも子分たちとは余り交際わない方がようござんすよ　お若い内はやくざに染り易いものですから〃の中〃やくざ〃の言葉は改訂して欲しい

その外一般的にやくざ的表現は内輪にして　人入稼業という正業のあることに主点を置いて欲しい　（社会）

(二) 当時の風俗を描くとすれば　吉原は当然出て来るが　売色の場所であることは伏せて置くこと　例えば寝室　寝衣の類を表現しないで欲しい　（性、法律）

(三) 長兵エも水野も何れも配下の者の行き過ぎから身を亡ぼすが　その配下の者の〝悪の報い〟がやゝ描き足りないようであるから　それを描写して欲しい　（法律、社会、教育）

新遊侠傳 （第一部　ドロンゲームの巻） （第二部　遊侠往来）	新東宝

製作　永島一朗
原作　火野葦平
脚本　入田尚之
演出　佐伯清

九州若松港を舞台に古い伝説につながれた若者たちが新しい時代に生きる姿を描く諷刺喜劇

この作品は所謂封建的な親分乾分の世界を背景としているので　映画倫理規程としてはこ

れを一種の諷刺喜劇として扱うことを前提としてのみ許容し得るものと考える。脚本はもとよりそのように描かれているのであるが尚以下の点を希望した

一、主人公の加助　留吉始め岡源組の人々を正業を営む人々として描いていただきたい（社会）

二、明らかに喜劇的効果を狙っているものは別として　封建的　やくざ的な臭味のあまりに強い台詞は適宜改訂していただきたい　例えば

シーン14　岡源の「大きな喧嘩で勝つた時程　面白くないが云々し

シーン39　たけ（加助の母）の　「お前はやくざ仲間に入つて　あばれ廻つていると云々」等がそれである　（社会）

三、ラストの部分は加助　留吉が親分乾分の世界に懐疑的若しくは批判的になるように改訂していただきたい　（社会）

四、シーン44の軍艦マーチの曲は　慣例によりやめていただきたい　（国家）

五、刺青（倶利伽羅の紋太たちの）ばくちの扱いは　それぞれ誇示的　若しくは具体的な描写にならぬように注意していただきたい　（社会．法律）

天明太郎

松竹

製作　白井和夫

原作　石坂洋次郎、村松梢風
林房雄
尾崎一雄
徳川夢声
佐々木邦
宮内寒弥
坂口安吾

脚本　斎藤良輔
中村定郎

演出　池田忠雄

大学を卒業して社会に飛込んだ正義感に燃える一青年の体験を綴る連続ラヂオ小説の映画化

希望事項なし

袴だれ保輔

東宝

製作　田中友幸

原作　吉川英治

脚本　八住利雄

演出　滝沢英輔

絢爛たる王朝期の都を舞台に権勢に抗して賊徒に投じた人間〝袴だれ保輔〟の悲劇を描く

このシナリオの世界は王朝時代の駘蕩たる世界であるが　これがもし江戸時代のやくざの世界に置き換えられたとすると　掠奪　火つけ　反抗　子どもが倫理規程の面から相当問題となるのである　従ってこれが演出に於ては所謂絵巻物的風俗描写に依って　悪虐の印象を柔げて欲しいと考える　演出上充分に注意して欲しい　（社会法律）

袴だれ保輔（自主改訂版）	東宝

シーン53〝女をおかしちゃいけねえなんてのは困る〟の〝おかしちゃ……〟と云う表現はもう少し間接的にならないものか　（性）

シーン82　千鶴が水浴びしている場面は演出上注意されたい　（風俗）

シーン100　袴だれが白足をはげしく打つ場面　残酷にならぬよう希望（残酷）

若さま侍捕物帖
呪いの人形師

新東宝
伊藤プロ

製作　伊藤基彦
原作　城昌幸
脚本　井上梅次
演出　中川信夫

怪盗の遺児がたくらむ殺人事件の謎を解く「若さま侍」の活躍を描く（能面屋敷）につゞく（若さま侍）シリーズ物であり　時代劇であるが大きな問題はない

たゞ次の諸点に配慮を乞うた

一、（向島千人風呂　湯女）とあるが　湯女が売春行為に関連して描かれないように全体に注意をのぞむ（シーン卅以下）（性　法律）

二、犯人によって毒殺される甚内の「口より血へどを吐いて苦しんでいる」とあるのは勿論残酷醜悪の感なきようにしてほしい（シーン68）（残酷醜汚）

a―11

三 かつて自分の所断した犯罪者の息子に圧迫感をいだく前の名奉行丹羽守の台詞のなかに

「わしにも罪のあること その罪ほろぼしにその（妹娘）を引き取り育てたのじやが

それでも許してくれぬとあれば是非もないことじや云々」

とあるのは裁判の神聖さに懐疑的にする気持とも見え このまゝの表現では誤解をまねきかねぬ よって台詞を少し変えて欲しい （シーン73）（法律）

四 若さま侍と小吉が川端をくると（七八人の覆面の武士が物も云わずに斬ってかゝる）とあり（小吉 白刃の下をくゞって）などともあるのを見ると暴力行使がやゝ逸脱の心配ありよってせめて二人位の抜刀にとゞめてあとは威嚇的な感じにしてほしいと思う

（社会）

豪快三人男	東映

製作 マキノ光雄
企画 坪井与
脚本 小国英雄
演出 マキノ雅弘

戦国時代を背景に三人の珍豪傑の活躍を描く喜劇

(1) シーン3及び37の「果し合いだ！」と云う言葉は　演出上封建的な印象を与えないよう希望する　（社会）

(2) シーン9　「……初夜の」の三字は削除を希望した　（性）

(3) シーン16の「もち肌」に関する会話は　猥褻と考えられるので削除を希望した（風俗）

(4) シーン25　「棒でも＝本棒と云うやつでは……」の一行は同様の猥褻であるから削除を希望した　（風俗）

(5) シーン48は男色を表現しているが　男色を取扱うことは止めて戴く　（性）

(6) シーン72　「まだ一度も支った事はない」は余り直接的表現であるので　もっと間接的な表現に変えて欲しい　（性）

尚他に放屁するギャグが出るが　これは上品とは云えぬので　なるべくならば取り止めて欲しいことを附加する　（教育醜悪）

メ―13

江の島悲歌	大映

脚本　八住利雄

演出　小石栄一

引揚げの若い男女の間に芽生えた恋愛とは[illegible]

脚本上の希望事項なし

但し　臨終間近い「こと」の描写は凄惨な感じを与えぬよう演出上注意していただきたい

（残酷）

獸の宿

松竹

製作　小倉浩一郎

原作　藤原審爾「湖上の薔薇」

脚本　黒沢明

演出　大曽根辰夫

湖畔の平和な生活を脅かすギャングの末路を描く

これは良心の片鱗すらない無頼の徒の末路を描くもので　正邪善悪は極めて明確に描かれているので問題はないが　部分的にもせよ「悪のヒロイック表現」と云う印象を与えぬよう慎重な配慮を希望した。年少な観客層への影響という点からこれは非常に重大なこと

と考える　（教育、法律）

又シーン26　弥造の台詞の中の「麻薬」と云う言葉は慣例通り止めていただきたい（法律）

明日の花擁 「愛の黎明」の改題	東京発声

製作　丹生正

脚本
演出　小崎政房

ある村に起った「村八分」事件をめぐって　人権擁護の精神を強調するもの

(1) 小料理屋の場面は「青春の場所」と云う感じを与えぬように描いていただきたい　従ってシーン123はシナリオの部分改訂をしていただきたい（性、法律）

又シーン119の　ちかの台詞のうち

「肉体的にはあたしに参っているんでしょ……」

は露骨に過ぎるから改めていただきたい　（風俗）

シーン100の　浜吉の「だるま屋の女ですよ」も他の言葉に変えていただきたい（性、法律）

(2) 各人物が「検事局」と云っているが　成るべくは「検察庁」と正しく云わせていただきたい（法律）

風雲児	東映

製作　マキノ光雄
企画　藤川公成
脚本　若尾徳平
演出　萩原遼

柔道界の改革者をめぐる恋愛メロドラマ

希望事項なし

＊　＊　＊　＊

湯の町情話

新映画社

製作 池田一夫
脚本 倉谷勇
演出 伊賀山正徳

学生と芸妓の恋愛をめぐる浪曲メロドラマ

(1) シーン162 小雪が小指を噛んで手巾に血書するのはこのましくないので改訂を希望した
（社会、残酷）

(2) 其他静岡大学とか伊東市役所などの実在の名称は この脚本の場合には 不都合と感じられる点もあるように思われるので注意と希望した （社会）

泣きぬれた人形

松竹

製作 小倉浩一郎
企画 福島通人
脚本 植草圭之助
〃 穂積純太郎
演出 千葉泰樹

歌の上手な少女とその兄をめぐる愛情メロドラマ

この映画は児童のみを対象として製作されるものではないことは判っているが　しかし児童達にファンの多い美空ひばりの主演するものであるから　やはり児童に対する影響と云うことを脚本の上でも亦演出上の点でも充分注意して貰わなければならないと考え　そのような観点から主役の美空ひばりが演ずるアヤ子が君子に誘われて　スリを働いたりする（シーン75　76　77　80　81）部分は全面的に改訂を希望した（教育、法律）（五ヶ所）

又風俗上の点でも　芳子とか百合江などの演ずるシーン　（シーン65）は児童に対して好ましからずと思えるので　これも削除或いは改訂を希望した（教育、風俗）

尚其の他の希望事項は次の如きものである

(1) シーン3　其の他の白衣の傷兵が募金演説をしたりしている個所は正当な扱い方でないので出来ることなら白衣の傷兵でない人に金を与えるかたちにこのシーンを変えて欲しい

さもなければ白衣の傷兵の募金を正当なものに改訂して貰いたい　（法律）

(2) シーン21　野崎の歌う「さらばラバウルよ」は　軍歌に類するものであるから　慣例により別の歌にしていただきたい　（国家）

(3) この野崎は泥棒を働きそのまゝであるが　その制裁は何処かへ書き加えてもらいたい（法律）

(4) シーン33、先生の「免状授与云々」の台詞は　卒業証書に改訂されたい（社会教育）

(5) 川島と云う昔オペラのスターだった男の台詞に不穏当のものがあるが　それはこの川島と云う男が奇妙な風格をもっていることを表現するものとして　いくらかは許されるにしても　（シーン86）の「キリスト云々」や　（シーン127）の「殺しなすべき時来らば敢えて人をも殺すべし云々」の台詞は削除或は改訂して貰いたい　前者は正しい聖書の言葉と誤解されるかも判らぬし　後者は余りに極端だからである（社会　教育　法律）

(6) シーン138で薬品倉庫の警備員がピストルの威嚇発射をするのは困るから改訂していただきたい　（法律）

(7) 最後に近く（シーン147）辺りでは山田たちが警官をだますような感じになっているので

あるが　その感じにならぬよう脚本を改訂するか　演出上の注意をして欲しい（法律）

そして　以上の希望事項はその後提出された改訂脚本では全部適当に改訂がなされていた

ただ改訂脚本に於いて　前記の(7)の警官をだます感じにならぬように注意した個所は脚本の上で一部改訂がなされてはいたが　尚少しく危険も感じられるので　その上充分その点演出上の注意を希望した。

それ以外には別に希望事項　なかった。

目下恋愛中

東宝

製作　加藤譲
脚本　松浦健郎
演出　渡辺邦男

気の好い父親と三人の息子の間に飛び込んだ美貌の女性がまき起す恋愛喜劇

これはスラップスティックな喜劇と思えるので全体に亘って過度の逸脱などないように演出で注意をはらわれたい旨を望んだ。父親と三人のその息子たちが同じ紀子という娘を愛するかに描かれてあるが、ここでは父親の方はあたかも自分の娘の如く可愛がる趣きにとどめられたい旨を伝えた。（社会、教育）

次男の二郎をもと潜水艦の艦長とし軍事と戦争に関連した台詞が全体に亘って散見するが譬え喜劇であろうとも慎重に扱わるべき事態をこのような安易さで喜劇的にのみ取扱われることへ何ら批判的な態度は見受けられぬ）は全く好ましくないと云わねばならぬ。よってこの二郎のエピソードのこの点は改訂を望みたいと思う。

その台詞の一二をここにあげれば　風呂に入っていて（シーン33）「この時わが潜水艦は時こそ来れ猛然と浮び上った！　予はおもむろに命令を下した、武士の情けとどめの一発、撃てェ！　スルスルスル魚形水雷は見る見る迫ってゆく、バガアン！」或いは（シーン108）「野戦病院行きだ」「武士道に反するからな」「武運拙くして」云々。また（シーン

112）「おれの作戦已城は……」「よし武士道の名においてゆこう」第一分隊突撃にイ、前え！」云々。（国家）（三ヶ所）

また賞金が欲しいと云って三人の息子が合議する時そのなかで金を得るために「強盗にでも這入るか」と云っているが喜劇とは云え冗談にもせよ少し不穏当であると思われるので止めて欲しいと思う。（法律）

七つの星座	大映

脚本　新藤兼人
〃　桐田吾郎
演出　安田公義

封建の殻を打破ろうとする元皇族の青年と踊り子の恋愛を描くメロドラマ。

希望事項なし

情炎の波止場（「夜光虫」の改題）	大映

脚本　倉谷勇
演出　田中重雄

6—2

船員と酒場の女をめぐる恋愛活劇
シーン23で夜の女の台詞、「ふふ他のいいモノ売ってるのさ」はやや露骨であるので訂正を希望する（性、法律）

天城の決斗

日本グラフィック映画

製作　浜田英明
企画　西岡鋭
脚本
演出　三枝源次郎

伊豆天城を舞台に正邪の葛藤を描く恋愛活劇

(1) 何よりもこの脚本で困るのは主役である健がやくざであることである。つまり相手のやくざを殺して警察に捕われの身とはなるけれども、この健はなかなか良心的であるので、結局やくざを讃美したかたちになってしまっているからである。そこで、先づこの点を考慮して脚本を改訂していただきたいと希望した。（社会）

(2) 兵藤親分は死ぬことになっているが、その後え残った一味の若輩が未解決になっているのも遺憾であるので、この処は警察がこのようなやくざを根絶するようなかたちに改訂

して欲しいと希望した。（法律）

(3) （S23、S37）又この兵藤一味がバクチをやったりしている個所であるが このようにバクチを肯定とている感じに描かれるのは困るから、脚本を改訂するか演出上の注意をして貰いたい（法律） それからそのバクチをやっている男女の姿態なども風俗上の点を十分に考慮して欲しいと希望した。（風俗） その中でも半裸になり美事な刺青を現している男や、（社会） 乱れている乳の附近に金をしまいこむ女（風俗） などと云うのは止めて欲しいと希望した。

(4) 女が肌を見せるシーン、（S23）安子のはだけた胸、乳の当りに云々、（S49）安子は湯上りなのか半肌を現して云々、（S53）真理の全裸のポーズ （S60）真理が美しい肌を現し云々、（S70）真理の身体は半裸体になっている。以上のうち（S53）の全裸のポーズは絶体に困るがその他のものも出来るだけ下品な感じにならぬよう風俗上の点に注意して演出して欲しい。（風俗）（五ケ所） そして（S60）の料理屋における酌婦達の狂乱に近い騒ぎなどと云う のもその女達の姿態につき同じく風俗上の点で十分注意して演出していただきたいと希望した。（風俗）

(5) 更に風俗上の点につき次のシーンにそれぞれ演出上の注意を希望した。
（S49）の安子と兵藤の接吻（風俗） （S60〜S65）幸夫と真理のラブシーン・そし

6−4

てそれを連がのぞいている個所。（風俗、性）　（Ｓ77）辺りの兵藤と真理との争っている個所（風俗）　以上のうち、（Ｓ60～Ｓ65）は部屋に蒲団が敷いてあるので、（Ｓ64）の個所は性行為を直感されることになるから、脚本の方も改訂して貰いたいと希望した。

(6)（Ｓ73）で真理が小指を喰い切って亭夫に女の信念を表現する個所であるが、これは小指を喰い切ると云うようなことを肯定しているものであり、不可であるので別のことで女の信念を表現して貰いたいと希望した（社会、残酷）

(17)（Ｓ71）で兵藤くわえていた煙草の火を連の頬に押しつけると云う個所これは残酷であるので、脚本の改訂を希望した。（残酷）

(8) 其他格斗の場面は全部　それに（Ｓ44）の戦斗の個所は過度に残酷でないよう、刺戟的にならないよう注意して演出していただきたいと希望した（残酷）

なお　以上の希望事項によってその改訂脚本が提出されたのであるが、(1)と(2)の希望事項につき、この改訂脚本に更に補足改訂を希望し、結局(1)では連が今は正業についている男と云う如くに改訂、(2)では一味の者達が全部捕われたと云う風にハッキリ判るように改訂すると云う製作者側の意向が明瞭となったので、この脚本の審査を完了した。

お遊さま　大映

原作　谷崎潤一郎（「芦刈」より）
脚本　依田義賢
演出　溝口健二

美しい姉妹と若い骨董商をめぐる恋愛絵巻

これは異常で屈折されたような恋愛を描くものであるが、その点はここに描かれている限り問題なしと思うが、たゞ妹おしづの犠牲的な行動が（封建的な自己犠牲という意味で）やや美化されていないかを懸念されもするが、この作品が、現代でなく時を明治にとる以上観客はその点批判的な印象でもってみうると考えられるので、このままにすることと決定した。

麦秋　松竹

製作　山本武
脚本　野田高梧　小津安二郎
演出　小津安二郎

若い娘の結婚問題をめぐって穏やかな一家の日常生活を描く。

希望事項　なし

あゝ青春
松竹

製作　杉山茂樹
脚本　猪俣勝人
演出　佐分利信

現代の大学を背景に教授と学生の生活をめぐって交錯する世代の姿を描く

第一稿本が提出され、種々懇談を重ねて改訂を乞い、第二稿本を四月二十五日提出、尚二ヶ所ばかり訂正を望み審査終了した。以下その順次に従い要項をのべてゆく。

(1)戦後の男女大学生と教授との生態を描くものであるが、前者のとりあげかたがやゝ誇張された学生の姿のみをとりあげてあって十分批判的でない点を注意されたい。その行動自体を批判のため見せてゆく方向をとっているが、と云って如何に批判の対象とは云え描くには限度があることを考慮されたい。（社会・教育）

(2)本篇では学校名が実在のものとなっているが、そのため応援歌、対抗野球戦、校歌まで

6—7

も実在のものが使用されているので、この点は両大学の承諾（学校当局と学生との両方に）を得た上でなされたい。（社会）

(3) 大学問題として「レッド・パージ」「左翼の学生運動」、「共産系の学生の退学」など時事的な直接描写があり、その上ビラ・ポスターなどもそれに関連して出てくるので、これらは言葉を柔げて間接的に取り上げ全体にこれらの時事性を避けて欲しい。まちがって、占領政策批判の言葉など出てはこまるからである（国家及社会）

(4) 煽情的な描写シーンがいくつかあるが、（シーン62江戸川公園にて、シーン72野球戦のあとの銀座裏通り、シーン78（72の追想と自向）峯子の声、シーン126ホテルの一室船木と峯子との暗示的描写など）これらは限度を考えてやって欲しい。（風俗、性）（四ケ所）これらの点と共に、峯子の行動に対して戦後的な姿として肯定的に描かれるのみであって十分に批判的でない心配がある故に、何らかの方法でもっと批判性を与えて欲しいと思う。（社会、教育）

尚個々の点では以下のような箇所を注意して貰うことにした。

(1) 学生溝内がアルバイトと称して「エロ本」をプリントしていることになっているが、この題名が「チャタレー夫人の寝室」となっているのは好ましくない。「チャタレー夫人の恋人」が目下なお検察当局に於いて問題となっている関係上、それがいずれに決定するにもせよ、ここではエロ本的な題名になぞらえることは遠慮すべきであるので、改訂を望み「シャタレ夫人」に代えられる旨申出があった（風俗・法律）

(2) 接吻と云う習慣を軽視化する印象を与えないように（シーン61・62・及びシーン81）殊に峯子が前掲の江戸川公園のシーンと、キャバレーで佐竹教授に語る台詞など慎重にして欲しい（風俗・教育）（三ケ所）

(3) 愛人との間に子供ができた房江の台詞のなかに「男がおろしてしまえ」と云ったのが出てくるが、妊娠中絶なり堕胎なりを軽視した印象を与えるので他の言葉に（間接的な表現に）して貰うこと。（法律） 同時 この房江の台詞に「庶子だろうと私生児だろうと構わない」 とあるが、この女は法科の女子大学生であるので、それがかゝる法的には今現存しない言葉をそのまゝ安易に使うのは好ましくないので訂正のこと。（法律）

(4) 使い込みをやった船木がホテルで自殺する時の（シーン128）その薬品を具体的にしめさないように、殊に「白い粉がビールのコップに静かに溶けてゆく」のを船木が見ている件などは好ましくない（法律、教育）。

(5)シーン134で法学部の廊下で「今は退学処分になった構内がビラをくばっている」とあるのは、合法的に肯定されて描かれては困るので、演出上注意して欲しい。（法律）

その他個々の点で従来の慣例に従って、注意訂正をして貰ったところもあるが、それらは第二稿本においてすべて訂正された。

第二稿本では尚華子のオフシーンの声（シーン78）での台詞のなかの「そして女の生命（いのち）より大切にすると云うものが喪われたらしい」は直接すぎるのでやめて貰うことにし（性）　またホールで佐竹教授に云う台詞のなかの客の接吻要求に「私は一寸だけ応じるんです云々」は、その真似をするのですと云った程度の言葉にとどめて貰うことなど。（風俗、教育）

尚全体で健全な学生生態が前面に出ていない憾みがあるが、これは再三演出者が演出において御ぎない得るとの言葉ありこれに信頼することとした。

（仮題）
新婚ゴーストップ

金語楼プロ

製作　有崎勉
　　　白川三根
原作　有崎勉
脚本　岸松雄
演出　中川信夫

観光バス会社を舞台に歌と音楽で綴る恋愛喜劇

希望事項は次の通りである。

(1) シーン22に外人の婦人が登場するが、これは國際感情を尊重の上、慎重に扱われたい。（國家）

(2) シーン42新婚の良人が妻の写真を撮る件の、サザエとハマグリのギャグは卑猥に解釈される恐れがあるので、成るべく他のものに代えていただきたい。（風俗）

8—11

（仮題）
海の廃園
東宝

製作　本木荘二郎
原作　山田克郎
脚本　本多猪四郎
演出　本多猪四郎

因襲にとらわれた孤島を舞台に描く若い海女と燈台職員の恋愛悲劇。

海女の肉体の露出限度につき充分の注意を希望した。（風俗）

女－12

審査集計

	1
規程條項	國家及社会
関係脚本題名及希望個所数	「大江戸五人男」 2 「新遊侠傳」 5 「袴だれ保輔」 1 「呪ひの人形師」 1 「豪快三人男」 1 「湯の町情話」 2 「泣きぬれた人形」 3 「目下恋愛中」 4 「天城の決闘」 3 「あゝ青春」 4
集計	27

c — 1

番号	項目	題名	件数	計
		「新婚ゴー・ストップ」	1	
2	法律	「大江戸五人男」	2	30
		「新遊侠傳」	1	
		「袴だれ保輔」	1	
		「呪いの人形師」	2	
		「獣の宿」	2	
		「明日の抱擁」	3	
		「泣きぬれた人形」	10	
		「目下恋愛中」	1	
		「情炎の波止場」	1	
		「天城の決闘」	2	
		「あゝ青春」	5	
3	宗教	希望事項なし		0

c—2

4	教育	「大江戸五人男」	1	19
		「豪快三人男」	1	
		「獣の宿」	1	
		「泣きぬれた人形」	8	
		「目下恋愛中」	1	
		「あゝ青春」	7	
5	風俗	「豪快三人男」	2	27
		「明日の抱擁」	1	
		「泣きぬれた人形」	1	
		「誇られ保輔（自主改訂版）」	1	
		「天城の決闘」	11	
		「あゝ青春」	9	
		「新婚コー・ストップ」	1	

番号	項目	作品	件数	計
		「海の饗宴」		
6	性	「大江戸五人男」	1	15
		「呪ひの人形師」	1	
		「豪快三人男」	3	
		「明日の抱擁」	2	
		「情炎の波止場」	1	
		「袴だれ保輔（自主改訂版）」	1	
		「天城の決闘」	1	
		「あゝ青春」	5	
7	残酷醜汚	「呪ひの人形師」	1	8
		「豪快三人男」	1	
		「江の島悲歌」	1	
		「湯の町情話」	1	

c—4

「誇られ保輔（自主改訂版）」	1
「天城の決闘」	3

◎希望事項總数……一二六

c—5

審査映画一覧

審査番号	題名	社名	巻数	呎数	備考
三二六	銀座化粧	新東宝 伊藤プロ	十巻	八、〇五七呎	
三七八	麗春花	新東宝 銀座プロ	九巻	七、三二一呎	
三九〇	無國籍者	東映	八巻	七、六〇五呎	
三九四	自由学校	大映	十二巻	九、五三六呎	
四〇一	泥にまみれて	大映	九巻	八、一三八呎	
四〇四	感情旅行	松竹	十巻	八、三一〇呎	
四一〇	自由学校	松竹	十一巻	九、九八〇呎	
四一三	男の哀愁	松竹	十巻	八、〇五八呎	
四一四	母千鳥	大映	十巻	八、三八〇呎	
四一七	万花地獄	大映	八巻	六、四九六呎	

四一九	銭形平次	大映	十巻、七、六五〇呎	
四二〇	祇園物語 春怨	東映	十巻、七、七四八呎	
四二一	又四郎行状記 神変美女峠	宝プロ	七巻、六、五三二呎	
四二六	初恋トンコ娘	松竹	九巻、七、九〇〇呎	
四二七	伊豆物語	東宝 児井プロ	十巻、八、二五七呎	
四三一	天明太郎	松竹	八巻、六、二九六呎	
三九四－T	大映ニュース第一四〇号	大映		自由学校
四〇七－T	東宝スクリーン・ニュースNO.1	東宝		その人の名は云えない 袴だれ保輔
四一〇－T－二	自由学校	松竹		（第二報）不公用
四一〇－T－三	松竹製作ニュース第五[illegible]号	松竹		自由学校（第三報）
四一四－T	大映ニュース第一三八号	大映		母千鳥
四一七－T	大映ニュース第一三七号	大映		万花地獄 自由学校（特報）

四一八−T−一	大映ニュース 特報	大映		緑の[illegible]る天使
四一九−T	大映ニュース 第一三九号	大映		最動予次
四二一−T	又四郎行状記 神変美女峠	宝プロ		
N−一九四	日本スポーツ 第九四号	日映		
N−一九五	〃 第九五号	日映		
N−一九六	〃 第九六号	日映		
N−一九七	〃 第九七号	日映		
P−一五〇	ムービータイムズ 第一五〇号	プレミア		
P−一五一	〃 第一五一号	プレミア		
P−一五二	〃 第一五二号	プレミア		
P−一五三	〃 第一五三号	プレミア		

E—一五九	新しき日本 秋田縣篇	東日興業	二巻、一、九六九呎	毎日新聞社企画
E—一八三	〃 産業・群馬	東日興業	一巻、八〇五呎	〃
E—一二三	黒潮の街銚子	科学映画	二巻、一、七四五呎	
E—一三四	或る保姆の記録	科学映画	四巻、三、二〇〇呎	
E—一七九	労仂ニュース第三集	日映	一巻、一、〇二二呎	労仂省企画
E—一九一	島と海底線	日映	三巻、九四六呎	電気通信省企画、(十六ミリ)
E—一九五	アムパイヤ	東宝教育	二巻、一、八五〇呎	國税庁協議団宣伝映画
E—一九六	國鉄スワローズ	日映	一巻、九五〇呎	國鉄本庁厚生労仂局企画
E—一九七	東宝コンマシャール・ニュース 四月特輯号	東宝事業部	一巻、二七〇呎	
E—二〇〇	再建に起ち上る自由党	日映	一巻、一、〇二五呎	自由党遊説部企画
E—二〇一	スポーツ・アルバムNo.1	日映	一巻、七七四呎	
E—二〇二	明日の生活	京都映画	一巻、三七五呎	
E—二〇四	スワローズ輝く制覇	日映	一巻、六六六呎	

E－二〇六	ムービー・アド中部版第一号 東海銀行	日本映画科学研究所	一巻、二〇〇呎	
E－二〇八	唄祭り ひばり七変化	松竹	二巻、九四七呎	
E－二〇九	三面川	理研	一巻、八六四呎	
E－二一〇	日本ライン犬山	東京発声	一巻、三一〇呎	名古屋鉄道株式会社、企画
E－二一二	勝利の記録	京都府	一巻、八三五呎	
S－四三	レ・ミゼラブル（欧米版）	東映	十三巻一二、四三四呎	
S－四六	四十八人目の浪士	日本興業（株）	十巻、八、四〇〇呎	
S－四七	孤月浮寝鳥	日活	五巻、四、七〇〇呎	

c—10

映画審査概要

○無國籍者　東映

マレーから持帰った宝石のアップ十五呎削除希望し、実行された、

○泥にまみれて　大映

後景から聞えて来る宴会の歌は「愛馬進軍歌」と「露営の歌」であったが、この部分は他のものに代えることを希望した。

○自由学校　松竹

女装の男の浴室場面一部（十二呎）削除希望し実行された。

○祇園物語　春怨　東映

脚本審査のとき「いい煙草もらってきまっさ」（シーン22）をやめて貰うように云ったと

ころ（外國煙草を暗に意味するものと思えるので）製作者側は「いいのもらってきまっさ」と改訂していたが、これでもなおもとの意味をもつと考えられるので　このカット（台詞をふくむ）はやめて貰うことにした。（三呎）

〇　神変美女峠　又四郎行状記　　宝プロ

立廻のシーン過剰のため一カット（四十一呎）削除希望し実行された。

〇　初恋トンコ娘　　松竹

待合のシーン一カット（九呎）男が女の部屋へ入る動作、風俗上の点から削除希望し、実行された。

〇　大映ニュース第一四〇号（自由学校）　　大映

ニヨロニヨロショウ（ストリップ場面）のうち、踊子がこちら向きになるところ、乳房が露出されるので（三呎）削除を希望し実行された。

○勝利の記録　京都府

この記録映画のなかに、当時は追放でなかった國会議員が演説しているカットがある。京都においてこれが上映される場合のことを考慮して、このカットは除かれた方が好ましいことを伝えた。

○レ・ミゼラブル（欧米版）　東映

これは、前の第一部第二部より総輯されたものであり、かつ第二部にあたる部分はあらたに撮影されたものが附加、旧第二部とはやや趣をことにするものとなっている。

しかし、これは脚本審査のとき審査終了した脚本の第二部に従って作られたものであり、（旧第二部の完成映画は脚本とは異るものであった）その点問題はない。

ただ、これを新版とするか、改訂版とするかは疑義ないとはいえぬ。

欧米版と製作者が名づけたに従うが妥当と思われる。

○四十八人目の浪士　日本興行株式会社

原作　森田草平、　製作　昭和十一年八月

脚本　伊藤大輔、　第一映画作品

演出　伊藤大輔。　CCD番号　A－〇三四六－J

赤穂浪士のグルウプから（女のために）脱落した毛利小平太を描くものであり、禁止映画忠臣蔵に直接ふれるものでないのと、またこの映画の描き方が　そう云うものの懸念の少ない面から描かれているので、一応審査を受諾した次第である。

すでに提出前に規程を考慮して若干手を入れてあつたが、尚二回にわたつて試写の上合議した結果は、江戸時代（元禄年間と云うことは画面のなかで二ケ所出ているが）ある藩の浪士が何か事を企てているグルウプとそれから脱落した主人物を描いたもののように画面を整理して貰うこととし、赤穂藩士も上野之介も背後にかくしてしまうこととする。それを台詞のなかにある敵討とか関連ある心配な台詞、画面を取り除いて貰うこととし、それらは完全に承認された。大変面白くなくなつたかもしれないが、禁止映画的なものの香いは殆ど消され、一人の浪士の行動をただ描くにとどまるものとしてまとめられた。

第二回目試写に於いて、尚二三の希望をのべ、更にカットをいくつか取り除いて貰い終了した。

○弦月浮寝鳥　　日活

原作
脚本　小磯夏男　　製作　昭和十一年七月
演出　辻吉朗

旧版の第二巻目が全部省略されているが、この中に立廻りがあるとみられるので、へネかが
ない旨申添えあり〼、もしこの部分があれば問題はあると考えられるが、これを除いては
全体に積極的に好ましいとは云えない迄も、さしたる心配はない時代劇と思われるので、
このまゝにすることゝした。

c — 15

宣傳広告審査概要

スチール

○萬花地獄　　大映

人を斬る場面二枚（嵐寛寿郎が進藤英太郎を斬る場面及び萬花多宝塔の回廊上にて、本間謙太郎が進藤英太郎を斬る場面）は残酷の感があるので使用中止方を希望した。

C―16

各社封切一覧

封切日	審査番号	題名	製作会社	備考
松竹				
四月七日	四〇四	感情旅行	松竹	
十三日	四一三	男の哀愁	松竹	
廿日	四二六	初恋トンコ娘	松竹	
廿七日	四三一 E－二〇八	天明太郎 ひばり七変化	松竹	
東宝・東映				
四月七日	四〇五	若い娘たち	東宝	
十四日	三九〇	無國籍者	東映	
廿一日	四二〇	春怨	東映	
廿七日	四二七	伊豆物語	東宝	

大映

四月七日	四〇一	泥にまみれて	大映
十四日	四一七	鴬花地獄	大映
廿一日	四一四	母千鳥	大映
廿八日	四一九	銭形平次	大映

新東宝

四月十四日	三二六	銀座化粧	新東宝
廿一日	四二一	神変美女峠	宝プロ
廿八日	三七八	麗春花	新東宝 銀座プロ

c—18

映画倫理規程審査記録　第二十二号

昭和二十六年五月五日発行

発行責任者　萩原尤雄

東京都中央区築地三ノ六

日本映画連合会

映画倫理規程管理部

電話築地(55)二八〇二 〇六九八番

映画倫理規程審査記録

第23号

23

映画倫理規程

審査記録

26．5．1．～26．5．31．

日本映画連合会

映画倫理規程管理委員会

目次

管理部からのお知らせ

淫猥な印象を与える為に審査上問題になるもののうち、女性の肉体に関係するものが最近特に多いようであります。

例えば　「処女を奪われ……」　「女は一度征服されれば……」　「女の裸身を抱く夫」　等　そのうちの一例ですが　今後注意して戴きたいと思います。

特に宣伝文案に於て充分御注意願います。

*

五月十一日の管理委員会に於て　東映作品「豪快三人男」の中で使われた『放屁』のギヤグが話題になり　折角の作品の品位を些か傷つけた点を遺憾とし　今後このようなギヤグの使用については慎重に御研究ありたい旨　製作者側に要望致しましたので他社に於てもこの点お含み置き願います。

*

(写)

昭和二十六年五月一四日

日本映画連合会
映画倫理規程管理委員会
委員長　渡辺銕蔵

東映株式会社殿

時下益々御清栄御健闘の段大慶の至りに存じ上げます

陳者去る五月十一日開催されました　当管理委員会定例会議の席上　たまたま貴社作品「豪快三人男」の一場面が議に上り　これをめぐって熱心な意見の交換が行われましたので茲にこの次第を御通報申上げます。

問題となりましたのは　同映画中に使用されて居ります「放屁」の諧謔であります。この点は既に脚本審査の際にも検討され　又完成映画に於ても画面の印象にやゝ猥雑の感があり　種々討議の結果　審査の終了を見たものでありますが　尚且この点が些か同映画の品格を傷け　かえってその興趣を削ぐの感を残しましたことは一部世論の反響もあり、当委員会の真に残念に存ずる所であります。申すまでもなく映画が多数の観客に対して　よき娯楽となるためには　その内容が一定の品格を保持する必要あることは既に充分御了解のことでもあり、右の意向に対しましても満腔の御賛同を得るものと確信致します。

今后　かゝる点のお取扱いにつきましては一層御慎重に御検討の上　映画製作の面に映画倫理規程の精神を充分御活用いただきますよう当委員会は深く御期待申上げる次第であります。

審査脚本一覧

会社名	題名	受付日	審査終了日	備考
東宝	せきれいの曲	四・三〇	五・二	
同	せきれいの曲 自主改訂版	五・二二	五・二八	改訂第二稿
新東宝	盗まれた恋	四・三〇	五・三	「アイラブユウ」の改題
東映	限りなき情熱	五・二	五・四	「浅草の饗宴」の改題
新東宝	覗かれた足	五・七	五・一〇	「靴」の改題
東宝	海賊船	五・七	五・一〇	
松竹	純白の夜	五・七	五・一〇	
同	純白の夜 自主改訂版	五・一四	五・一五	改訂第一稿
東京発声	明日の抱擁 自主改訂版	五・九	五・一一	「愛の黎明」改題 改訂第二稿
松竹	嘘（うそ）	五・一〇	五・一一	

会社名	題名	受付日	審査終了日	備考
宝プロ	神変美女峠完結篇 又四郎笠	五・一一	五・一四	
同	同 自主改訂版	五・一七	五・一九	改訂第二稿
大映	名月走馬燈	五・一〇	五・一四	
松竹	東京のお嬢さん	五・一四	五・一八	
東宝	舞姫	五・一七	五・一九	
松竹	恋文裁判	四・二六		
	改訂版	五・九		改訂第二稿
	改訂版	五・一六	五・二一	改訂第三稿
松竹	鞍馬天狗 角兵衛獅子	五・七	五・二一	
新東宝 望月プロ	無宿猫（どらねこ）	五・一一	五・二一	
大映	愛妻物語	五・一八	五・二一	
新東宝 滝村プロ	夜の未亡人	五・一五	五・二三	

a—4

大映	花ある怒涛	五、二二	五、二四	
同	霧の夜の恐怖	五、二四	五、二六	
九州映画	玄海灘の怒涛篇 阿修羅龍鬼隊	五、二一		「鍔鳴飛龍剱」の改題
	改訂版	五、二五	五、二六	改訂第二稿
新東宝 藤本プロ	(仮題) 戦た旅お化け大会	五、二四	五、二八	
東映	不敵なる逆襲	五、一八		「不敵なる笑い」の改題
	改訂版	五、二七	五、二八	改訂第二稿

a—5

◎新作品……二一

シナリオ数……二九（内改訂版八）

内訳＝松竹　八（内改訂版三）　東宝　一四（内改訂版一）

大映　四　新東宝　五

東映　三（内改訂版一）　東京発声　一（内改訂版一）

宝プロ　二（内改訂版一）　九州映画　二（内改訂版一）

◎審査シノプシス……一

内訳＝新東宝　一

脚本審査概要

せきれいの曲	東宝

製作　加藤　譲
脚本　水木洋子
演出　豊田四郎

母子二代にわたる波瀾の生活を通じて音楽家として生き抜く女性の苦悩と喜びを描く

女学校の講堂のシーン（シーン39）昭和十七年一月のことになっているが　ここで音楽を純粋至上に教えている藤川ユキ先生に対抗して軍国主義的な曽我ぶん先生が当時の〝進め一億火の玉だ！〟の歌を生徒に教える件　当時の描写としては勿論うなづかれるが　余り軍国主義的にすぎるものであり　これでなければ他にないという理由も見出せないし　これはより刺戟的でない当時の歌に代えて貰うことにした　これは　軍歌に類するものの範疇に入り得ると考えられる。（国家）

公爵邸のサロンのカクテルパーティ　日独伊三国の旗を飾った下でとあるが　これも勿論

歴史的な事実としては認めるが、これらの旗は誇示的でなく遠景にとどめられたい旨注意を望んだ。　（国家）

台詞の中に〝アッツ全滅で〟　或いは〝アッツ全滅の報道でね〟とあるが　これは戦時想起の刺戟にすぎるので（とくにそれでなくてはいけない劇的要因となっていない）とって貰った　（国家）

せきれいの曲（自主改訂版）
東宝

此の改訂稿には　戦時中の描写としてはうなづけるが　外国人のことを「毛唐」と軽んじた表現をした台詞があり　これはやめられたい　（国家）

また特高が楽団を調べに来て「ユダヤ人」の楽師を使っていることを責めるが　これは何か特定外国人を指定しなければならぬほど唯一性がないと思われるので．当時のものとして「敵性外国人」などと云ったものに代えられることなどを希望した　（国家）

なお前稿で「一億火の玉だ」の歌が出るのを他のものに代えられることを願ったが なお黒板にその題名が書かれ画面ではその前奏部のみ演奏されることになっているのは この歌が軍歌に類すると考え得る（刺戟的である）ので新作のものなどに代えられることが望ましいことを伝えた （国家）

盗まれた恋（アイ・ラブ・ユウの改題）	新東宝

製作 高木次郎
〃 小川吉衛
原作 鏡一郎
脚本 和田夏十
〃 市川崑
演出 市川崑

貧しい踊り子と絵描きのラブ・ロマンスをめぐる世相諷刺喜劇

シーン1の終りの踊り子ＡＢの台詞
「いっそ彼氏の腕の中で考えればいゝのさ」
「いざとなったら ストリップもパンパンもするわ」
以上に連関して シーン2の良子の台詞
「ストリップにパンパンか」

a—9

はやゝ露骨に過ぎるので適当に訂正するよう希望した　（風俗性）

限りなき情熱 （浅草の饗宴の改題）	東映

製作　マキノ光雄
企画　岡田寿之
脚本　棚田吾郎
　　　舟橋和郎
演出　春原政久

浅草に生れ浅草に育ったさまざまの人々が描き出す恋愛と人情のメロドラマ

全体に問題はないが以下の諸点を注意して貰うことにした。

一、これは浅草を背景とするものだが　そこでレビューをやっていて　階上でストリップをやる劇場として「浅草大劇場」と云うのが出て来るが　これはたとえかくの如く架空名としても　国際劇場以外には考えられなく　かつ　その中の少女歌劇が劇の一部として取上げられる故に責任ある承諾をとるか　或いは冒頭でこれはあくまで架空の物語であることを字幕でことわるが如き方法をとるか　何らかの配慮を製作者側の責任に於てとられたい。

これは台詞の中に　〝花村さんて　ターキーの相手役をなすったろ？〟と聞いているなど

も同称である　（社会）

二　ストリップの看板（シーン14）とあるが　これは管理部よりの注意に従われたいこと現実の看板は如何にあろうと　これを映画にそのまゝ取入れることは好ましくない点である　（風俗）

三　北海道がえりの「悪」（わる）である上井が昔の情婦であった小夜子を責める台詞の中に　〝この唇で奴に吸いついたんだろ!?〟とあるのは好ましくない　（風俗）

四　シーン53で　〝おっかさんたらぜん〳〵大神宮の暦がたよりなの（中略）やれ佛滅だ　友引だつて日取りをきめるのに大変！　昨晩は一晩中暦をひつくり返し云々〟は現実に反するので　大神宮の暦はやめて貰うこと、多分作者はいわゆる「高島易断」などの巷間流通の暦をさしていると思われるが　（教育）

なお人物の一人として浅草の弘竜寺の住職が活躍するが　宗教の尊厳を汚さないように注意して欲しい旨をのべた　（宗教）

覗かれた足 （「靴」の改題）	新東宝

製作　小川記正
脚本　小川記正
演出　阿部豊

名人気質の職人が愛情をこめて作った一足の靴をめぐる探偵劇

希望事項は以下の通りである

シーン42　ユリの台詞の中　〃ホールの前でお家を連れ込もうとしたら〃の〃連れ込もうと〃は改訂されたい　（法律）

シーン97の闇切符屋の扱いは正業でないことを明らかにされたい　（法律）

島村（ギャングの親分）は未解決で残されることになっているか　小林（犯人）の連累として何らかの制裁があることをシーン127（事件解決の場面）で示していただきたい　（法律）

警察　司法関係の言葉は正確を期していただきたい

例えば司法主任（シーン83　正しくは捜査主任）　小菅（拘置所であるのを刑務所として扱われている）の如きである　（法律）（二ケ所）

海賊船
東宝

製作　本木荘二郎
脚本　小国英雄
演出　稲垣浩

a—12

海賊船と知らず　ひそかに乗船を企てた子供達の純情によって悪漢達が遂に正道に目覚める物語

こゝに出て来る「大陸の或る港」は（船着場と倉庫が出て来るが）これを特定のシナ或いは朝鮮としないで　架空な一外地として表現されたい　それ故にこゝの背景に出る人物あらば　特に上記二国人と見えないように配慮してほしい　服装　家屋のスタイル　それにかゝれる文字　台詞（脚本にはないが背景描写として出て来る可能性はあると思う）などに注意されたい。さもないと密輸の相手国が指示されることになるからである（国家）

こゝに出て来る海賊達の中で　もっとも悪役として描かれる〝飛車〟という人物の描写の中に捕えた密輸船の上で　〝何か叫んでいる男を無雑作に短銃でうつ〟とあるのは　相手が武器をもって狙いかけたのでうつことにして貰う（法律）

〝業平〟という人物が信じきっていた母に裏切られたと云って母を〝叩っ斬るような奴〟と台詞で説明されているが（勿論その批判はこのあとに出ている）その終りに〝まあ考えようによっちゃ……無理もねえ事よ……〟と敢て肯定的にのべるのは穏当とは云えない　せめてこの前あたりで止められたい（教育）

〝飛車〟の台詞の中に　〝だからこゝでブッサリとこの女を俺に抱かせた方が云々〟とあ

るが「抱かせる」は余り如実すぎるので他の言葉にして欲しい（性）
〃下駄〃という人物の台詞の中に〃敵討ちの計画〃とあるのは仕返しとでも云った言葉に代えて欲しい（社会）
シーン199以后の保安庁関係の描写は当該官庁よりこう云う風に犯罪検察はしない旨の申出であり この同内容のことは検察的にではなく 送検のため一応調査する型に代え尚保安庁の意向を聞きたしかめる旨附言があった。

純白の夜	松竹

製作 小出孝
原作 三島由紀夫
脚本 柳井隆雄
　　 光畑碩郎
演出 大庭秀雄

美しい人妻の心理を衝く恋愛悲劇

一、この映画は人妻の恋を取扱うものであるから直ちに肉体的な恋が予想される恐れがある。従って寝室に於ける男女の演技は危険と思われるのでベッドの場面はすべて寝室でない所でやっていたゞく。

即ち

P-20 20（楠の部屋）楠が郁子を抱いて奥のベッドへ行く所

P-20 26（寝室）郁子が恒彦を迎える場面

P-20 47（寝室）全部

P-20 76（療風園の一室）隣室に蒲団の見える所

はいずれも寝具　ベッドを見せないこと　（性）（四ヶ所）

二　P-20 32及びP-20 82にある〝セイサンカリ〟はその薬品名の分らぬようにすると同時に　その

の台詞も明示しないように希望　（法律）（二ヶ所）

純白の夜 自主改訂版	松竹

此の作品は人妻の恋であると解して審査したがその后某方面より妥当ではないかと忠告された。

a—15

姦通は罪にはならないが　神聖な家庭生活を破壊すると云う意味で倫理規程上重大である
このシナリオでは円満な家庭が妻の恋によって破壊される点に於てやゝ疑義がある．疑義
があると云うよりも描き足りないと考える．
妻の恋がスタートするのはシーン24夫の言葉
「そうだ　面白いじゃないか……いざと云う時に僕が出て行って　あいつはどんな
顔をするか　こりゃ一寸したスポーツだよ」
に依ってである．軽卒にも夫はスポーツと云った．恋は命がけである（これがこのシナリ
オのテーマ）べきに拘らず　スポーツと放言した事によって　この悲劇が作り出されたの
である．従って夫は自己の言葉の責任を負うべきである．
この人妻を悲劇に墮した人間はもう一人ある　それは沢田である　彼は人の虚につけ入っ
て一人の女を絶望の渕につきおとした　それに対して作者はこの人間の行為を批判してい
ない．少くともこの男の罪を問うていない．
夫と沢田と　この二人の男の描写にやゝ不足したものがあるために　このシナリオが不倫
に見えるのではないかと解する．
郁子と楠とが肉体的交渉がなかったということで　不倫的な印象が払拭されるものではな
いと考える　以上の観点から自主改訂版〝純白の夜〟が提出されたのを機会に次の諸点の
改訂を改めて希望する．

但しこれには第一稿に対して希望した改訂の分も含まれていることを付言する

一　寝室の使用　特にベッド　布団等の使用は原則としてやめて戴きたい

シーン56　梅の部屋に寝室の見えるところ

シーン57 58 59の村松家の寝室の見える個所は寝室は認めるとしても　沢田が覗く演技は注意されたい

シーン78　村松家の寝室

シーン101　懐風園の離れから隣室の見える演技　(性)(四ヶ所)

二　郁子が梅と抱擁接吻する所/接吻は好ましくないと考えるがやむを得なければ　郁子は飽くまで受身であるように希望する　シーン53(風俗　性)

三　ラストの場面

このシナリオのテーマを明瞭にするために　且つ誤解を避けるために村松は自己の言葉の責任をとり　失言に対して臍を噛むべきであることを希望する

このことは脚本の内容にふれることであるから　審査員として慎しむべきであると考えてこの前の審査では言及しなかったのであるが、このシナリオに対し誤解を生ずる恐れありと考えられるようになったので敢えて言及する

四　青酸加里の文字は明示しないこと

また口に出して云わないこと　これは　前の審査でもお知らせしたが自主改訂版の梗概に二度出てくる．また本文中にもセリフで云っている　（法律）

五　また郁子の屍体の表現には注意して演出されるよう希望した　（残酷醜汚）

明日の抱擁 （愛の黎明の改題） （自主改訂版）（二二号参照）	東京発声

峯松（村の青年）が少年周次をオート三輪にひっかけ死に至らしめておき乍ら．少しも「法」に問われていないのは不可である．この点然るべく改訂していただくように希望した（法律）

又源伍と十代松たちとは最後までわだかまりを残しているように描かれているが　これは作品のテーマから云っても一工夫していただきたい旨申添えた　（法律）

*　　*　　*

嘘（うそ）	松竹

製作　大町龍夫
原作　長島豊次郎
脚本　中山隆三
演出　長島豊次郎

さまざまの境遇にある小学生達の生活をめぐる友情物語　短篇映画

希望事項なし

神変美女峠完結篇 又四郎笠	宝プロ

製作　高村将嗣
原作　山手樹一郎
脚本　豊田栄
演出　萩原章

「神変美女峠」の完結篇

一　シーン36　又四郎とお蝶を駆落ちの男女と思い込んだ医者がお蝶と交す会話の中
「然しな――お内儀……　慎むべきは慎しみ……」

2―19

「いゝえ先生……」
「なに御主人が……」
以下は卑猥であるから改訂して戴きたい（性）

二　敵役として登場する青鬼の扱いは扮装　動作等演出上充分注意して戴きたい　凄惨さ或いは不気味さが必要以上に表われるのを恐れるからである　又〝殺人鬼〟という言葉は止めて戴きたい（社会、残酷）

三　シーン34　森の中で青鬼が又四郎たちを馬蹄で蹂躙する場面を始め　立廻りの場面は必要以上に惨酷冗漫にならぬようにして戴きたい
又主人公を始め善人側はあくまで防禦的に扱つて戴きたい（例えばシーン32の治部と姫）（社会　残酷）

神変美女峠完結篇 又四郎笠 （自主改訂版）	宝プロ

ロ—20

シーン34以降　治部が悪人達に責められる場面で「切腹」と云う言葉は止めていただきたい　（社会）

青鬼の取扱い・立廻りについては第一稿同様演出上の注意を希望した（社会残酷醜汚）

名月走馬燈	大映

企画　青川峰輔
脚本／演出　衣笠貞之助

宿命の波に弄ばれる相愛の男女を描く時代恋愛悲劇

シーン1　以下に出る裸の子供は全裸にしないよう　演出上注意されたい　（風俗）

シーン22　たらいの湯で手を洗うところ　血を尠くして残酷醜悪に感じないよう願いたい
（残酷醜汚）

◇　◇　◇

a—21

東京のお嬢さん　松竹

製作　山口松三郎
原作　北村小松
脚本　池田忠雄
　　　池田三郎
演出　瑞穂春海

青年科学者と隣家の明朗な娘をめぐる恋愛喜劇

希望事項なし

舞姫　東宝

製作　兒井英生
原作　川端康成
脚本　新藤兼人
演出　成瀬巳喜男

母子のバレリーナの家庭をめぐつて結婚生活と愛情の心理を描く

当方の希望事項については製作者側からも前もって訂正する旨の申出であった。
それは次の二点である
一、シーン23 24 25は性的交渉を明らかに示しているので シーン24 25は削除されたい
又シーン23の終りの部分は余り刺戟的にならぬよう演出上注意されたい （性 三ケ所）
二、シーン102の矢木の科白の中
「今度戦争になったらね……」
は後の〝鉄の貞操帯云々〟と併せ考えると異様な効果を現わす恐れがあるので 成るべく他の表現に代えて戴きたい （国家風俗性）
又「青酸カリ」は 慣例により止めて戴きたい （法律）

＊　＊　＊　＊　＊

a—23

恋文裁判

松竹

製作　石田清吉
原作　小糸のぶ
脚本　井手俊郎
演出　中村登

ある女子高校を舞台に　若い男女の教師と思春期の乙女たちの夢と生活を綴る

第一稿本が提出されたが　これは全体的に　種々問題を含み数回にわたって折衝の上　改訂決定稿を五月十五日出してもらい　これにて最後の相談をすまし　一応審査終了した。この映画はこと教育に関するだけに普通の映画ならば　何ら問題とならないようなことでも相当慎重に考慮がはらわれねばならぬものと思われるのに製作者側はやゝ安易にこれを考えていたのではないかと思われた。

ことにこの映画では若い図画の先生児玉猛と国語教師香川洋子とが中心となって女学生の生態を三つの挿話によって描かんとするものだが　第一にこの映画の筋をすゝめてゆく劇

的モーメントとなる恋文の件がある
これは児玉と香川との間をあたかもそそのかすかのごとき偽の恋文が生徒の一人によって作られるものであるが　この設定自体が脚本ではそれほど批判的には処理されていないうらみがある。生徒が先生の間の私生活を（たとえそれが事実であったにもせよ　こゝではそれほど二人の間は進んでいるとはみえないが）　こういう型であげつらうことは教育的な面からみて必ずしもこのましいものとはいえない　これは十分批判的でなければならぬ。

しかもこの偽の恋文がきつかけとなつて児玉教師のすゝめで香川が生徒に「私のいちばん好きな人」という手紙の作文を書かせる。それが材料となつて（エピソードの三話はこれからほぐれてゆく型となっているが）　結局偽の恋文の「犯人」がたぐられてゆくかの印象を与える。

これではさながら犯人さがしのために生徒をトリックにかけて作文を書かすことにもなり生徒の人権を軽視することを意味する。

また二人の若い教師のとりあつかい方にも問題がある　二人は教育者としての面よりもた

だ青年男女としての姿で描かれている傾きがあり（作品が恋文を中心にしてゆくだけにさらにこの陰影はふかくなる）　これが普通の映画ならば何等問題はなかろうが教師であるだけに、また当面していることが若い生徒の精神危機である故にも、一応慎重な処理と批判とがもとめられねばならないとおもう。

由来かゝる女学生や教師を主人物としたいくつかの映画がともすれば誇張に走ったり感傷的な無批判と肯定におちたりして正常健康な姿を見失いがちであったことは　教育面から考えて色々考慮すべき問題と思われる。これらの点によってこの第一稿本は色々考え合せ全体的にこのましからざるものとして一応考え直してもらうことにした。これは個々の箇所の訂正ではすまないものである。

よって製作者側との会議によって　この脚本の改訂のため当方の意向も聞いてもらい教育面の重視　教育者としての行動をよく描くこと。殊に担任教師である香川先生が自主的に教育指導等の行動をとるようにしてもらうこと　生徒を作文によってトリックにかけるような印象を与えないようにすること　以上の諸点を改訂されて決定稿を提出してもらった。これは三つの生徒の挿話自体　やゝみな異常なシテュエーションではあるか　このままでもいゝと思われる。問題はその間をぬってゆく教師の描かれる部分に在ると考えられる　それは個々の点というより　そのあつかい方全体に在るものと考えられるので　この方向に沿って訂正されることを望んだ　（教育）

鞍馬天狗
角兵衛獅子

松竹

製作　小倉浩一郎
原作　大佛次郎
脚本　八尋不二
演出　大曽根辰夫

正義の快傑と可憐な角兵衛獅子の少年をめぐる時代活劇。

(1) この映画には新撰組の近藤勇、土方歳三、芹沢鴨などが登場するが　その点で鞍馬天狗とこの新撰組の人達との対抗が、勤王佐幕であると大衆に感ぜしめることは歴然である。そこで所謂勤王精神というような印象をこの映画から出来るだけ弱めると云う意味で、新撰組及び近藤勇の固有名詞は不明瞭に使用して貰うことを希望した。（国家）

(2) しかしそれではこの映画は二つの党派の無意味な暴力と暴力との対抗を描くに過ぎないとも感じられるので　その点封建的党派に対する天狗の反抗と云った意味のことを全体的にもっと強調して欲しいと希望した。（社会）

(3) 尚部分的脚本改訂、演出注意の希望事項は次の如くである。

(イ) シーン５～８の新撰組の暗殺の実況はかなり詳細な描写であり、刺戟的であり過ぎる。暗殺が行われたと云う事実が判る程度のものに脚本を改訂及び演出も残酷な感じにならぬよう注意して欲しい。（社会、残酷）　又「不逞浪人別録」の人名は、所謂

勤王の名士を出さないようにして貰いたい。（国家）

(ロ) そのほか人を斬る剣戟場面はそれ／＼残酷の感じを出来るだけ避けるよう演出上の注意を望みたい。（残酷）

(ハ) シーン26、27杉作が拷問を受ける場面は、これも過度に残酷な感じにならぬよう演出上十分に注意して欲しい。（残酷）

(ニ) シーン93、お喜代が天狗に小河原進助の仇だと云って斬りつける場面――これは仇討ではないから「仇」などとは云わず別のことにして貰いたい。（社会）

(ホ) シーン13、進助の台詞「斬ったなッふん、おれや勤王派の浪人は云々」の「勤王派」は削除して欲しい。（国家）

無宿猫（どらねこ）	新東宝 望月プロ

製作　望月利雄
原作　秘田余四郎
脚本　笠原良三
〃　西村元男
演出　志村敏夫

三浦三崎の漁港を舞台に、かつを船の帰港をめぐる正邪の葛藤を描く。

合法にあらざる賭博常習者、しかもそれが、いかさまをもって相手をおとし入れることを得意とする男女二人を主人物とするものであるからには、二重にも三重にも批判的なとりあげかたでない限り、映画としてこれを一般観客にみせる意味がなく、かつ絶対的にこのましからざるものとしなければならぬだろう。そのような観点から見るとき、この脚本の第一稿本（五月十一日提出のもの）は全体的にいってこのましくないものであった。それは、たとえばこのイカサマ師の男女二人は東京でのイカサマがばれて、そのほとぼりをさますために三崎の町に流れ込んできた。しかも金につまるとまたこゝでイカサマをさっそくやっている。つまり悪をおこなう人間が、その悪をせめて人目をはばかるような行動ならまだしも、さながら物見遊山にでもきたかの如く、白日のなかをゆく感じがあり、バレなければどんな悪をしてもよいかの印象さえ与えかねない。この点を考慮して、この男女の悪をもっと全体に批判して首尾をとゝのえてほしい旨を傳え、改訂をされることとなった。（法律）

また賭場の如実の描写や、イカサマぶりを具体的に描かないようにするのは勿論のこと隠語、やくざの慣習（指をつめることなど）等はやめてもらいたいこと。（法律・社会）

魔窟街（シーン44）とあるが〈特殊喫茶〉が売春行為に関係せず描かれること（性）

密輸のブローカーらしきものの台詞のなかの「国際情勢は日々に急だから一刻も早く向うへ渡らねば」とあるのを不穏当故他に代えること。（国家）　同称〈もと上海特務機関〉

6－3

とあるのも、かゝる戦時の特殊なものを安易に[illegible]のお[illegible]と。（国家）

また、最初に保田という部長刑事が江崎巡査（新しく転勤して来た）に三崎を説明する言葉が、何か特殊な因縁や勢力に妥協しなければ治安がたもてゝゆけぬかのごとき印象を与える言葉でもって説明しているのは（製作者はそのつもりではない旨であるが）このましくない。（法律）

これらの点をすべてよろしく改訂されることをのぞみ、あいついで第二回目の改訂版を出してもらった。つまるところ、かゝる悪を批判的にとりあげ、それの讃美や英雄化、あるいはその肯定的な感傷におちいらぬよう演出上も配慮してもらい（法律）　審査を終了することとした。

愛妻物語	大映

脚本　新藤兼人
演出　新藤兼人

若いシナリオライターの努力を助ける妻の愛情を描く。

ナ－4

(1) この映画は戦争中の物語であるから（S10・S20・S70）に戦時風景、戦争記事などが出るが、それは出来るだけ刺戟的なものにならぬよう演出上の注意を希望した。（国家）（三ヶ所）

(2) 敬太の妻の孝子が肺病で死ぬことになっているが、これは養生が足りなかったとか、或いは肺病にも拘らず身体を酷使したとか　死に至った主因をハッキリ判るようにして欲しい。これは肺病になったら当然死ななければならぬと云うような考え方を肯定する感じになることを懸念する故である。（教育）

又（シーン94）の孝子が喀血するところはこのように大げさに演出されるのは困るから出来るだけ控え目に演出して貰いたいと希望した。（残酷醜汚）

夜の未亡人

新東宝
滝村プロ

製作　滝村和男
〃　野坂和馬
原作　船橋聖一
脚本　山本嘉次郎
演出　島耕二

美貌の未亡人の生活をめぐる恋愛悲劇

第一稿本提出後まもなく製作者の都合による改稿本が提出され、これによって審査を受けたいとの申出あり、よって第二稿本のみについて審査を行ない、左のような次第となつた。

もとよりこの原作は、情痴的な印象を与えるものと思われるが、映画の方もそのような印象を与えかねないので、これは演出においても注意されたいことを望んだ。（風俗　性）シナリオの文字面からのみは思量しかねるのもあるので、これは完成映画において決定したいことを申添えた。

(ハ) ひそかに思いをよせていた柳子（未亡人）をたすけるため殺人を犯して、その人のもとに逃げて来た関と云う男が、その人に（奥さん今夜一晩だけ僕を抱いて寝て下さい）と云う。この台詞だけを抜いて書き出すと刺戟的、直接的であるが、その真意はそのような刺戟的、直接的なものとは反対な気持をのべている。（これはこの台詞がもう一度後半でくり返されるとき、関自身からその人にその真意がのべられる）のであるが、ただその刺戟的なものにショックを受け、関が自分のためにはらった行為にうたれて、抱擁してやろうと云う気持になってゆく、その柳子を動かす台詞であるだけに、作品の重大なモメントをつくる言葉であるが、（これはもともと原作にある由である）ともかくそのような重要で、かつ動かし難い台詞であることはよく分るが、当方としては、その刺戟的、直接的な点を柔げるよう訂正を望んだ。（性）

(2) あい子と云うやゝ自暴自棄になっている女の述懐の台詞のなかに、（一度征服された女のからだはもう破れかぶれよ）とあるのは、無批判であり、かつ、その「からだ」と云う云葉を除いて貰うことにした。（風俗、性、教育）

(3) 全体的に、いわゆる情痴的な描写が散見するが、いづれも過度に煽情的、刺戟的でないように演出注意されたいことを望む。（風俗、性）

A　シーン9　牛乳風呂に入る加音子の描写
B　シーン39　別の一室、関とあい子の描写
C　シーン40　もとの一室、橋場と柳子の描写
D　シーン63　ひさごの一室、（チョン脱げ）の拳をやっている芸妓、加音子の描写
E　シーン68　ひさごの室、倒れている加音子、女中別室に蒲団を敷き始める描写、
F　シーン72　橋場の浴衣に着かえる件の描写
G　シーン91　橋場と柳子の描写
H　シーン103　足袋のコハゼをはずす件の柳子の描写（以上　八ヶ所）

(4) シーン82　バア・ルルに橋場がトリックで（三百代言風の男）と大工とをさしむけ、共同経営者たる柳子に何ら関係なくこのルルをゆずりうけたから工作すると乗り込む件は余りに法的無知を肯定さす印象あり、よって何らかの方法で批判的であって欲しい。こ

6 - 7

のシーンはこのまゝでも　あとで観客が気付く[illegible]からその方法を批判するとか、いろんな方法があると思われる。（法律）

この映画は、全体的に情痴的な描写も多く、その点心配でないこともないが、それは製作者と共同して、なるべくその過度な逸脱のないよう十分注意してゆきたいと思う。

花ある怒濤	大映

企画　小川吉衛
原作　山口克郎
脚本　柳川真一
演出　森一生

孤島の燈台を守る青年と二人の女性をめぐる恋愛メロドラマ。

祥子がボートレースで勝って、褒美に貰った蓄音機を〃戦利品〃と云うのは誤解を生ずる恐れがあると思われるので戦争に関係のない言葉に変えて欲しいと希望した。（国家）

霧の夜の恐怖	大映

原作　北條秀司（「山霧の深い晩」より）
脚本　高岩肇
演出　久松静児

二組の男女の恋愛をめぐって、強い愛情の絆を描くスリラア物。

ホテルの十三号室の屍体のある現場の描写を凄惨にならぬように、（残酷・醜汚）また「劇薬」とあるのを何か分らぬように具体的な描写を避けられたいこと。（法律）

或いはホテルの一室にかけられてある「裸体画」とわざ／＼書かれている画は、裸体画でなければならない理由があるなら（脚本上それとは思えぬ）従来通り煽情的でないものを、なるべく他の画に代えられたいことなど注意を望んだ。（風俗）

なお、これはバレリーナ北園と木下との心中ともみられるが、その批判もあり、かつこの映画はスリルを目的としたもののようで、その心中の讃美の印象はないのでこのまゝとする。

玄海灘の怒涛篇 阿修羅龍鬼隊 「玄海灘の血斗 鍔鳴飛龍剣」の改題	九州映画

製作　吉池慶輔
企画　松井稔史
脚本　近藤勝彦
演出　深田金之助

幼くして悲運に別れた二人の兄弟をめぐる戦国時代活劇。

(1) この脚本は第一稿において次の諸点につき改訂を希望した。

(イ) これは双生児の山賊と海賊が、悪代官を伐つ話であるが、仇討とり感じられる点があるので、その感じのないものに改めること。（社会）

(ロ) 山賊と海賊は義賊と云うことにはなっているが、それにしても悪事を働く以上は制裁なく終るのは好ましからず、この点について改訂して戴きたい。（法律）

(ハ) 代官が領主に使われているのは歴史の事実に反するから、この点を訂正して貰うこと。（教育）

(ニ) 題名は仮題とはなっているが、このまゝでは困ると思う。殊に血斗と云うのは止めて欲しい。（社会）

(2) 第二稿においては大体第一稿の際の(イ)(ロ)(ハ)の希望事項は実行されているのであるが、尚次の諸点につき脚本の改訂及び演出上の注意を希望した。

(イ) 人を斬る場面はそれぞれつとめて残酷の感じを避けるよう演出上十分注意のこと。（残酷）

(ロ) 「老人を蹴る」シーンと「八重を蹴る」シーンは、これを出来るだけ残酷の感じを避けるよう演出上注意のこと。（残酷）（二ヶ所）

(ハ) 一人も生きてやしませんねえ。（残酷） 貧乏人は盗人なんか怖かないよ（社会）とその前の「余分なものを持つから盗まれるんだ」（社会）「天誅、、、血祭にする」（

社会）。失文に書かれた「天誅」の文字（社会）「代官邸で手に入れた金銀は総てこれを貧しい家に投げ込むのだ」（法律、社会）の台詞はそれ〳〵穏かでないから、削除か改訂のこと。

(3) シーン49 昌太郎の台詞「家運再興の日もしっ近い云々」は、昌太郎の行為を仇討の感じにする危険があるから削除のこと。（社会）

（仮題） 戦後派お化け大会
新東宝 藤本プロ

製作　金子正且
原作　石坂洋次郎「石中先生行状記」より
脚本　井手俊郎
演出　井上梅次

ある地方の小都会の青年男女をめぐる明朗なラブロマンス。

(1) シーン14 節子の台詞「シベリヤから帰って来ると少し赤みたいになったでしょう…………」は稍々穏当を欠いていると思えるので訂正を希望した。（国家）

(2) シーン48以下、祭の見世物小屋の並びの場面で性知識展覧会、中水美人等とあるが、これ等は絵看板その他、卑猥にならぬよう注意して欲しいと希望した。（風俗・性）

(3) シーン53、雄作の台詞「人を驚かすってこと面白いですね」は、教育上の点から稍々面白からぬとも考えられるので、改訂を希望した。（教育）

不敵なる逆襲 （「不敵なる笑い」の改題）
東映

製作　マキノ光雄
企画　柳川武夫
脚本　柳川眞一
演出　佐伯　清

殺人犯と瓜二つの容貌のために、事件の渦中にまき込まれた一サラリーマンをめぐるスリラア物。

この作品は物語の性質上警察関係の事柄が数多く出てくるのであるが、事実と相違している点が多々あるので、それらの点の訂正を希望した。例えば、現実には行われていない「保護検束」が行われているように描かれている点、犯人逮捕の際警察側が始めから射殺の態勢を取っているように描かれている点、警察内部の名称の不統一等がそれである。（法律）（三ヶ所）　又、シーン38で傳（犯人）が岩田を殺害する場面は残酷に過ぎるので改訂を望み（残酷）　作品全体としては警察側の行動に稍々手抜かりがあるように感じられ、これは警察の威信に係わる問題なので、然るべく訂正するように併せ希望した。

（法律）

以上により改訂稿が提出され、当方の希望事項は大略行われたが、自主的に改訂された個所で、尚左の点を希望した次第である。

(1) シーン14 女の台詞で「あんたが脱獄したって知らせが刑務所の仲間から来たでしょう」は、刑務所の手落を予想させるので削除して戴きたい。（法律）

(2) シーン17 島刑事が法の横面を張るのは止めて戴きたい。（法律）

(3) シーン19 一見おかまらしい男が登場するが、「一見おかまらしい」は止めて戴きたい。（性）

(4) シーン44及び50で島刑事が夜間の外出を慎しむように望む台詞は、警察官が個人の行動の自由を束縛する感じにならぬように注意して戴きたい。（法律）

(5) シーン76で、仔分の竹と仙三がみち子について取り交す会話、「所でおいあの女だが親分の帰って来ない中にいっちょなぐさむか」「よかろう、ぢゃんけんで勝った奴から順番だ」は、風俗、性の点から訂正して戴きたい。（風俗・性）

(6) 又第一稿で希望した警察側の行動については改訂稿でも完璧とは云い難いので、尚一段の工夫を脚本、演出の面で払って戴きたい。（法律）

8－13

審査集計

規程條項	関係脚本題名及希望個所数		集計
1 國家及社会	「せきれいの曲」	3	36
	「せきれいの曲」（自主改訂版）	3	
	「限りなき情熱」	1	
	「海賊船」	2	
	「又四郎笠」	2	
	「又四郎笠」（自主改訂版）	2	
	「舞姫」	1	
	「角兵衛獅子」	6	
	「無宿猫」	3	
	「愛妻物語」	3	

c—1

2	法律	
	「花ある怒涛」	1
	「鍔鳴飛竜剣」	8
	「戦后派お化け大会」	1
	「覗かれた足」	5
	「海賊船」	1
	「純白の夜」	2
	「純白の夜」（自主改訂版）	1
	「明日の抱擁」（自主改訂版）	2
	「舞姫」	1
	「無宿猫」	4
	「夜の未亡人」	1
	「霧の夜の恐怖」	1
	「鍔鳴飛竜剣」	2
		28

	「不敵なる逆襲」	8	
3 宗教	「限りなき情熱」	1	1
4 教育	「限りなき情熱」	1	7
	「海賊船」	1	
	「恋文裁判」	1	
	「愛妻物語」	1	
	「夜の未亡人」	1	
	「鍔鳴飛竜剣」	1	
	「戦后派お化け大会」	1	
	「盗まれた恋」	1	
	「限りなき情熱」	2	
	「純白の夜」（自主改訂版）	1	

c — 3

5	
風俗	
「名月走馬燈」	1
「舞姫」	1
「夜の未亡人」	11
「霧の夜の恐怖」	1
「戦后派お化け大会」	1
「不敵なる逆襲」	1
	20

6	
性	
「盗まれた恋」	1
「純白の夜」	4
「純白の夜」(自主改訂版)	5
「又四郎笠」	1
「舞姫」	4
「無宿猫」	1
「夜の未亡人」	12
	31

◉ 希望事項総数……一三八

7	残酷醜汚	「戦后派お化け大会」	1	15
		「不敵なる逆襲」	2	
		「純白の夜」(自主改訂版)	1	
		「又四郎笠」	2	
		「又四郎笠」(自主改訂版)	1	
		「名月走馬燈」	1	
		「角兵衛獅子」	3	
		「愛妻物語」	1	
		「霧の夜の恐怖」	1	
		「鍔鳴飛竜剣」	4	
		「不敵なる逆襲」	1	

審査映画一覧

審査番号	題名	社名	巻数呎数	備考
三〇四	虎の牙	松竹	十巻 八一[illegible]〇呎	
三八一	どっこい生きてる	新星映画社	十巻、九、二五四呎	
三八二	白痴	松竹	十七巻、一六、二六七呎 十六巻、一四、八〇六呎	（一般公開版）
四〇七	その人の名は云えない	東宝	十巻 八、四七五呎	
四〇九	誰れが私を裁くのか	大映	十巻 九一七〇呎	
四一五	少年期	松竹	十二巻、九、九一四呎	
四一八	縁の果てに手を振る天使	大映	十巻、七、五八七呎	
四二五	上州鴉	大映	九巻、七、九二七呎	
四二八	泣きぬれた人形	松竹	十一巻、八、八一〇呎	
四二九	新遊侠傳（第一部・ドロンゲームの巻）	新東宝	七巻、六、二九三呎	

c — 6

四三〇、	新遊侠傳 遊侠往来	新東宝	八巻	七、一八六呎	
四三二	江の島悲歌(エレジイ)	大映	十巻	七、三四四呎	
四三四	若さま侍捕物帖 呪いの人形師	新東宝	九巻	七、〇八九呎	
四三五	獣の宿	松竹	十巻	七、六七四呎	
四三六	豪快三人男	東映	十巻	九、〇五八呎	
四三八	風雲児	東映	九巻	七、九五〇呎	
四三九	湯の町情話	新映画社	九巻	七、一〇六呎	
四四〇	目下恋愛中	東宝	九巻	七、一一九呎	
四五〇	限りなき情熱	東映	九巻	七、七九三呎	
四五九	神変美女峠完結篇 又四郎笠	宝プロ	八巻	七、一二三呎	
二二六一T	東宝スクリーン・ニュース No.3	東宝			メスを持つ処女・海賊船・落ぶれ保輔
三八二一T	松竹製作ニュース 第五五号	松竹		-	白痴

四〇九－T	大映ニュース 第一四二号	大映		誰が私を裁くのか
四一五－T	松竹製作ニュース 第五四号	松竹		少年期
四一八－T	大映ニュース 第一四一号	大映		旅の果てに手を振る天使
四二五－T	大映ニュース 第一四三号	大映		上州鴉 お遊さま（特報）
四三二－T	大映ニュース 第一四四号	大映		江の島悲歌（エレジイ）
四四〇－T	東宝スクリーンニュース No.2	東宝		目下恋愛中
四四二－T	大映ニュース 第一四五号	大映		情炎の波止場
N－九八	日本スポーツ 第九八号	日映		
N－九九	〃 第九九号	〃		
N－一〇〇	〃 第一〇〇号	〃		
N－一〇一	〃 第一〇一号	〃		
P－一五四	ムービータイムズ 第一五四号	プレミア		

P-一五五	〃 第一五五号	〃			
F-一五六	〃 第一五六号	〃			
P-一五七	〃 第一五七号	〃			特報 ダド・マリノ対白井義男 白熱の攻防
E-一六七	新しき日本 福島県篇	東日興業	二巻	一、八八〇呎	毎日新聞社 企画
E-一七五	工場経営者	東京映画技術研究所	二巻	一、五〇〇呎	
E-一八四	福井順一氏 欧米視察より帰る	赤西映画	一巻	三〇〇呎	
E-一九八	中小企業と信用組合	三幸映画社	二巻	一、二〇〇呎	中央信用組合 企画
E-二〇三	最新アメリカ式ローラースケート 日活スポーツセンターより No.1	日本カラーフィルム研究所	一巻	二一六呎	
E-二一一	アド・トーキー ボン、ミックス	日東映画	一巻	一三〇呎	
E-二一三	ムービー・アド No.6 ペニシリン「三題噺」	電通	一巻	二〇〇呎	ペニシリン協会 企画
E-二一四	ムービー・アド No.7 [illegible]	電通	一巻	九五呎	
E-二一六	明日への希望 第一部	読売映画社	二巻	二、三四六呎	農林省両総用水農業水利事業所企画

E－二一七	アド・トーキー 私は誰でしょう	日東映画	一巻 一、一五〇呎	
E－二二〇	愛の手綱	オール キネマ社	五巻 三、二七二呎	
E－二二一	銀輪の祭典	読売 映画社	一巻 九一八呎	昭和廿六年春季全國争覇
E－二二三	みどりの群馬	理研	三巻 二、四五五呎	群馬縣林務部 企求
E－二二七	昭和二十六年夏場所記録 大相撲熱戦譜	大日本相撲協会映画部	二巻 一、四四〇呎	
S－一四八	神変麝香猫（第一部、地獄の門）	日活	六巻 三、八〇二呎	
S－一四九	神変麝香猫（解決篇）	日活	七巻 五、二一四呎	
S－一五〇	まぼろし城 第一話、第二話、第三話	日活	十三巻 一一、三一九呎	
S－一五一	鞍馬天狗 逆襲篇	日活	七巻 五〇三〇呎	
S－一五二	鞍馬天狗 龍驤虎博の巻	日活	九巻 七、一五〇呎	
S－一五三	天狗廻状 続篇	日活	七巻 五、六一〇呎	
S－一五四	三味線やくざ	日活	七巻 五、七二一呎	

c—10

S－五五	さむらい鴉	日活	七巻 五,二七〇呎
S－五七	うぐいす侍	日活	九巻 六,四二三呎

C—11

映画審査概要

○虎の牙　松竹

堀川が子供に毒薬を飲ませる個所（10呎）削除希望し実行された。

尚、左のタイトルが巻頭に挿入された。

「この映画は、モーリス・ルブラン原作皆様お馴染のルパン・シリーズより作られた楽しめる架空のお話であります」

○獣の宿　松竹

「コカイン中毒云々」の台詞のうち、「コカイン」と云う言葉の抹消を希望し実行された。

○湯の町情話　新映画社

(1)、タイトルバックの一部を改訂（女湯の戯画）

(2)、野天風呂のシーン削除希望し実行された。

c—12

神変美女峠完結篇

○又四郎笠　　宝プロ

殺人鬼的演技の印象が凄惨に過ぎる。カット92呎削除希望し実行された。

○松竹製作ニュース第五四号（少年期）　　松竹

演習とおぼしい兵隊の行進のカットに進軍ラッパの音が入っていた。勿論戦争中の描写であるが、この進軍ラッパの音を他に代えて欲しい旨を希望、製作者側はこのカット自体を除く旨申出であった。（65呎）

○大映ニュース第一四三号（上州鴉）　　大映

アナウンス中にやくざものらしく宣傳していると感じられる個所を左の如く削除を希望し実行された。

1、アナウンス「颯爽の股旅もの」　3呎

2　アナウンス「大河内十八番の……にっこり笑って悪を斬る……お贈り致します」　27呎

新しき日本
○福島縣篇　東日興業

温泉のシーン、入浴中の女の姿態にのみとどめ、あと半身その他一切の裸体を除いて貰うことにした。（50呎）

○愛の手綱　オールキネマ社

"少年防犯映画であるが、少年犯罪の実態を余りに如実に写した部分は、それ自体が犯罪方法の暗示になったり　教育上好ましからざる印象を与えかねないので　左の如く　四ケ所（35呎）削除を希望し実行された。

1. 少年が鉛を盗む手先の具体的な大写場面
2. ストリップ・ショウの立看板
3. 少年少女の無軌道的な行為を予想せしめるカット
4. ヒロポンの注射をうつ件。

○神変麝香猫（第一部地獄の門）　日活

原作　吉川英治　　製作　昭和十六年一月
脚本　比佐芳武
演出　荒井良平

侍蔵が小天台に云う台詞の中に、禁教となったキリシタンの残党がバタビヤのリヴィンタストンからの指令をうけてとの意味のものあり、外國地名、人名等をこの作品から除去するためこの箇所を取り除いて貰った。

○まぼろし城

第一話 飛騨の渦潮、第二話 死の旋風、第三話 木曽路の凱歌

原作 高垣眸　製作 昭和十五年十月
脚本 嵯峨京太郎
演出 組田彰造

少年の読物を映画化した伝奇的なものであり、これ自体に問題はない。

○鞍馬天狗 逆襲篇　日活

原作 大佛次郎　製作 昭和十四年七月
脚本 比佐芳武　CCD番号 A一〇三一八J
演出 松田定次

「武士らしく」云々、「天誅だ」の二台詞削除希望し実行された。

○ 鞍馬天狗　龍驤虎搏の巻　日活

原作　大佛次郎　　製作　昭和十三年十月

演出　松田定次　　CCD番号　A一九八三J

キャストタイトルは俳優名だけに撮り直し、「勤王」「新撰組」の台詞、「新撰組屯所」の看板、以上の如き台詞並びに描写を取り除いて貰い、勤王佐幕（新撰組）の争いを、二つのグループの対立に見えるようにしその点の懸念なきように処置をとった。

○ 天狗廻状　続篇　日活

原作　大佛次郎　　製作　昭和十五年一月

脚本　丸根賛太郎　　CCD番号　A一〇一四八J

演出　田崎浩一

鞍馬天狗の一篇であるが、勤王と佐幕派の京洛に於ける争斗が中心となっているが、こゝでは勤王或いは佐幕は単にその対立団体の旗印に過ぎない程度のものであり、それに附随して暗黙のうちに当時の思想が肯定的な前提となっては困るので、全篇に亘って「勤王」「新撰組」に関する台詞、ショットを取り除き、その他新撰組の浪士二人が侍を斬るシーンの残酷さを除くため、刀を納める部分を取って貰ったり、桂小五郎が女の頬を打つところを除いたり総計156呎を除いてもらった。

○三味線やくざ　日活

原作　川口松太郎　製作　昭和十五年六月
脚本　鈴鹿野八作　CCD番号　A一六七。
演出　衣笠十四三

題名にやくざとあるが、本篇中には何らやくざらしきものなく、三味線ひきがサイコロ好きである点だけを意味していると思われるので、別にやくざ映画でもなく、また讃美のものでないことを念のため附記する。

○さむらひ鴉　日活

原作　子母澤寛　製作　昭和十年十二月
脚本　滝川紅葉　CCD番号　A一七七六
演出　池田富保

忠治の乾分の一人をめぐる話であるが、赤城山のシーンが回想で出るが、その時の「忠治は」、「國定一家」などやくざを誇示する台詞を除いて貰い（これは後出のものも同然）かつラストで客引きの女の出るシーンを除いて貰った。

○うぐひす侍

原作　山手樹一郎　製作　昭和十四年八月

脚本 演出　丸根賛太郎　CCD番号　A・六〇二

悪事の計画すでに露見したと悪侍たちをあざむいて主人物が道に彼等を待ち受け斬りつけるところ、その斬る件のみを取り除き、あたかもそれらの侍たちを正道に返した次の如くに直して貰った。

C—18

宣傳広告審査概要

スチール

○　若さま侍捕物帖
呪いの人形師　　　新東宝

スチールNo.49は斬殺場面にして、残酷の感があるので、使用中止方を希望した。

ポスター

○　虎の牙　　　松竹

本映画のポスター中の文句に、「戦慄の復讐」なる字句が使用されているが、この字句中「復讐」は倫理規程に抵触するものであって、その使用は適当と思われない。しかしながら既にポスターは全部印刷済であること、ポスターはそれほど広範囲に眼につくものでないこと、使用文字は余り大きくなく煽情的ではないことを考え合わせて　この場合は特に右ポスターの使用はそのまゝ認めることとした。

しかし、ポスター以外の宣傳広告には、右の「復讐」なる字句を一切使用しないことを希望、松竹側もこれを諒承し、直ちに関係方面にもその旨を連絡したと、連絡文書の写しの提出があった。

C—20

各社封切一覧

封切日	審査番号	題名	製作会社	備考
松竹				
五月五日	四一〇	自由学校	松竹	
五月十二日	四一五	少年期	松竹	
五月十九日	四二八	泣きぬれた人形	松竹	
五月廿三日	三八二	白痴	松竹	ロード・ショウ
五月廿六日	三〇四	虎の牙	松竹	
東宝・東映				
五月五日	四三六	豪快三人男	東映	
五月十一日	四〇七	その人の名は言えない	東宝	
五月十八日	四三八	風雲児	東映	

五月廿八日	四四〇	目下恋愛中	東宝	

大映

五月五日	三九四	自由学校	大映	
五月十二日	四一八	線の果てに手を振る天使	大映	
五月十八日	四〇九	誰が私を裁くのか	大映	
五月廿五日	四二五	上州鴉	大映	

新東宝

五月五日	四二九	新遊侠傳（第一部ドロンゲームの巻）	新東宝	
五月十一日	四三四	若さま侍捕物帖 呪いの人形師	新東宝 伊藤プロ	
五月十八日	四三〇	新遊侠傳 遊侠往来	新東宝	
五月廿五日	S・九	牢獄の花嫁（新版）	日活	総集版

映画倫理規程審査記録　第二十三号

昭和二十六年六月五日発行

発行責任者　池田義信

東京都中央区築地三ノ六

日本映画連合会

映画倫理規程管理部

電話築地(55)二八〇二
〇六五六番

映画倫理規程審査記録

第24号

24

映画倫理規程

審査記録

26.6.1.～26.6.30.

日本映画連合会

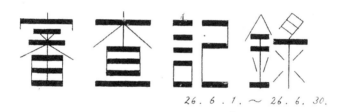

映画倫理規程管理委員会

目次

管理部からのお知らせ

○六月廿九日の管理委員会の席上　特に一般上映用の短篇映画として管理部に提出される所謂「性映画」の審査方法が議に上り　活溌な検討が行われました結果

「性教育」を主題とした映画の中　特に明らさまに人体の形象を使用して性の問題の解説を行う内容のものは劇映画と併映の一般興行の形式で青少年を含む大衆の観覧に供する作品としてはその影響性に鑑みて管理委員会はこれを映画倫理規程による審査の対象とすべきではない」

と決定致しました。

この種の性映画はもと〳〵「性教育」を目的として作られたものではありましようが劇映画と同時上映の一般興行の形式によらず　特殊の公開方法によつて普及されるのが適当であることも同時に強調されました。

審査脚本一覧

会社名	題名	受付日	審査終了日	備考
理研 上島プロ	鬼と佛と閻魔	五・二九	六・一	
大仲映画同人	海猫は叫ぶ	五・三〇	六・一	
新東宝 綜芸プロ	有頂天時代（自主改訂版）	五・三〇	六・一	改訂第二稿
ラジオ映画	女の海	六・一	六・五	
松竹	若い李節	六・五	六・八	
松竹	冊恋草	五・一一		
〃	〃 改訂版	五・二五	六・五	改訂第二稿
大映	水戸黄門漫遊記 飛龍の剣	六・六	六・九	
東映	スターオンパレード 花の進軍	六・一四	六・一四	
松竹	離婚結婚	六・一一	六・一五	

a — 2

東宝	若人の歌	六一三	六一五	
東映	お馴染判官 あばれ神輿	六一三	六一五	
松竹	子に詫びる	六一八	六一九	
大映	源氏物語	六一八	六二一	
大映	歌う野球小僧	六一九	六二一	
新東宝 宝プロ	黄門と弥次喜多 からす団異変	六一九	六二二	
富士映画	トンチンカンシリーズ第一話 トンチンカン野球の巻	六二一	六二三	
東映	吾子と唄わん	六六		
〃	改訂版	六二五	六二七	改訂第二稿
新東宝 滝村プロ	夜の未亡人 自主改訂版	六二六	六二九	
松竹	中乗り新三 夏祭三度笠	六二八	六三〇	

a ― 3

◎新作品………………一七

シナリオ数………………二一（内改訂版四）

内訳‖松竹　六（内改訂版一）　東宝　一　大映　三

新東宝　三（内改訂版二）　東映　四（内改訂版一）

富士映画　一　ラジオ映画　一　大伸映画同人　一

理研・上島プロ　一

◎審査シノプシス………………四

内訳‖新東宝　一　東宝　一　東映　二

脚本審査概要

鬼と佛と閻魔
理研 上島プロ

製作　上島雄文
脚本　長谷川公之
演出　青戸隆幸

二つの強盗殺人事件をめぐつて犯人を追う捜査陣の活動を描くセミ・ドキュメンタリー映画

警視庁の後援に依る犯罪摘究の実態を描くものであるが　別に問題はない　たゞ屍体描写は過度に凄惨でないように（残酷）

又捜査第一課長の台詞の中にある「……第一事件がどれもこれも簡単に解決したら君達は記事にするネタがなくて上つたりだろうが」と云う言葉（シーン72）は勿論冗談に云うのであるが　演出上その点を含んでやつて戴きたいこと（法律）

なお　この脚本に描かれる捜査の実状　法的手続等一切は製作者側に於て当該警視庁の承認を得て正確を期せられたい旨（法律）等　念のため注意を希望した

海猫は叫ぶ

大仲映画同人

製作　大友伸
企画　曲春彦
脚本
演出　三枝源次郎

妓夫と流行歌手をめぐるラブ・ロマンス
脚本の上では何等問題はないが　念のため　演出の面で以下の点を希望した
一シーン31　34　木島とナベ公の格斗は悽惨残酷にすぎぬようにして戴きたい（残酷）
二シーン32の浴室及びシーン43　45の女達の寝姿の描写は風俗上の点を注意していただきたい　（風俗）（二ケ所）

ロ―6

有頂天時代
（自主改訂版）

新東宝
綜芸プロ

NHKを背景にしているので　放送の実況の場面は　正確にして公共放送の使命を動揺させないように希望する　（法律）
（審査報告第十二号参照）

女の海

ラジオ映画

脚本　陶山　密
演出　今村　貞雄

海に生き海に死ぬ海女の悲劇をめぐって漁村の人々の生活を描く

一　海女の肉体露出の程度につき応分の注意をして戴きたい　（風俗）

二　シーン30組合の男の　「いや間違いねえど　焼酎でも買って待てで　うんと抱いてやれやし」　と旗江に云う台詞のうち　「うんと抱いてやれやし」は少しどうかと思う（性）
別のものに改訂して戴きたい

三　大海亀と旗江との格斗のシーン47は過度に残酷な感じにならぬより演出上の注意をして貰いたい　（残酷）

若い季節	松竹

製作　小倉武志
原作　富田常雄
脚本　斎藤良輔
演出　原研吉

さまざまの職業とタイプを持った青年男女が織りなす恋愛メロドラマ

シーン41　幸子のセリフで「女は駄目ね　一度征服されると手も足も出ないの　背かされて仂かされ　捨られてどうにもならない……」は女の攻略法を示唆する意味にとれるので

「一度征服されると……」を「一度許すと……」とでも変えて戴きたい（社会）

母恋草	松竹

製作　久保光三
原作　竹田敏彦
脚本　鈴木兵吾（「野の百合よりも」より）
演出　岩間鶴夫

父母の離婚問題と三人の姉弟をめぐる愛情のメロドラマ

第一稿の際篤子の描き方が余りに封建的過ぎるのと　法律上の点で誤謬多く　そのため全面的なる改訂を希望したのであるが　その改訂版に於いて次の諸点を改訂することを希望した．

(1) 篤子の描き方依然として封建的の感じであるが　なお部分的にその点につき改訂のこと例えば離婚手続の個所など自分の意志が全然何もないように描かれているなどは第一に改訂しなければならない個所であろう（社会）

(2) シーン34の登美雄の一味らしい男のことであるが　これは地廻りらしい若者ではなく単なる友人位のことにでもして貰わないと登美雄はこの場面で地廻りらしい若者と密接な関係がある感じになり　暴力行為の解決上困るのではないかと思われる　（法律）

(3) 放火の件（英男少年が放火することになっている）であるが　すぐその後でこの少年が幸福になっているのは困ると思う
英男は少年であるが　又尾山の弁論もあるにはあるが　いやしくも放火であるからこのまゝではこの少年に何等か制裁がなければならないであろう　（法律）

＊　　＊　　＊

水戸黄門漫遊記 飛龍の剣	大映

企画　高桑義生
脚本　八尋不二
演出　安達伸生

善を救け悪を正す水戸黄門の漫遊道中記

希望事項なし

天人お吉と云う道中師の始末がそのまゝになっているかに見えるが　これは最后の道中の件の前に省略されていると見られる

なお黄門の行動は　いわゆる幕府の暗黒政治　或は隠し目付などにも通ずるものであるけれども　こゝでは　例えば積極的に善の面をのみ見てゆく黄門となっているし　隠密が幕政の手先となってわざとありもしない落度を作りあげて諸侯をおとし入れるが如き陰険な政治　公明でない政治面は描かれてないから　これはこれでよいとしたい

また水戸黄門を題材とした映画が　かつて禁止映画となっているが一定の原作によるものとか　特殊の題材によるものでなく　歴史的に実在した黄門を改めて現代的に取りあげることは　何らさしつかえなく批判的であればそれでよいのである　かつての黄門の禁止映画は　その中に仇討を後立てする黄門が描かれていたかに聞いているが　こゝにはそん

なものは出てこない

スターオンパレード 花の進軍	東映

製作　金平軍之助
脚本　鈴木敏郎
演出　小林恒夫

旧作中の歌謡場面を再編集した音楽短篇

(1) シーン15　ターキーと月丘が接吻すると　画面は突如真黒となり　「以下公開禁止文部省」とある

この「公開禁止文部省」は喜劇的な取扱いではあるが別のことに改訂するか削除するかして戴きたい　（法律）

(2) シーン26　チヤタレー夫人　（「執行猶予」より）のチヤタレー夫人は現実のチヤタレ

「裁判と思う人もあるから困ると思う

又裁判長「……以後秘密裁判にします」も不都合であるからそれぞれ然るべく改訂をして貰いたい（法律）（二ケ所）

希望事項は以上の如きものであった。

離婚結婚	松竹

製作　大町龍夫
脚本　山内久
　　　馬場当
演出　佐々木康

戦後風俗たる雑居共同生活の中に展開する恋愛と夫婦生活の機微を描く人情劇

(1) シーン3　竹内「判りますね　肉体的に判ります」
亜太郎「でしょう　殊に甘糟は大好きなんですからねえ　罪ですよ」

a—12

以上の会話は襖一枚へだてた若夫婦に対する感想なのであるが　少し刺戟的過ぎるから
然るべく改訂して貰いたい（性）

(2) シーン8　銀　子「旦那様の不機嫌は一晩で直すのが奥さんの腕なんだからね　ハリ切
るんだよ一丁」
も(1)の場合と同じ理由で多少の改訂をして欲しい（性）

(3) シーン18　問屋と云うのが甘糟の職業らしいが　ハッキリ問屋では困るからこれも然る
べく改めて戴きたい（法律）

(4) シーン60　宇助が　がめんと宗子を張りとばすと云う処　男が女を殴るなどは絶対にい
けないこと　これをもっとハッキリ　シーン62で表現して貰いたい（社会）

(5) 静子が妾をやっていたことになっているが　このまゝでは売春を正当化した感じにも
なるので　その点で脚本を多少改訂して欲しい（シーン60）（性　法律）

×　　×　　×

a—13

若人の歌
東宝

製作　藤本真澄
脚本　井手俊郎
〃　長谷川公之
演出　千葉泰樹

大学水泳部の生活をめぐる明朗な青春ロマンス

(1) シーン26　佛壇の息子の写真が飛行服姿になっているが　この場合はなるべく軍服以外のものにして戴きたい　（国家）

(2) シーン33 34　佛壇に対する伊東と池田の行動であるが　「これは宗教を弄ぶ感じにならぬように演出上の注意をして欲しい　（宗教）

(3) シーン49、芳子「だけど私も毒を用意しとこうと思うの」の「毒」は刺戟的にすぎるから別の言葉にして貰いたい　（法律）

2―14

お馴染判官
あばれ神輿

東映

製作　マキノ光雄
企画　藤川公成
原案　小国英雄
脚本　民門敏雄
演出　荻原遼

名奉行遠山左衛門尉の活躍を描く時代探偵ロマンス。

シーン4　藤七の台詞〃人買い業〃（法律）
シーン12　茂三郎の台詞〃その敵あ、きっと俺が討ち〃（社会）
シーン15　兵介の台詞〃もろ肌〃（風俗）
以上何れも不穏当と思われるので、削除するか他の適当な言葉に変更して欲しい。
シーン73　最后の場面で遠山が、肌ぬぎで神輿をかつぐ場面、遠山に限らず何人も刺青は可及的に少量しか出さぬこと。また近景では見せぬことを希望する。（社会）

子に詫びる

松竹

製作　山口松三郎
原作　竹田敏彦
脚本　長瀬喜伴
演出　佐々木啓祐

不良児養護の施設に奉職する姉と、父を異にする妹をめぐる愛情のメロドラマ。

これは不良少年少女を取扱っているので、仁義を切ったり（シーン７）、煙草を吸ったりする場面があるが、それぞれこれらに対する批判はあるにしても、仁義をこのようにハッキリ見せては従来の慣例よりして好ましからず、ハッキリ見せるのは止めて戴くことを希望した。（社会・教育）

煙草を未成年者が吸う場面も印象的なシーンにならぬよう、十分の演出上の注意を希望した。（法律・教育）

源氏物語	大映

企画　松山英夫
脚本　新藤兼人
演出　吉村公三郎

「源氏物語」の映画化。

この映画は、天皇に連関した描写、あるいは宮廷内部の挿話が出てくるが、これについての審査の立場を念のため、のべておきたい。
まず御門（みかど）であるが、これは天皇、もしくは天子の言葉ではよばれず、御門及び朱雀院の御門となっているし、又何ら実在の天皇を直接的にモデルとしたものとは言いがたい。もともと假構の「物語」であって、すでに文学の古典となっているものの映画化である点、いわゆる「天皇」の出てくる映画と同列にはみなしえないものであること、いまさら言うをまたないであろう。これは假空の人物であるが、何ら「天皇」自体のヒボウ批判をふくまない。劇の背景に在る傍系人物として出るのみであって、しかも脚色者ののべている言葉をかりると『御門の姿は、はっきり出さないことにした。御門はどんな姿を描いても観客のイメージを裏切るものであるから、声だけを効果的に使うことにした』と考慮されてある。たとえば「御簾の中に、おぼろに御姿の輪廓だけが見える。御門の声——
——それはよいことをした　云々」のごとくである。よってこれは何ら問題はないとおもう。

またこれは平安朝における宮廷と貴族の生活——ことにその時代特有の男女間の情緒を主題としたものとみなし得るが、現在の観点から見るなら、こゝに描かれたる男女関係はあきらかに「乱倫」と云われてもしかたがないであろうものである。

しかし翻って考えるならば、これをいまわれわれが乱倫とみるのは、現在の家族制度、あるいは「家」のモラルからみてのことであって、言うまでもなく当時のそれは乱倫その

4－3

ものを意味しなかったものである。つまり現在の家族制度以前のモラル転換期の事だとも云えよう。したがってこゝに描かれる男女関係が一見乱倫の感がないではないにしても、それはその当時の自由な恋愛であり、現在とは異ったモラルのもとに個人的な自由さにあったものとみるべきである。（それらはこの脚本においてそのような面のものとしてまことに微妙に表現描写されていると言ってよいであろう。）事実は事実である。そしてこれらが今からみて、かゝる「乱倫」が讃美にも肯定にもなりえないこと、ひいてはそれが批判的にながめられうることは　すでにその間に歴史がそれを変革し、不動にしているあたらしいモラルの現存があることによってであるといえよう。この否定し得ない距離がそれだけでもって十分批判の足場となり得ると認めうるものである。

源氏と藤壷の関係（藤壷は御門の正室ではないが寵愛をうけた側室の一人である）は、破倫とみえないことはないが、原作ではいざ知ず、この脚本の上では、その点を配慮して藤壷と御門との情愛の場面は一切描写されず、隠くしてあることによって、この映画はそこがすくわれている。

シーン25の終り（源氏が藤壷を抱いて屏風の中へ入ってしまう件）、シーン66　右大臣家の離れの一室（源氏と朧夜の君）　シーン97の終り、源氏と淡路との抱擁の件は、演出上煽情的刺戟的でないよう心してほしい旨を伝えた。（風俗・性）（三ヶ所）

6−4

歌う野球小僧

大映

企画　灰田プロ
原作　久米正雄
脚本　渡辺邦男
演出　渡辺邦男

歌が上手で野球好きの洗濯屋の小僧をめぐる明朗スポーツ物。

希望事項なし

黄門と弥次㐂多 からす組異変

新東宝
宝プロ

製作　高村正嗣
脚本　木下藤吉
演出　並木鏡太郎

水戸黄門と弥次㐂多を使った時代喜劇

これはいわゆる水戸黄門をまともに取り扱ったものと云うよりは、喜劇的なねらいの映画というべく、禁止映画的な懸念はない。部分的に台詞で次のような項を注意して貰うこ

6－5

とにした。

(1) シーン16「縄張りを荒されてたまるものか」「仁義だよ」の二つを取って貰う。（社会）（二ヶ所）

(2) シーン24「女を騙くらかして叩きうる女衒の兵六」とあるのを「叩きうる女衒の」を取り訂正、そのあとの「売られてしまうぜ」も止めて貰う。（法律）（二ヶ所）

(3) シーン47．弥次喜多の女装しての演技は逸脱のないよう注意をした。（風俗）

(4) シーン63．喜劇的なギャグとして（化物屋敷）如来様を使うことは止めて欲しい。（宗教）

(5) シーン87．お光ちゃん「処女は」の処女を取る。（性）

(6) シーン104のお墨付の内容は製作者側にて改変。

(7) シーン109．毒饅頭に「青酸カリ」が入っていることになっているが、単に毒薬にすること。（法律）

(8) シーン103．「天下の副将軍」は取って貰うこと。（社会）

以上の諸項を談合の上訂正して貰った。なお喜劇的映画であるので、過度に逸脱のおそれないよう全体的に注意を望んだ。

なお脚本下では、この中で歌われる歌の歌詞が出ていないが、これは製作者側の責任において規定にそったものであって欲しい。その点注意して使用されることを希望した。

後記　シーン16の「縄張りを荒されて云々」は製作者側の申出もあり、完成映画において決定することとした。

トンチンカンシリーズ第一話 トンチンカン 野球の巻	富士映画

企画　立閑幸雄
製作　石井英政
〃　鈴水正一
脚本　池中潜
　　　西野山修
演出　仁科紀彦

野球の珍試合をめぐるスラップスティック喜劇　短篇映画

希望事項なし。

吾子と唄わん	東映

企画　吉田信
原作　竹田敏彦
脚本　陶山鉄
演出　野村浩将

6—7

若き女流歌手と認められたその娘をめぐる愛情のメロドラマ。

このシナリオは前に松竹で企画されたものであるが、（審査報告第十四号参照） 共同東映より提出された。東映対松竹の間には諒解が成立していると云うことである。

第一稿の希望事項は次の通り。

一、梗概が本文と相違があり 且つ刺戟的な用語があるので 訂正されたい。

二、シーン10 警官が法の適用を内済にすませるようなセリフがあるが 穏当でないので削除されたい。（法律）

三、シーン82、〃かったいの逆うらみ〃は用語が穏当を欠くと思われるので削除されたい。（社会、残酷）

第二稿は六月二十五日提出された。

このシナリオは前のディスカッションに於て問題となった点は全部訂正されているが、この映画は児童の観客が相当多いと考えられるので、特に次の如き隠語の使用をやめて戴くこととした。

一、シーン2 少年のセリフ〃トッポイの！〃 （教育）

二、シーン5 文子のセリフ〃ハヴァハヴァ〃 （教育）

6－8

夜の未亡人

自主改訂版

新東宝
滝村プロ

前回提出の脚本審査の結果（審査記録第二十三号参照）がなお未訂正のまゝこの自主改訂版になおふくまれている注意をのぞんだ。

全体的にいわゆる情痴的な映画の印象があるやにおもえるので、特に以下の点に細心の注意をのぞみ、改訂その他の処置をとってもらいたい。

一、シーン4、関の台詞〃奥さん、今夜一晩だけぼくを抱いて下さい〃は、前審のごとく改訂されるか、あるいは〃今夜一晩だけ〃を除くこと。これは関が、柳子をすくわんとして相手の男を殺してきたあとの言葉、後出（シーン95）のごとく、必ずしも関自身はセンシュアルな意味で云っているのではないが、そんなニュアンスで柳子はきゝとりショックをうけとるのである。（性）

二、シーン13J 柳子の回想のイメージ、さいごの（立上って電気を消す、間、柳子アッと悲鳴をあげる）は、性行為の間接描写であるから、とりのぞく。（性）

三、シーン38A ひさご（待合）の次の間（夜） 夜具の用意はやめること（性）

四、シーン41　ひさごの別の室（夜）、あい子と関の描写、煽情的でないように、[illegible]れば
同様に（シーン43に至る一連の描写にも云える）（性）
五、シーン58A　柳子の台詞に、暴力をふるってまで言うことを聞かせようとした橋場に対する批判があってほしい。（社会）
六、シーン59　あい子の台詞（前審のときすでに注意）〃一度征服された女の躰は、もう破れかぶれよ〃は改訂するか、せめてもこの〃躰〃はとってほしい。（性）
七、シーン63　ひさご（待合の一室）（夜）　着物をぬいでしまったあい子が、芸妓と拳（けん）で「チヨン脱げ」をやっている件。こゝらあたりから描写がずっと煽情的になってゆくものであるから、注意してほしい。
あい子の服装も適当に注意をねがいたい。（風俗）
八、シーン65　ひさごの一室（夜）のさいごの件。あい子と橋場との意味ありげなやりとりは、性的行為を暗示するからやめて戴く。加音子を無理に酔わせこゝで橋場が意をとげんとするところ。（性）
九、シーン72に至るひさごの加音子をめぐる橋場の描写は、過度に煽情的でなくあってほしい。（性）
ことに、このシーンのさいごの、加音子の（しがみついた片手が次第に襖から离れてゆく）以下をやめてほしい。すなわち（間。襖が静かに閉まる。）は、性行為が次に意

味されるから。

十、シーン75　打捎れた加音子が歩く姿にかぶさる四シーンの主題歌（乙女の夢の白桔梗、嵐にむごく手折られて）は　歌そのものは何でもないが、これにさきだつ加音子のシーンと連関し明らかにここでは加音子の汚されたことをまたくりかえし間接　に　のべることになるので、この映画全体の色合から考えて、別のものに代えてほしいことをのぞむ。（性）

十一、シーン88の末三行（橋場と柳子のひさごでの描写）は刺戟的にすぎる。（性）

十二、シーン102　柳子を閃がねさせておいて、足袋をぬいでゆくしぐさが前面的に、よく描かれる――これは、次に同じ寝床へ入る描写を意味する印象あり、全景的に描く　ならばいゝが、さもなくばやめてほしい。（性）

追記、勿論完成映画に於いて決定するべきことであるが、少くともこの脚本から考えられる限りに於いて、この映画は年少の観客、ことに高校生程度以下の青少年には見せたくないものと考える。これは誤った印象を與えかねない点を恐れるからである。よって、上映に際しては、適当の考慮が払われるのが、望ましいと思う。

中乗り新三 夏祭三度笠

松竹

製作 小倉浩一郎
〃 杉山茂樹
脚本 柳川真一
演出 丸根賛太郎

年若い木曽の筏師の恋をめぐる正邪の葛藤を描く時代劇

シーン78に、鉄五郎が新三の母を竹切れでうち据える所があるが、残酷と思われるので、演出上充分の注意を希望する。（残酷）

シーン80にある新三のセリフ〃寸の詰った帯をしめ、土足裾とりのこの姿……〃はやくざ姿の歌い文句であるので、それがやくざの讃美にならぬような効果を期待したい。映画の上で検討したい。（社会）

シーン87—90　新三が鉄五郎を殺しておいて〃心配はいらねえ、お調べはそう永くはねえと思う〃とゆう卯之助（目明し）のセリフは、安易な解決と思われるので、この辺筋道の通るように訂正されるよう希望する。（法律）

審査集計

規程條項	関係脚本題名及希望個所数	集計
1 國家及社会	「若い季節」 1	13
	「母恋草」 1	
	「離婚結婚」 1	
	「若人の歌」 1	
	「あばれ神輿」 2	
	「子に詫びる」 1	
	「からす組異変」 3	
	「吾子と唄わん」 1	
	「夏祭三度笠」 1	
	「夜の未亡人」(自主改訂版) 1	

2	法律	「鬼と佛と閻魔」	2	18
		「有頂天時代」	1	
		「母恋草」	2	
		「花の進軍」	3	
		「離婚結婚」	2	
		「若人の歌」	1	
		「あはれ神輿」	1	
		「子に詫びる」	1	
		「からす組異変」	3	
		「吾子と唄わん」	2	
3	宗教	「若人の歌」	1	2
		「からす組異変」	1	
4	教育	「子に詫びる」	2	4

6 -- 2

番号	分類	作品	数	計
		「吾子と唄わん」	2	
5	風俗	「海猫は叫ぶ」	2	9
		「女の海」	1	
		「あばれ神輿」	1	
		「源氏物語」	3	
		「からす組異変」	1	
		「夜の未亡人」（自主改訂版）	1	
6	性	「女の海」	1	18
		「離婚結婚」	3	
		「源氏物語」	3	
		「からす組異変」	1	
		「夜の未亡人」（自主改訂版）	10	
		「鬼と佛と閻魔」	1	

c — 3

7		
残酷醜汚	「海猫は叫ぶ」	1
	「女の海」	1
	「吾子を唄わん」	1
	「夏祭三度笠」	1
		5

◎希望事項総数……………六九

c—4

審査映画一覧

審査番号	題名	社名	巻数、呎数	備考
四二三	あゝ青春	松竹	十三巻 九、七三六呎	
四四七	恋文裁判	松竹	十一巻 八、四四二呎	
四五七	母恋草	松竹	十一巻 八、三四七呎	
四六〇	東京のお嬢さん	松竹	九巻 七、五八四呎	
二二六	メスを持つ処女(おとめ)	東宝	九巻 七、八六〇呎	
三四一	運命	ブレイクストン・スタール・プロ 東宝	九巻 七、五三〇呎	
四三三	平安群盗伝 袴だれ保輔	東宝	十巻 八、五四三呎	
四四二	情炎の波止場	大映	十巻 七、七七〇呎	
四一二	西城家の饗宴	大映	九巻 七、七三二呎	
四四四	お遊さま	大映	十巻 八、五六〇呎	

c — 5

四四一	七つの星座	大映	十巻	八、一七〇呎	
四四八	盗まれた恋	新東宝	九巻	七、九二九呎	
四五二	覗かれた足	新東宝	八巻	七、四二七呎	
四五八	無宿猫(どらねこ)	新東宝 望月プロ	九巻	七、四一六呎	
四六四	日本Gメン 不敵なる逆襲	東映	八巻	七、七三〇呎	
四〇〇	ドレミハ先生	教映	七巻	四、九五〇呎	
四六五	玄海灘の怒涛篇 阿修羅艦隊	九州映画	五巻	四、一二五呎	
四七一	海猫は叫ぶ	大伸映画 同人	七巻	四、九四七呎	
四二三－T	松竹製作ニュース 第五六号	松竹			あゝ青春
四三三－T	東宝スクリーン・ニュース No.4	東宝			袴だれ保輔
四五一－T	東宝スクリーン・ニュース No.5	東宝			海賊船
四一二－T	大映ニュース 第一四六号	大映			西城家の饗宴、お遊さま（特報）

四四四－T	大映ニュース 第一四七号	大映			お富さま
四四一－T	大映ニュース 第一四八号	大映			七つの星座
四四六－T	大映ニュース 第一四九号	大映			花ある怒涛、名月走馬燈（特報）
四六四－T	不敵なる逆襲	東映			
四八〇－T	お馴染み判官 あばれ神輿	東映			
三八一－T	どっこい生きてる	新星映画社			
E－二一八	洋紙	東亜発声	二巻	一、九六〇呎	王子製紙株式会社企画
E－二一九	新しき日本 新潟県	毎日新聞社	一巻	九八九呎	
E－二二二	アド・トーキー これは素敵だ	日東映画	一巻	一二〇呎	
E－二二四	四つの幻想	東宝	二巻	一五五二呎	
E－二二八	コンマーシャル・ニュース 五月号	日米映画社	一巻	二八〇呎	
E－二二九	消防の一日	東京連合防火協会 さくら映画社	二巻	一、八〇〇呎	東京消防庁予防部企画

E-二三一	スポーツアルバムNo.1	日映	一巻	七五七呎	
E-二三二	アンリ・マチス展	読売映画社	一巻	九九七呎	
E-二三三	えんぴつ	ヨット鉛筆株式会社	三巻	一、二〇〇呎	
E-二三四	松竹創立三十周年記念祭ニュース	松竹	一巻	九八八呎	
E-二三五	歌のカーニバル	岩波映画製作所	一巻	六四〇呎	
E-二三六	スポーツダイジェスト 第十八回日本ダービー	プレミア	一巻	六〇五呎	
E-二三七	最新アメリカ式ローラースケート 日君スポーツセンターだよりNo.2	日本カラーフィルム研究所	一巻	二一六呎	
E-二四〇	東京一九四五～一九五一年 復興の記録	東京映画技術研究所 日映	三巻	二、五〇〇呎	東京都映画協会、企画
E-二四一	伸びゆく町村	茨城県弘報課	三巻	二、四九〇呎	
E-二四二	永井博士の思い出	日映	一巻	一、〇四五呎	長崎市役所企画
E-二四四	東京おどり	松竹	三巻	二、五〇四呎	
E-二四五	スポーツ・ダイジェスト 飛び込みの妙技	プレミア	一巻	四二〇呎	
E-二四八	めいばちょう	日映	二巻	一、八八六呎	

N-一〇二	日本スポーツ 第一〇二号	日映		
N-一〇三	〃 第一〇三号	〃		
N-一〇四	〃 第一〇四号	〃		
N-一〇五	〃 第一〇五号	〃		
N-一〇六	〃 第一〇六号	〃		
P-一五八	ムービー・タイムズ 第一五八号	プレミア		
P-一五九	〃 第一五九号	〃		
P-一六〇	〃 第一六〇号	〃		
P-一六一	〃 第一八一号	〃		
P-一六二	〃 第一八二号	〃		

c—9

番号	題名	会社	巻数・長さ	製作	CCD番号	脚本	演出
S-五八	かんざし地蔵	日活	七巻 五三一四呎	昭和十五年十一月	A一六五二	生駒峻一	衣笠十四三
S-六〇	石童丸	日活	九巻 七三四六呎	昭和十一年十一月	A四二七	小磯貢男	辻吉朗
S-六二	お嬢さんと浪人	日活	十巻 七四四八呎	昭和十八年十一月	A一六八五	伊勢野重任	辻吉朗
S-六三	女賊変化	日活	七巻 四八九六呎	昭和十二年十月	A一七八一	倉谷勇	倉谷勇
S-六四	唄う岩見重太郎	日活	九巻 六五六七呎	昭和十五年四月	A一七八三	牧陶三	[illegible]恭平

C—10

映画審査概要

○メスを持つ処女（おとめ）　東宝

高野の腕にエリが注射をしている場面、注射の直接描写は好ましからずと云う理由で削除して貰った。（23呎）

○情炎の波止場　大映

「前借は私が払うよ」と云う台詞は人身売買を意味するので、「前借は」を削除希望し実行された。（1呎）

○不敵なる逆襲　東映

留置場の中のシーン、女の声のしぐさで云い寄る「やさ男」の出るシーン　風俗上50呎除いて貰った。

○阿修羅鬼隊（玄海灘の怒涛篇）　九州映画

立廻りのシーン一カット、残酷の感が強いので切除して貰った。（5呎）

○不敵なる逆襲（予告篇）　東映

予告篇ではあるが、脱獄囚の兇悪ぶりのみが描かれるの印象を与える恐れあり　よって警官が追跡し射たれて倒れるところ（本篇ではここの部分はただ幻想場面にすぎないが）を除き、正悪対抗し均衡の型にして予告篇はとゞめて貰った。（3呎）

○あばれ神輿（予告篇）　東映
（お馴染み判官）

お馴染みの判官の物語と云う意味で、前作の「いれずみ判官」の場面を採用しているが前作ではこの場面は必要であったが、この映画では必然性がなく、単にお馴染み判官と云うだけの意味であるから、特にいれずみの如き刺戟的な場面を出す必要はないと考える、且つ「この刺青」と云う如きスーパー、イン、ポーズ、タイトルが出て来るに於ておやである。この場面8呎削除希望し　実行された。

尚、「娘をかたに、、、」の台詞　人身売買肯定の意味があるので抹消を希望し、実行された。

○かんざし地蔵　日活

至極問題のない人情噺であるが、飴屋が子供を集めて唄を聞かすそのあとで、「子供は日

c—32

本の宝だ」と云う　一見戦時中の標語に類するものが出てくる　全体が写実的であるだけに、この部分がどぎつく印象づけられるので、以上の点を考慮して、「日本の」を除いて貰った。

○お嬢さんと浪人　　日活

映画自体は単なる喜劇的な取り扱い方で、問題はないが、台詞の中に「娘を抵当に」五両の金を云々とあるが、これは人身売買を肯定する印象となっては困るので「娘を」と云う部分を除いて貰った。

○唄う岩見重太郎　　日活

喜劇的に伴奏音楽として　軍歌の使用されてある箇所155呎削除を希望し、実行された。

c—13

宣傳広告審査概要

○ 又四郎笠（又四郎行状記）　宝プロ

本映画のスチール中、白装束の剣士の現われる場面三枚（スチール番号18、22、29）はスチールそのものとしては支障のないものであるが、映画に於て此人物の出演場面は大部分切除となつたので（その理由は完成映画審査報告参照）それとの連関から使用中止を希望した。なおもう一枚（スチール番号35）は剣戟場面に於て人を斬る所であって、残酷の感があるので使用中止を希望した。

各社封切一覧

封切日	審査番号	題名	製作会社	備考
松竹				
六月一日	三八二	白痴	松竹	
六月八日	四三五	獣の宿	松竹	
六月十五日	四二三	あゝ青春	松竹	
六月二十二日	四四七	恋文裁判	松竹	
東宝、東映				
六月一日	四五〇	限りなき情熱	東映	
六月八日	二二六	メスを持つ処女	東宝	
六月十五日	四六四	不敵なる逆襲	東映	
六月二十二日	四三三	平安群盗傳 袴だれ保輔	東宝	

大映

六月一日	四三二	江の島悲歌（エレジー）	大映
六月八日	四四二	情炎の波止場	大映
六月十五日	四一二	西城家の饗宴	大映
六月二十二日	四四四	お遊さま	大映

新東宝

六月一日	四五九	新変美女峠完結篇 又四郎笠	宝プロ
	S－一五二	鞍馬天狗（髑髏鬼[illegible]の巻）	日活
六月八日	四四八	盗まれた恋	新東宝
六月十五日	S－一三〇	髑髏銭（総集版）	日活
六月二十二日	四五二	覗かれた足	新東宝

c－16

映画倫理規程審査記録　第二十四号

昭和二十六年七月五日発行

発行責任者　池田義信

東京都中央区築地三ノ六

日本映画連合会

映画倫理規程管理部

電話築地(55)[illegible]

映画倫理規程審査記録

第25号

25

映画倫理規程

審査記録

日本映画連合会

映画倫理規程管理委員会

目次

管理部からのお知らせ

○七月廿七日の管理委員会に於て　映画中に於ける性的暴行場面の處理につき意見の検討が行われ　劇中にそのような場面を取扱うことをなるたけ避けることが望ましいと同時にその表現については出来るだけ具体的な描写を避けてもらい　審査についても尚一層愼重な態度を以てのぞむことに意見の一致を見ましたから　この線に沿い一段の御協力をお願い致します。

a—1

審査脚本一覧

会社名	題名	受付日	審査終了日	備考
大映	折鶴笠	六、三〇	七、二	
東映	銀次郎旅日記	六、二九	七、二	「御存じ神戸銀次郎 なやまし旅日記」の改題 劇短篇
東宝	武蔵野夫人	六、三〇	七、二	
東宝	自主改訂版	七、一二	七、一七	
大映	新しい道	六、二五	七、四	
大映	「新しい道」より 肉体の街	七、一二	七、三一	「新しい道」の改題 自主改訂第二稿
松竹	母を慕いて	七、二	七、四	
新東宝	右門捕物帖 帯どけ佛法	七、二	七、四	
新東宝	月よりの母	七、六	七、七	
東映	天狗の安	六、二二		

v—2

	改訂版	七・六	七・九	改訂第二稿
大映	北大	六・一三		
	改訂版	七・九	七・一〇	改訂第二稿
東興映画	三太物語	六・三〇	七・一一	
東宝	大雪渓	七・九	七・一二	「山は紅し」の改題
新東宝 佐藤プロ	ブンガワン・ソロ	七・一一	七・一四	
松竹	天使も夢を見る	七・一三	七・一四	
松竹	南風	七・一七	七・一八	
モーションタイムス 民芸	三太腕白物語	七・一六	七・一九	
大映	炎の肌	七・二三	七・二四	
日本芸術映画社	東京アベック地図	七・二四	七・二六	
東映	わが一高時代の犯罪	七・二五	七・二七	
松竹	わが海は碧なりき	七・二六	七・二八	

2—3

◎新作品……二〇

シナリオ数……二四（内改訂版四）

内訳‖松竹　四　六　映　大（内改訂版二）

東宝　三（内改訂版一）　新東宝　四

東映　四（内改訂版一）　日本芸術映画社

モーションタイムズ民芸　一　東興映画　一

◎審査シノプシス……三

内訳‖東映　二　東宝　一

脚本審査概要

折鶴笠	大映

企画　清川峰輔
脚本　犬塚稔
演出　冬島泰三

純真一途の旅の風来坊をめぐつて正邪の葛藤を描く時代劇

希望事項なし

銀次郎旅日記（「御存知神戸銀次郎なやまし旅日記」の改題）	東映

製作　長橋善悟
企画・脚本　藤川公成
演出　マキノ雅弘

大名の主家乗取事件をめぐる勧善懲悪の短篇時代喜劇

(1)　産業報国守という役名は別のものに変更して戴きたい　産業報国などは戦時中の標語

であるから　（国家）

(2) 隠密と云うのがこのように活躍しては　秘密警察を肯定した感じになるから　その点適当に考慮して貰いたい　（社会）

(3) 刺青判官がパッと片肌をぬぎ啖呵を切る場面は（シーン39）殊にここでは　刺青に対して何んの批判もされてないのであるから刺青を誇示する感じにならぬよう十分なる演出上の注意が必要であると思われる　又台詞の中の「遠山桜この刺青が容赦もねえ」などは止めて欲しい　（社会）

武蔵野夫人	東宝

製作　児井英生
原作　大岡昇平
脚本　依田義賢
演出　溝口健二

二組の夫婦と一人の帰還した青年の恋愛行動とモラルの追求を描くもの

この映画化は　大岡昇平原作の長篇小説より脚色されたものであるが　全体的にみて

2—6

原作　或いは上演された舞台脚本などに比し　より純化された印象もあり　原作などから
懸念される世上の皮相的な評判をうむ一部の印象はことのほか細心な脚色の配慮によって
かなり避けられている

いづれにしてもこの映画において屡々出て来る姦通と云う言葉　或いはその行動は　いわゆる家族制度を破壊するいわゆる有夫の妻の乱倫を美化肯定するものではなくしてすくなくともこのシナリオにおける限りは　篇中　秋山というフランス文学者の口をかりて語らせている如く

「日本にあてはめて考えてみると　さしずめ木下藤吉郎　これが恰度ジュリアン・ソレルだね　その野心という　自由な精神という　よく似ていますな　ところが　日本でその後徳川家康という合理主義者が出て来て封建制度というやつを確立することになる　そしてその制度を維持するために採用した儒教の精神　せゝこましい忠孝の道こいつが人間の自由を奪って極めてストイックな面白くないせの中をこしらえ上げてしまった　現代に至るまでそれが根深く残っています　だからかえって下層社会では反抗的に心中だとか姦通のようなものが起ると云うことになるんですよ　僕は（これは僕の個人的な意見なんだが――

と云ったようにこゝは審査によって改訂してもらうことにしたが（社会教育）　これは教室で学生相手に雑談の形式でなされるにもせよ　教室ということを考えてかくなおして貰

う方が穏当であろう）
「姦通というものは健康で（この三字は除いてもらうことにしたが）（社会教育）自由
な精神だと思うのだが……」
つまり　個人の自由において夫婦という関係が破綻に瀕しているとき　なお　旧来のモラルによって「家」に縛ばられて個人の自由と自主とが阻害されることを批判するような意味での「姦通」と解されるのである　またかゝる行動が　なお現在の日本では容易になしえないものである面も　この映画においては批判的に描かれている　この点相手道学者風な見方をもってすれば　この映画もまた乱倫を肯定するものとみますかも知れないが　以上のべたような脚色上の配慮（それは　たくみになされてあって　更に云うべきことはないが）がなされている点で　当方としては何ら云うべきことはない
たゞ　この映画は　年令的に見て高校程度以下の青少年にはかゝる主題が誤解をまねく恐れあり　なるべくならばそれらの年代の観客に対しては好ましくないと云いたいのである　これは新東宝の「夜の未亡人」とは異った立場で云うのであって　その点間違われないことが望ましい．たゞ共に観客制限希望といったような決定的なことは完成をまって決められるべきは勿論である
ところで部分的には以下の諸点について考慮を願った．
(1)　シーン7に出てくる「青酸加里」という台詞の言葉は在来はすべてより一般化して毒

薬或は薬と云う言葉に代えて貰っていたが　こゝでは日本の軍閥が戦時中の不合理な
（反人道的な）処置として　婦女子に青酸加里をくばったことをのべているので　こ
ゝではむしろ批判の対象としてこのまゝとしたい　たゞその次に（連合軍が上陸した
場合に備えて）とあるのを（いざという場合）になおしてもらうこと　（国家）　た
ゞ次の秋山の批判の言葉として出てくる（連合軍はそんな野蛮な連中じゃないよ）は
そのまゝにする

(2)　シーン21　秋山の教室での姦通論は　すでに右に述べたごとく訂正を乞う　このすぐ
あとについで　これをたゞ肯定していない表現として勉が立上って軽蔑しきったよ
うな格好で出て行くと云った描写で批判的に描かれていることに注目したい。

(3)　シーン79大野の台詞　「秋山が売る前に君が死にでもするより方法はないわ」とある
が　この言葉が一つの誘導の要因となって　ラストで道子は死ぬことになる故に　や
ゝ不穏当な印象があり　かゝる直接的な表現でなくより一般化したひとつの例として
話された方がこのましいと思われる　（法律）
よって大野が　（たとえばさ）とでもいって　このように話す（軽く）ような形に注
意して訂正してほしい　（後記参照）

(ム)　この映画のなかで一番懸念されるのは富子の行動であるが　これは　さいごの道子のうわごとや　遺書の手紙によって純潔をたゝえて批判されてあり　且つ秋山と道子の温泉行はたゞその車中描写のみにとゞめられたのは　脚色者の社会道徳的な配慮によるものと考えられ　まことにこのましいやり方とおもわれる　よって　その点はまず心配ないと思われる

脚色者は必ずしも割切れた解決をこの映画では与えていない　問題はそんな容易な解決がつき得るようなものではないからでもあろう

そして　シーン91の多摩墓地で勉が墓に詣うでているシーンにかぶせて　道子の手紙がその声でよまれてゆくが　こゝで　古い日本的なものでなく　よりあたらしくこの現代の上に立って　（あなたもあたしの代りに生きて下さるなら　そういう土台から出直して頂戴　そしてあたしたちのあの苦しい誓いが無駄でなかったこと（これは雨風のために村山貯水池附近のホテルで二人が一夜をすごし　ついに純潔であり得たことをさす）をあなたの仕事を通じてみんなに教えて頂戴――云々）とのべていることが　効果的な印象を与えうると思われる

（後　記）　この台詞は直接道子にむかって説得的にのべられるものでなく　何かのしぐ

6―10

さとしながらの台詞であり　はっとしておどろくところがこのあとに出てくるので　製作者側の申出どおり　演出に注意してもとのまゝにしてもらうこととなった

武蔵野夫人 自主改訂版	東宝

これは全体的な点ではすでに前回の審査においてのべたとおりであるが　部分的には以下の点になお注意をのぞんだ

(1) シーン3　宮地の台詞（明治の足軽政府の云々）の件は　あたかも原作P.7のそれにあたるものと思われるが

「この戦争に敗けりゃ　これで日本も公方さま以来のほんとの合理主義にもどるよ」は　原作の（大名会議案の進歩性）にあたるつもりであろうがシナリオの上では　か

く述べられてあると　封建主義的な政府を讃美するかの誤解をまねくとおもわれるので　なお注意してほしい（社会）

(2)　シーン10　大野の台詞のなかに（学徒出陣の勇士）とあるが　これは兵隊さんとでも代えてもらう（国家）

次の（玉砕って奴かな）は半ば冗談まじりに云われるものとして　批判的なニュアンスがあるものと解してこのまゝでもよいかとおもう

この映画の主題がすでに前にものべたごとく　年少な観客には理解十分にはゆきがたく従って　それがまたこのましからざる誤解を生みはしないかを恐れる　全体的にそうゆう懸念をされる主題であることを考慮されて　これは一般観客をも対象として演出に際しても注意をとくに願いたいこととおもう。

これについてはなお前回の審査結果をも参照されたい　この映画は前にも述べたごとく割り切れた解決を与えていないような脚色がなされていて　観客に批判をあづけるかたちになっていると思われる　よってこの主題に対する単純な批判の方法など　台詞や人物の行動の上になお望むことは却って逆効果を来しはしまいかを恐れるものである。それ故に完成映画をまたなければ決定しかねることもあるやに思われるのである。

新しい道
大映

原作 西沢 実
〃 長岡 昌
N・H・K連続放送劇より
脚本 八住利雄
演出 小石栄一

特飲街に絶望の生活を送る女性を救出する若き新聞記者の活躍を描く連続放送劇の映画化・

この企画は　人身売買を業とする輩への挑戦として　N・H・K放送番組で喝采を博しているものゝ映画化である　従ってこのシナリオは徹頭徹尾人身売買を痛烈に非難し　その撲滅をはかっている点　社会的には有意義な計画と考えられる　但し　人身売買に常識として売淫がつきまとうのは当然としても　その売淫を具体的に描写することは　観衆に猥褻感を与え　倫理規程の風俗及び性の条項に該当する場合が出てくると考えられる　従ってこの映画では人身売買の点のみを鋭く衝き　売淫に関する描写はすべて背景の様にかくすように希望したい　この意味からこのシナリオを観察して　次の如き希望意見を述べた

一　この映画のテーマを最初にタイトルに出してはどうか　（社会・法律）

二　特飲街の問題の店は　二階で売淫をなすのであるが　映画では売淫の場所である雰囲

気をすべてなくしてほしい
シーン21（P.B-2）〃夜は客を上げる部屋である〃の一行削除　（法律・性）
シーン23（P.B-4）お染〃お父う　わたいが毎晩この部屋でどんなことをしているのか知って
いるのかい
五助〃そんな事は知らねえだ〃
お染〃ふん　身体を張って働いた金で　わたいは　うまいものを　喰べたいんだよ……〃
以上の会話（特にアンダーラインの所）は心理暗示であるから　適当に改訂してほしい
（法律・性）
シーン27（P.S-7.8）男〃へゝ　空いてるかな　二階？〃
まゆみ〃うん〃
—男〃オーケーと来やがら　へゝ　行きましょうよあなた！〃
まゆみ〃（もの倦そうに見上げて）でも　すぐ帰るんだろう？〃
男〃そりゃ朝帰りなんかしたら女房が角を出すよ　はゝ　お直りお一人さあん〃（とま
ゆみの尻を押すようにして階段を上って行く）
以上は同じ意味で削除を希望　（法律　性）
シーン29（P.B-11）よし枝〃お客さんの意気投合するのは　わたしたちの自由な意志からなの〃

洋介〃あゝ　そうか〃
よし枝〃そういうことになってるの　ふゝ　解った？〃の傍線の所も同様の意味で削除
（法律・性）
シーン64（P.D-12）お染〃駄目じゃないか　わたいがつけてあげるよ　きれいになるんだよ
・今夜は花嫁さんじゃないか〃の傍線の所　削除希望　（法律・性）
シーン67－68の二場面は　二階へ客を上げて売淫する描写であるが　これは単に二階で食
事する程度の描写で切り上げてほしい　（法律・性）（二ヶ所）
シーン70（P.D-[illegible]）おせん〃お前に瞞されて　おら　もう嫁にも行けねえ身体になったゞ〃は
やゝ不穏当であるが　演出の仕方によれば淫猥ではないと考えられるので不問とする
シーン83（P.E-7）鉄公〃一晩俺達に拝領させてもらいてえ〃は　猥褻と考えられるので削除
を希望　（風俗・性）
三、特飲街につきものの暴力団の暴行で　残酷と思われる個所以下の如く演出注意を希望。
シーン48（P.C-4）信公が子供の腕をネジ上げる演技　（残酷）
シーン55（P.C-18）芝山がおせんをけとばすところ　（残酷）
シーン73（P.D-22）折かんを受けて　おせんのヒイ〳〵の悲鳴　（残酷）

二、芝山がおくにの遺骨を　おとよ（トシ坊の姉）だと云ってだますのは説[illegible]く　遺骨をトシ坊に持たせてやるのは　死者に対する礼として宗教上面白からぬと思われるので　トシ坊に遺骨を　無断で盗み出させることにしたい　したがって　P.C-11の〃あの厄介者を捌いちまおうじゃないか〃　P.C-13の〃お前はその箱を田舎へ持って帰って姉ちゃんを連れて来たと云ったらいゝんだ〃は削除されることとなる　（宗教）

五、児童福祉法では十八才以下の者を客の相手にさせないと書いてあるが　十五才以下である（P.A-9）（法律）

以上　六月二十八日　二十九日　七月四日の三回のディスカッションの結果　以上の妥結を得た。

「新しい道」より 肉体の街 「新しい道」の改題自主改訂版	大映

前稿「新しい道」は　人身売買の罪を衝く映画で　従ってこれが審査に当っては　人身

賣買に附随する売淫の描写はなるべくぼかすように訂正を希望したが　今度それの改訂版が新しい題名〃肉体の街〃として提出された

内容は前稿よりも売淫については希望通り描写をやわらげているが　題名が逆に売淫に近ずいて来たので　前回問題としなかった所も　改めて訂正を希望し　極力肉体的売買の描写を避けてもらうこととした　但し人身売買という以上　肉体的なものは必ずつきまとうのが実情であるから　全然それを消すということは不可能であるので　画面には描写はしないが多少の暗示は残るかも知れない　また　それは暗示された方が人道的にもよい効果があるかと考える

審査結果は次の通りである

一、最初に人身売買の不当、人権擁護を主題とするタイトルを一枚入れること　（社会・法律）

二　シーン8　〃……何處かの無邪気な田舎娘が汚されふみにじられるものを……〃のうち「汚された」を削除　（性）

三　シーン15　〃いゝや正真正銘の初物揃いの値打ちをみてもらいやしよう〃の一行を削除又は他の穏当な台詞に変更　（法律・性）

四、シーン25　最初の一行――客がまゆみと交渉する個所――は台詞よりもその

演技の効果によって心配があるので　肉体の売買の印象を与えないよう演出注意されたい　（法律・性）

五　シーン25　同じ場面の最後の料理場〃毎晩お客を帰したんじゃ……〃云々は　客を泊めると云う暗示があるので削除を希望　（法律・性）

六、シーン27　〃だってこの辺の女は安いんだもの　ふゝ〃　は削除　（法律・性）

七、シーン60　〃俺が一番　思いきりよくさせてやろうじゃねえか　えゝ　おとよ〃（男のセリフ）は削除　（性）

八、シーン62の後半及びシーン63　おせんが客を連れて二階へ上る所　演出注意　煽情的でないよう希望　（法律、性、風俗）

九、シーン68　〃濡れ手拭を使いやあ……〃は拷問の方法を指示し　危険であるから削除　（残酷）

一〇、シーン70　「ひどい折かんのあと、　見るも無惨な姿……！」と云う描写は残酷の感じを少くしてほしい　（残酷）

一一、シーン81　〃今夜は二階へ上って頂こうと思ったがね　立川の旦那がお客様だとよ〃は削除　又は　かゝる直接的な表現でなくしてもらうよう希望　（法律・性）

一二、シーン88の前半　〃お前は客をとって呉れるな〃と云う言葉と〃奇麗だつたらよう〃と云う台詞があつて　この場面の印象が肉欲的になる恐れがあるので　演出を注意されたい（風俗・性）

一三、シーン110　「道子は己に立川に自由を奪われて、最後の抵抗を試みている――」と云う表現は淫猥感を醸さないよう演出を注意されたい　（風俗・性）

一四、シーン113　格斗の場面で血が白服にしみこんでゆくところの描写　注意　（残酷）

尚、トンコ節の歌詞は注意されたい

母を慕いて
松竹

製作　石田清吉
企画　福島通人
原作　阿木翁助
脚本　池田中村
演出　斉藤寅次郎

歌の上手な少女をめぐる生みの母、育ての母、義理の母の愛情を描くメロドラマ。

希望事項なし

右門捕物帖
帯とけ佛法

新東宝

製作　竹中美弘
原作　佐々木味津三
構成　山中貞雄
脚本　三村伸太郎
演出　安田公義

神聖な寺院を装う盗賊団の巣窟を暴く「むっつり右門」の活躍物語
立廻りは過度にわたらぬよう希望した（社会）

月よりの母

新東宝

製作　青柳信雄
原作　中田晴康
脚本　中田晴康
〃　八木隆一郎
演出　阿部豊

実子に裏切られて　帰らざる義理の息子に一縷の希望を抱きつゝ苦難の道を辿る母の半生を描く

シーン14・19・20・21の戦争当時の新聞記事及び空襲の描写などは　不必要に過度な感じを避け　出来るだけ印象的でないものにして戴くことを希望した（国家）

天狗の安

東映

製作　長橋忍恵
企画　西原孝
〃　古市良三
原作　子母沢寛
脚本　比佐芳武
監督　松田定次

堅気にかえろうとするやくざ者の恋愛をめぐって正邪の葛藤を描く時代劇

最初提出されたシノプシスは　一応批判的なとりあげ方をしようとする意図はみえているが、やくざ者の生態が如実に出るものと考えられるので　なるべくならば　この企画をとりやめてほしい旨をつたえたが　製作者側は、あくまで倫理規程の精神にそつて製作するからと　さらにシノプシスを改訂して出された

しかしこの再度出されたシノプシスは　前のものとさして変らず　これでは当方の希望にそいえない旨をつたえたが　すでに脚本は別に完成されつゝあることを聞くにおよび、

もしあくまでこの製作企画を放棄されないなら　脚本においてともかく検討してみたい由をつたえた　かくして提出された第一稿本は、やはり当方の想像したとおり　一応やくざに批判を加えたかにはなっているが　それが真に全体にいかされておらず　これではやくざ者の言動が魅力的に描写されているものと残念ながら云わざるをえないので　全面的に改訂されないかぎり　この企画はこのましくない旨をつたえた。

ところで　それ以后　月を越して数回の接渉をかさね　京都より製作責任者あるいは同脚色者らが上京し、七月九日　ともかく脚本審査は　ひとつの条件のもとに終了した。

すなわち、主人物である天狗の安を在来の型どおりのやくざ者として表現されるかぎりこの脚本のもってゆきようでは　やくざの色々な生態が魅力的に表われざるをえないであろうから　そうでなく描いてほしい。幸いにも製作者側に安という人物をヒヨウキンな人間にしたいとの意向があるようにきいたので　もしこのような人物として全体をとおして表現されるならば　そういう人物の設定によって全面的に批判的たりうるであろうと考えられる　よってかゝる人物の描きかたをひとつの条件として　なお全体にわたってかゝるやくざの生態の出るところを　演出上充分注意して描写されたい旨をのぞんだ

部分的には大体以下の点を訂正あるいは注意をしてもらうことにした

一、（第二回改訂本による）

シーン１　安太郎の台詞のなかの〃渡世の義理でやむにやまれず〃をやめてもらうこと

これは〃ただしぬけながら〃と訂正　（社会）

二、シーン1　安太郎の台詞〃やくざ稼業の親分乾分の間柄には是非善悪の筋目はございません云々〃のところを訂正　（社会）

三、シーン1　安太郎が惣兵衛を襲うシーンは　讃美的にみえるので訂正をのぞんだ（社会）

四、シーン11　〃親分をたゝっきって草鞋をはいた〃を訂正　（社会）

五、シーン13　〃渡世の義理にまで及ぼすことたあねえ〃を訂正　（社会）

六、シーン18　安太郎　三之助との台詞のやりとり　やくざ者的なとくに魅力的な台詞をやめてほしい　（社会）

七、シーン58　平原の台詞のなかの〃かよう土足据どりまして失礼さんでござんすが〃をとること　（社会）

八、シーン68　安太郎の台詞〃盗業渡世の縁につながり義理仁義の〃をやめてほしい（社会）　また〃男と男だ　解っておくんなさるね〃も同様　（社会）

九、シーン74　惣吉の台詞〃そんな詮議ア後にして――――〃（急にはげしい殺気をおぼえて）

a—23

てめえ達の命ァこの俺が預った　すぐ殴り込みの仕度をしろい〃は訂正を求める（社会）

一〇．シーン83の終り　安太郎の台詞のなか〃代りには世のため人のため……われに越したことのないおまえさん方のその命頂戴する仕儀となるかもしれない〃と訂正（社会）

以上の個所以外にも　いわゆるやくざ者特有の魅力的な台詞は随所にわたって手を入れてもらい　出来る限りの手はつくしたつもりである

なお以上の諸項は次の如く訂正された

シーン1　安太郎「そいつあ申上げたかァござんせん　ですが……だしぬけながら親分さんに折入ってのお願え……」

シーン1　安太郎「そのへんのところはお察しに任せますでござんすが　そちらさんもよく御承知のように　てまえ共の稼業には　掟というものがござんして、身勝手は許されません　上（うえ）さんがこうしろと仰有りゃア一も二もなくその御言葉に従うのがあっし共の役目でございます」

シーン13．安太郎「縁あってあっしと近ずきになったからって　なにもそのためにお前

a—24

さんの心を縛るこたあねえ。好きなようにしなさるがいゝよ」
シーン74　惣吉「そんなこたアどうだっていゝ（急に激しい憤りを湛えて）俺ァこれから
陣屋の三之助へ御挨拶に行く　一緒に来てえやっアすぐに仕度をしろい！」
シーン83　安太郎「いや　そうですかい　おめえさんすが寄ってたかってどうでも俺を堅
気にしねえとありやア無理にたあ申しません　お絹さんのため女房のため　勝手に
俺が逃げ出す算段をつけるまでのことだが　代りにやおめえさん方も少々痛い目に
あうかもしれねえぜ　いゝかい？」
シーン64　惣吉「誰にもそうもっともらしいごたくを並べねえでも　てめえたちが身の始
末をつけるときやアすぐそこへ来てるんだ」
シーン64　惣吉「いづれはなんとか話のケリをつけなくちやアなるめえが　もしドヂを踏
んでかんじんの安をずらかしたとあっちやア　父っあんは浮かばれめえ。だから俺
アその前に是が非でも安を仕留めるつもりでいるが……野郎は今日も　筑土明神
境内の高市へ出張っているんだな？」
訂正は以上の如くであるが　尚　最初に云った如く　この演出は、天狗の安を型どおり
のきまったやくざ者としてではなく　ひょうきんな男にして　それによってヒウマンな面

a―25

が出ることによって　ひとつの批判性を与え　かつお蝶とお静との愛情面を強く出すことによって（これは改訂第二稿ですでに改変されたが）もまたやくざ者映画の陥る弊を救わんと方向ずけられた　なおしかし　かゝる心配のあるものである故　完成映画にまたねばならない点も少くないと思われるので　それはその時にゆずりたい．

後記　なお製作者は、シナリオ面にはひとこともものべられていない天狗の安の背の刺青を（宣傳スチールによって判明）考えているらしいが　これは従来どおりのあつかいにしたがい　決して誇示的であってはこまる旨をつたえ　これが脚本ディスカッションの際に明示されていなかった故　完成映画においていかなる希望をのべてもそれは当方の責任ではないことを明かにしておきたいと思う．

牝犬	大映

脚本　成沢昌茂
〃　木村恵吾
演出　木村恵吾

奔放な踊り子と実直な保険会社員の情痴の悲劇

提出された最初の脚本は、部分的な問題よりも、この映画の全体にわたるものと考えられ、製作者側にまず以下のごとき意向を伝えた　すなわち　この映画はまず製作意図としてのべられているものが必ずしも完全に出ているものとは考えられない

（製作意図　根は善良ながら道徳観念の乏しい女が　謹厳実直な中年紳士の平和な人生を崩潰させ自分も亦真の愛情を求め得ずして滅びてゆく姿を描いく世の人々が幸福を守り続け健全な社会を築いてゆくための参考に供したい）

もしかりに製作意図なるものが単なる名目にしか過ぎないものであるならばであるが、それは別としても　この映画のごとく　全篇にわたって頽廃的な耽美と煽情的な情痴とを描いていさゝか批判性にかけることの多いのは、一般観客に与える印象と影響の好ましからざるものと言わなければならない。単に部分的にどの個所をどう改訂するかといったようなディテールの問題ではない　よってこの脚本は倫理規程の精神にしたがって根本的に改訂されることがのぞましいと思われる　（風俗、教育）

以上六月十五日製作者側に伝え承認をえた。ついで七月九日、以上の希望にしたがって改訂されたものが提出された。

第一回本にはかけていた批判性を考慮し　ともかく一、二の人物の性格を変えたり　挿話を改変することによって目的に近ずけようと努力されたおもむきがある　たゞしかしやは、

り全体的にはなお頽廃と耽美の描写は各部に散見されるが　これも過度に刺戟的な印象を与えないよう演出の注意をのぞむことにした　ところで部分的にはまず以下のごとき点を考慮してもらうことにした。

一、シーン4　妻が病身のためもう二十年　夫の堀江は「おかげで男やもめになってからいよ／＼健康になりました」と妻に語るところがあるが　こゝで堀江は半裸であり　そのあと、妻は「お父さんの脈をみているど　なんだか……わたしめまいがいたします」と語るところがあり　間接的に夫婦の性生活のニュアンスもあるので　やゝ心配であるが　これはこの映画故に夫という條件においてとくに心配するのだが　完成映画において決定したいと約束した

二、シーン9　美人座楽屋エミーの部屋　後半エミーが衣裳をひとつづつぬいでゆき（堀江がそこにいるにもかゝわらず）ついにブラジアの止めがはずれなくて　これをはずしてくれと「半裸に近い上体をぬっと堀江の前にもってくる」迄にいたる描写は　わるくとればストリップショウまがいとも見られなくはないが　ともかく演出上注意をしてほしい　（風俗）

三、シーン15　待合おかめの二階　その次の間三畳は蒲団がすでにしかれてあり　その前からのエミーの意識的なコケテイッシュのしぐさがつゞけられてこゝに至り　堀江を悩

殺しようとするところ　こゝは布団はない方がこのましいし（性）かつこの描写の終りの部分「堀江がよせッと身を引く時　それより早くけものゝようにエミーの体が反転して堀江の上におそいかゝる」とあるこの描写よりあと（倒れた襖のほの暗闇で　しばらく声のない斗争が続いたが　それから後は静かになり　簾越しにホット涼しいあまり風が吹きこんで　六区の方から眠たげな卑俗な歌をはこんできた。カチッとスイッチを切る音がする　露路向うの屋根の物干にも　何かうごめく男女の影……毒々しいネオンの色が明滅して、この浅草の露路裏に　むし暑い夏の夜がふけてゆく）は　明らかに性行為の間接描写であり　このましくないし　かつ　このエミーと堀江との情痴的なあらそいのカットの終らせ方にも　特に注意してほしいと思われる　（性）

四、シーン53　酒場ブラックの二階　堀江のエミーに対する口説（くどき）の描写も過度に刺戟的でないように　またこの口説の高潮してきたラスト「汽車がくる　窓外を轟々として汽車がくる　煤煙が部屋の中へ行ってくる」とあるのは　性行為の間接的描写を意味しないように　演出上注意してほしい（性）　これと同じ型の描写はシーン46の終りの部分と改構　シーン53の終りの部分に　やはり情痴的な高揚とこの汽車がくりかえされてあるが　いずれも上記と同様の注意があってほしい　（性）（二ヶ所）

五、シーン46　ブラックのエミーの部屋　こゝでも矢張り堀江とエミーの情痴的な口説の

a—27

描写だが　こゝでも布団があることになっているのは　このましくない（性）．また
エミーに堀江が云う台詞に　タオルをわたして「前略――さ．これで　これでその唇
（くち）を拭いてくれ（がばと抱きつき）この唇を拭いてくれ」とある部分　これはエ
ミーが　その前に白川に無理にキッスしてきているので　かく云うのであるが　これは
このましくないと思う（風俗）
こゝは何らかの演出上の処置をのぞみたい
このシーンの終りの方で　エミーの台詞のなかに「うそだ　パパ（堀江のこと）はエミ
ーの体が好きなんだ　この体だけが好きなんだ」とあるが　これは堀江に対する詰問反
語とれるので　この体と云う語はこのまゝにしておく　このカットの終りの部分は．
すでに記したごとく（CF四）である．
六．シーン50　酒場ブラックの雨の夜の表　水着サービスで客を期待したが　こないので
のき下で二人の女給が客引きするところ　これは別に違法でもないし　また特殊喫茶で
もないのでこのまゝにした．
七．シーン53　同上エミーの部屋　こゝは堀江が犬のまねをする情痴シーンであるが　演
出注意をねがいたい（風俗）　このシーンの終りは前同称（CF四）注意のこと
八．シーン64　ブラック（夜）　五郎の台詞のなかの（脱獄までして来た）をとってもら

つた（法律）

九、シーン69　ブラック（夜）のショウ及び「客達の野卑な野次　口笛がとぶ」とある描写は、適度にせられたい（風俗）　このショウは従来の慣例にしたがって　描写はストリップショウでないこと（風俗）　これはそのあとの女給の会話に依って暗示されるがごときものを直接描かないことを　のぞむ　これはシーン71の踊りにつゞくものでありこれは同様注意されたい

十、シーン70　ブラックの裏口　望月の台詞のなかの「サツの眼が」とある「サツ」はやめてほしい（教育）

十一、シーン71　娘由起子が父堀江に云う台詞のなかに「何故死なゝかつたのよ」は少し不穏当すぎるのでやめてほしい（法律）

十二、シーン82　突堤の部分（これはラスト）「夜の波よせる突堤を堀江が海に向つて歩いてゆく」とあるが　これは自殺を暗示し　この全篇の頽廃　耽美の精神をこの堀江という人物において美化する印象を与えかねない不安がある　こゝは何らかの配慮をねがいたい（風俗）

なお　この改訂稿でも情痴的、頽廃的な程度の印象は各所に散見せられることはすでに

以上指摘したごとくであり、たとえこの改編にあたって　堀江の行動　エミ一の無智に対して　それぞれ批判的な人物を配慮して、設定されたか、これは矢張りシナリオのみ（すなわち文面よりの想像）では完全を期しがたいと云わざるをえない　よって完成映画においてなお当方の希望をのべるやも知れざることを製作者においてあらかじめ予期されたいと思う・念のために附言しておく

追記　この映画はこのシナリオからすでに想像されるごとく　情痴の悲劇を描くものであり、その生態が描写される以上　年少の観客に対しては　このましくない作品となる恐れがあるので、上映に際して何らかの配慮を考えてもらはねばならないかも知れない。それは、脚本から想像されることであって　あるいはかゝる点を考慮して演出されるならまた問題は別である。決定は完成をまってきめたいと思う。

a—32

三太物語

東興映画

原作　青木　茂
〃　筒井　敬介
脚本　山本嘉次郎
演出　丸山　誠治

少年三太の健康な行動を中心に村の生活のエピソードを綴る連続ラジオドラマの映画化

少年達が愛馬行進曲の節にて合唱するとある箇所　愛馬行進曲は戦時中の軍歌に類するものであるから　その類のものでない曲に合唱するよう改訂を希望した（国家）

大雪渓（「山は誑し」の改題）

東宝

製作　田中　友幸
脚本演出　谷口　千吉

二人の登山家を描く山岳映画

(1)シーン18　登山シーンで余四郎ピトンにぶらさがつてクルリと尻をまくるとある件

これは画面外にして欲しい（醜汚）

(二)シーン37の末行の台詞（これは冗談に云つているものとは思うが）「だつてお兄さんいなくなつてみりや　あたし御養子とるんでしよ　小島さん（悪人）一人っ児ですもの」は旧憲法そのままで余りに無雑作すぎる　せめて　それをうけての貞三（父）の台詞に何かとがめだてでも欲しい（法律）

ブンガワン・ソロ

新東宝
佐藤プロ

製作　佐藤一郎
原作　金貝省三
脚本　和田夏十
〃　市川崑
演出　市川崑

終戦時の戦線を舞台に日本兵と現地の娘の悲恋を描く

このシノプシスは　外国人が副主人物となつて劇に加わり　かつ外地の戦時中がその背景となるものである故　関係当局の一応の見解を参照し　ともかく外国尊重を旨として脚色されることを注意し　かつインドネシヤミッションの承認をとられたい旨を望んだ
脚色に於いては　全体としてここに出てくる外地インドネシヤ人は　たとえ劇の主要人物

以外の背景として出る人々に於いても　その扮装　演技に十分注意を拂い　かりそめにも
戰時中の現地民輕視の現われなどいささかもあってはならないことを特に注意を乞う（国
家）
部分的には以下の点に注意改訂を望んだ
(1)シーン26末行　深見と云う兵隊の台詞の（前略…どう云うことで我々がこんな苦労し
ているか考えてみろ）と同僚をせめる件　これは眞意は別なのだそうだが　戰時中の渡
国粋神的描写にとられる恐れある故　辛い製作者も訂正の意あり　代えられることにな
った（国家）
(2)シーン33の末行部　頭上を通過する編隊（連合軍側）の機影はみせず　音のみにするこ
と　尚それに続く深見と武の台詞四行はとり止めること
深見「（見上げて）てきさんか」
武「（見上げて）御苦労さんなこった」
深見「又随分死ぬんだろうな」
武「かなわねえよ　どっちにしたってあいつら栄養がいいからな」　（国家）

6—3

天使が夢を見る
松竹

製作　山口松三郎
原作　藤沢桓夫
脚本　伏見晁
演出　川島雄三

会社の野球部員と社長の娘とをめぐる明朗なラブ・ロマンス

希望事項なし

南風
松竹

製作　山口松三郎
原作　富田常雄
脚本　沢村勉
演出　岩間鶴夫

柔道六段の学生と女流レコード歌手とをめぐる恋愛メロドラマ

希望事項なし

三太腕白物語	民芸 モーション・タイムズ

製作　吉田美彦
原作　青木茂
脚本　大黒東洋士
演出　鈴木英夫

少年三太の健康な行動を中心に村の生活のエピソードを綴る

希望事項なし

炎の肌	大映

原作　阿部知二
脚本　八住利雄
演出　久松静児

本篇は「審査報告」（第十八号）所載の同社同題名のものとは別の内容のものである

美貌のバレリーナを中心に　混乱の時代に生きる人々の葛藤を描くメロドラマ

(1)シーン31 「さアらばラバウルよ 又来る日までしと歌うところ 流行歌ではあるが戦時中のものであるから 軍歌に類するものと考えられる その類の歌を除いたものにして貰いたいと希望した（国家）

(2)シーン37 学生が競輪について語っているところ 学生は車券を買えないことになっていることを補足して欲しいと希望した それがないと学生が競輪場で大穴をあて、たりすることが正当である感じになってしまうからである（法律）

東京アベック地図

日本芸術映画社

企画 松田芬美
製作 中山被三
脚本 廊原周一
演出 三木鶏郎

歌謡曲中心の音楽短篇映画

(1)シーン14 「路上しでの自転車の相乗りとなっているが「外苑プロムナード」ならよいが 車両往来の路上は違法であるから 郊外などの路に止められたい（法律）

c—6

(2)シーン22　トンコ節が歌われることになっているが　歌詞を提出されたい　この歌詞の中には　好ましからざるもののある故である

(3)舞踊シーンが一二あるが　裸体もしくはそれに類したものでないようにせられたい（風俗）

わが一高時代の犯罪
東映

企画　岡田寿之
〃　岡田茂
原作　高木彬光
脚本　高岩肇
〃　西亀元貞
演出　関川秀雄

軍国時代の波に苦悩する一高生活の中に起った純真な若人の悲劇を描く

シーン10ドイツ語の先生の名（本人は画面に出ない）のユンケルは実在の人あり　変更を希望（社会）

6—7

（尚シーン28　コンゲルの出る場面六行は自発的に削除される旨あり）中出

シーン24の出征風景は過度に軍国調を出さぬこと（国家）

シーン25の酔払いの歌の軍歌は変更を希望（国家）

シーン64の軍歌のレコードも変更を希望（国家）

シーン75――85の憲兵隊に於ける拷問はその方法を示したり過度の残酷さを表現しないように間接的に表現されたい（残酷）

尚中国の留学生の登場する場面がある（俳優は日本人）がそれについては中国ミッションの諒解を得られたい旨希望した

6―3

わが海は碧なりき
松竹

製作　中野泰介
原作　林房雄
脚本　斉藤良輔
〃　中村定郎
演出　原研吉

若い画描きと美しい女秘書をめぐる恋愛喜劇

希望事項なし

（仮題）
真夏の夜の夢

新東宝

製作　小川吉衛
〃　高木次郎
脚本
演出　木村恵吾

6—9

華やかな流行歌手を妻に持った男の悲哀と秘められた愛情の夢を描く

希望事項なし

審査集計

規程條項	関係脚本題名及希望個所数		集計
1 国家及社会	「なやまし旅日記」	3	32
	「武蔵野夫人」	3	
	「武蔵野夫人」（自主改訂版）	2	
	「新しい道」	1	
	「肉体の街」	1	
	「帯とけ佛法」	1	
	「月よりの母」	1	
	「天狗の安」	11	
	「三太物語」	1	
	「ブンガワンソロ」	3	

c—1

番号	分類	作品	件数	計
		「炎の肌」	1	
		「わが一高時代の犯罪」	4	
2	法律	「武蔵野夫人」	1	21
		「新しい道」	8	
		「肉体の街」	7	
		「[redacted]北犬」	2	
		「大雪渓」	1	
		「炎の肌」	1	
		「東京アベック地図」	1	
3	宗教	「新しい道」	1	1
4	教育	「武蔵野夫人」	2	4
		「[redacted]北犬」	2	

◉希望事項総数……一〇三

5	風俗	「新しい道」	1	12
		「肉体の街」	3	
		「北犬」	7	
		「東京アベック地図」	1	
6	性	「新しい道」	8	24
		「肉体の街」	10	
		「北犬」	6	
7	残酷醜汚	「新しい道」	3	8
		「肉体の街」	3	
		「大雪渓」	1	
		「わが一高時代の犯罪」	1	

c——3

審査映画一覧

審査番号	題名	社名	巻数	呎数	備考
四五四	鞍馬天狗 角兵衛獅子	松竹	十巻	八、一五七呎	
四七三	若い季節	松竹	十一巻	九、二五三呎	
四五六	憧れのホームラン王	松竹	三巻	二、五九九呎	
四九四	母を慕いて	松竹	八巻	七、五八〇呎	
四七六	離婚結婚	松竹	十巻	七、七八一呎	
四五一	海賊船	東宝	十二巻	一〇、二五九呎	
四四九	せきれいの曲	東宝	十一巻	八、九五六呎	
四四五	青い真珠	東宝	九巻	八、七〇〇呎	
四四六	花ある怒濤	大映	八巻	六、六四五呎	
四五五	名月走馬燈	大映	九巻	七、八二一呎	

四六七	霧の夜の恐怖	大映	九巻	七、三三九呎	
四八五	歌う野球小僧	大映	十巻	七、七八九呎	
四七五	水戸黄門漫遊記 飛龍の剣	大映	十巻	八、一三〇呎	
二三七	有頂天時代	新東宝 綜芸プロ	九巻	七、五三二呎	
四八四	黄門と弥次喜多 からす組異変	新東宝 宝プロ	九巻	七、四八〇呎	
四六一	夜の未亡人	新東宝	十一巻	九、四五七呎	
四八〇	お馴染み判官 あばれ神輿	東映	八巻	六、九七五呎	
四八一	花の進軍	東映	五巻	三、九八三呎	
四九〇	銀次郎旅日記	東映	四巻	三、四二〇呎	
四七四	吾子と唄わん	東映	八巻	七、八八八呎	
四五四―T	松竹製作ニュース 第五七号	松竹			鞍馬天狗 角兵衛獅子
四七三―T	松竹製作ニュース 第五八号	松竹			若い季節

— 5

四四九－T	東宝スクリーン・ニュース NO.6	東宝			せきれいの曲
四四二－T	東宝スクリーン・ニュース NO.7	東宝			青い真珠
四五五－T	大映ニュース 第一五〇号	大映			名月走馬燈
四六七－T	大映ニュース 第一五一号	大映			霧の夜の恐怖・歌う野球小僧（特報）
八五－T	大映ニュース 第一五二号	大映			歌う野球小僧
四七五－T	大映ニュース 第一五三号	大映			水戸黄門漫遊記 飛龍の剣
四七九－T	大映ニュース 第一五四号	大映			北犬
四八四－T	黄門と弥次㐂多 からす組異変	新東宝 宝プロ			
四六一－T	夜の未亡人	新東宝			
四六八－T	戦後派お化け大会	新東宝 藤本プロ			
E－一八二	新しき日本 大阪篇	毎日新聞社	四巻	三、六〇九呎	
E－一二五	新しき日本 滋賀縣篇	〃	二巻	一、六六二呎	

E－二三〇	中尊寺	日映	二巻 一、八八三呎	朝日新聞文化事業団製作
E－二四三	村に来た医者	〃	二巻 一、七四八呎	全國国民健康保健団体中央会企画
E－二四六	第十八回日本ダービー	〃	一巻 四四九呎	
E－二四七	N・H・Kアルバム第一集	〃	一巻 八四〇呎	
E－二四九	伝統に輝く新しいデパート	松竹	一巻 一五〇呎	
E－二五〇	いつの日か祖國に還る	読売映画社	一巻 六四〇呎	全国奄美連合会企画
E－二五一	ムービー・アドNo9 吾輩は赤ん坊である	電通	一巻 二〇〇呎	広告映画
E－二五五	顔面整形の知識	西原プロ	二巻 一六七七呎	
E－二五九	伸びゆく近畿大学	三幸映画社	三巻 二、五〇〇呎	
E－二六〇	神戸銀行 岡崎頭取欧米視察記念映画	東映	一巻 六三六呎	
E－二六二	ムービー・アドNo10 トヨタトラック	電通	一巻 二〇〇呎	広告映画
E－二六六	スポーツ・ダイジェストNo11 世紀の栄冠	プレミア	二巻 一、八六四呎	

N-一〇七	日本スポーツ第一〇七号	日映		
N-一〇八	〃第一〇八号	〃		
N-一〇九	〃第一〇九号	〃		
N-一一〇	〃第一一〇号	〃		
P-一六三	〃第一六三号	プレミア		
P-一六四	〃第一六四号	〃		
P-一六五	〃第一六五号	〃		
P-一六六	〃第一六六号	〃		
S-七一	江戸の龍虎	日活	八巻 六、一二一呎	製作 昭和十七年二月 CCD番号 A一、六八三 脚本 東栖重兵衛 演出 丸根賛太郎
S-七〇	江戸の春遠山桜	日活	九巻 七四〇四呎	製作 昭和十年十二月 CCD番号 A一、六六三 原作・脚本 梶原金八 演出 荒井良平

S－七二	戦国時代	日活	九巻 七、〇三九呎	製作 昭和十二年七月 CCD番号 A二、三六九 製作 協同映画製作所 演出 松田定次
S－七三	鴛鴦道中	日活	七巻 五、一一五呎	製作 昭和十三年三月 CCD番号 A一、六八七 原作脚本 比佐芳武 演出 マキノ正博

C－9

映画審査概要

○ 鞍馬天狗 角兵衛獅子　　松竹

立廻りのシーン過剰のため（14呎）削除を希望し実行された

○ 水戸黄門漫遊記 飛龍の剣　　大映

完成映画には　脚本になかった「天下の副将軍」と云う台詞が二三ケ所出てきたが　これは新東宝の黄門映画の時止めて貰ったものであり　当然ここでも脚本の場合にあれば削って貰っていたであろうものであるが　この映画の場合　この言葉の含む封建制肯定の印象がそれほど如実にもなく　よって製作者側の手落ちによってかゝる事態が出来たことに警告をしたにとゞめた

○ 有頂天時代　　新東宝 綜芸プロ

万才の台詞の中
宮田洋々「私が処女でなくなったこと……」は好ましい台詞ではないが　男同志の万才である点　別に猥褻とも感ぜられないのでそのまゝとしたが　好ましくないと云う意志だ

けは製作者側に伝え　今後此の種の表現に注意を希望した

○　黄門と弥次喜多　新東宝
　　からす組異変　宝プロ

劇中で唄われる歌謡曲　浪曲等　完成映画まで未提出であった　この映画に使われたもののうち　好ましいとは云いかねるかの懸念がないでもないものがあったが　ここではまず問題とするまでもないものとして　今后かゝることのないよう特に注意して貰うことを製作者に望んだ

○　夜の未亡人　新東宝

柳子が寝ている関の傍で足袋をぬぐ件　煽情的な印象を伴うので　先手が足袋にふれるところまでゞ止めて貰うことにした（18呎）
尚　内審で数回に亘って情痴的なシーンを検討し　希望をのべて整理して貰ったたゞ加音子と脩場との待合ひさごの別室での描写に関しては　今后の注意を望み警告することにした
なお　この映画はこれを年少の観客に観覧せしめることは好ましくないものと判定し　上映に当って適当な処置をなされたいと希望した

○吾子と唄わん　　東映

ベットに於ける男女の脚のアップ（3呎）削除を希望し実行された

○松竹製作ニュース第五七号（鞍馬天狗 角兵衛獅子）　松竹

血しぶきが障子にかゝるカット（1呎）削除を希望し実行された

○江戸の龍虎　日活

昭和十七年製作の作品であるため　戦時色のなお残っている印象の部分を次の如く削除と希望し実行された

「オロシヤ」「国を思う大きな心」「忠義」（二ケ所）「兄弟カキにせめぐ」という言葉（計6呎）

○戦國時代　日活

これは旧版だが　戦后つけられた三枚の紹介タイトルを自主的に製作者側の都合で取り除かれた　なお篇中蓮如上人がお菊に云う台詞の中に（戦場近くである）「このように人と

人とが殺し合う世の中」とあるのを除いて貰った（12呎）
内容はいわゆる日本の戦国時代　百姓達庶民の苦しみを描いたものである　戦前の作品である

○鴛鴦道中　日活

ラストの殺陣が過度にすぎるので　敵役を斬るところまでにして貰った（51呎）ここはすべてに亘ってCCDに於いて　その前半部が除かれているらしい

C―13

宣伝広告審査概要

文案

○ 肉体の街　「新しい道」より　大映

宣伝文案「赤いネオンのかげで涙かくして媚を売る人肉市場」中の「人肉市場」は挑発的であるので使用中止方を希望した

スチール

○ 海賊船　東宝

スチール番号62船員が半裸の女を押えこんで暴行を働かんとするシーンは挑発的印象を与える虞れがあるので使用中止方を希望した

○ 名月走馬燈　大映

水戸光子が侍に押えこまれているシーンのスチールには風俗上挑発的印象を与える虞れがあるので使用中止方を希望した

木曽路の決斗
○ 夏祭り三度笠　　　松竹

中乗り新三（島田正吾扮）が斬戟シーンで相手を斬る所（スチール番号26）は　残酷の感を与える虞れがあるので使用中止方を希望した

○ 牝犬　　　大映

スチール番号18エミー（京マチ子）が堀江（志村喬）と横臥して抱擁するシーン（姿態上下）は風俗上挑発的感じが強いので　使用中止方を希望した

各社封切一覧

封切日	審査番号	題名	製作会社	備考
松竹				
六月二十九日	四五七	母恋草	松竹	
七月六日	四六〇	東京のお嬢さん	松竹	
七月十三日	四五四	鞍馬天狗 角兵衛獅子	松竹	
七月二十日	四七三	若い季節	松竹	
七月二十七日	四九四	母を慕いて	松竹	
東宝 東映				
六月二十九日	三四一	運命	東宝 ブレイクストンプロ	
七月六日	四八〇	お馴染み判官 あばれ神輿	東映	
七月十三日	四五一	海賊船	東宝	

七月二十日	四四九	せきれいの曲	東宝
七月二十七日	四七四	吾子と唄わん	東映
	四八一	花の進軍	東映

大映

六月二十九日	四四一	七つの星座	大映
七月六日	四四六	花ある怒涛	大映
七月十一日	四五五	名月走馬燈	大映
七月二十日	四六七	霧の夜の恐怖	大映
七月二十七日	四八五	歌う野球小僧	大映

新東宝

六月二十九日	四五八	無宿猫	新東宝 望月プロ
七月六日	二三七	有頂天時代	新東宝 綜芸プロ
七月十三日	四八四	黄門と弥次喜多 からす組異変	新東宝 宝プロ
七月二十日	S—一九	（新版）柳生月影抄	日活

七月二十七日	四六一	夜の未亡人	新東宝 滝村プロ	
七月　四日	三八一	どっこい生きてる	新星映画	

c—18

審査記録（13号―24号）

索引

◎松竹

題名	号	頁	改訂版 号	改訂版 頁	映画宣伝 号	映画宣伝 頁	映画宣伝 号	映画宣伝 頁
大学の虎	13	a-5						
長崎の鐘	13	a-20			16	b-11		
奥様に御用心	14	a-5	17	a-10			18	b-13
悲恋華	14	a-6						
女性三重奏	14	a-7						
風雲金比羅山	14	a-14						
薔薇合戦	14	b-4						
東京キッド	14	b-6						
吾子と唄わん	14	b-10						
白夜行路	14	b-11						
カルメン故郷に帰る	15	a-4						
黒い花	15	a-3			17	b-9		
虎の牙	15	a-6			23	c-12	23	c-19
花のおもかげ	15	a-9						
エデンの海	15	a-9						
お嬢さん罷り通る	15	a-14						
鮮血の手型	16	a-4						
帰郷	16	a-9			18	b-11		

a — 1

白痴	愛情の旋風	善魔	乾杯若旦那	ザクザク娘	地獄の血闘	情熱のルムバ	おぼろ駕籠	女の水鏡	女優と名探偵	ひばり捕物帖 とんぼ返り道中	東京新撰組	三つの結婚
19	19	19	19	19	18	18	18	17	17	17	16	16
a-16	a-15	a-14	a-8	a-8	a-18	a-10	a-9	a-19	a-17	a-17	a-14	a-10
					20		19		18			
					c-14		b-9		b-12			
	20						19					
	c-20						b-10					

天明太郎	花吹雪大江戸五人男	初恋トンコ娘	少年期	男の哀愁	自由学校	感情旅行	海を渡る千万長者	怪塔伝	又恋し	我が家は楽し	美しい暦	愛の山脈
22	22	21	21	21	21	20	20	20	20	20	19	19
a-9	a-6	b-12	a-14	a-11	a-6	b-21	b-9	b-7	a-16	a-15	a-18	a-17
		22			22			21				
		c-12			c-11			c-10				

d—2

題名	号	頁	改訂版 号	改訂版 頁	映画直伝 号	映画直伝 頁	号	頁
獣の宿	22	a-14			23	c-12		
泣きぬれた人形	22	a-17	22					
麦秋	22	b-6						
あゝ青春	22	b-7						
純白の夜	23	a-14	23	a-15				
嘘（うそ）	23	a-19						
東京のお嬢さん	23	a-22						

題名	号	頁	改訂版 号	改訂版 頁	映画直伝 号	映画直伝 頁	号	頁
恋文裁判	23	a-24						
鞍馬天狗 角兵衛獅子	23	b-1						
若い季節	24	a-8						
母恋草	24	a-8	24	a-8				
離婚結婚	24	a-12						
子に詫びる	24	b-1						
木曽路の決斗 夏祭り三度笠	24	b-12						

a—3

◎東宝

題名	号	頁	改訂版 号	改訂版 頁	映画直伝 号	映画直伝 頁	号	頁
夢は儚く	13	a-2						
東京の門	13	a-8						
歌姫都へ行く	13	a-30						

題名	号	頁	改訂版 号	改訂版 頁	映画直伝 号	映画直伝 頁	号	頁
燃ゆる牢獄	14	a-6						
女死刑囚	14	a-11						
この果てに君ある如く	15	a-8						

◎大映

題名	裸女の愁ひ	恋愛台風圏	肉体の暴風雨	佐々木小次郎（第一部）	佐々木小次郎（第二部）	情艶一代女	若い娘たち	その人の名は言えない	伊豆物語
号	15	15	16	16	17	17	20	20	21
頁	a-8	a-13	a-7	a-13	a-5	a-7	b-16	b-19	b-11
改訂版 号									
改訂版 頁									
映画宣伝 号				18					
映画宣伝 頁				b-11					
映画宣伝 号				19					
映画宣伝 頁				b-10					

題名	袴だれ保輔	目下恋愛中	海の廃園	せきれいの曲	海賊船	舞姫	若人の歌	エノケンの天晴れ一心太助	エノケンの森の石松
号	22	22	22	23	23	23	24		
頁	a-9	b-1	b-12	a-7	a-12	a-22	a-14		
改訂版 号	22			23					
改訂版 頁	a-1[illegible]								
映画宣伝 号								13	14
映画宣伝 頁								b-10	c-11
映画宣伝 号									
映画宣伝 頁									

題名	密林の女豹	千両肌
号	13	13
頁	a-9	a-12
改訂版 号		
改訂版 頁		
映画宣伝 号		
映画宣伝 頁		
映画宣伝 号		
映画宣伝 頁		

b-7

獵人の果て	13	a-14						
南の薔薇	13	a-18						
午前零時の出獄	13	a-19						
指名犯人	13	a-21						
赤城から来た男	14	a-9			16	b-11		
火、の鳥	14	a-10						
虚無僧屋敷	14	a-10						
二十才前後	14	a-13						
海峡の鐵	14	b-11						
真珠夫人	14	b-12						
みどりの唄	14	b-14						
鬼あざみ	15	a-17						
三悪人と赤ん坊	15	a-17	16	a-5	17	b-9		

ごろつき船	16	a-8			17	b-10		
緋牡丹盗賊	17	a-4						
魔女峰	17	a-4						
姉妹星	17	a-6			18	b-12		
紅蝙蝠	17	a-10			19	b-11		
鐵路の彈痕	17	a-16						
絢爛たる殺人	18	a-4						
宮城廣場	18	a-9						
炎の肌	18	a-11						
阿修羅判官	18	a-15			20	c-14		
雪割草	18	a-22			21	c-10		
母月夜	18	a-23						
消防決死隊	17	a-5			20	c-15		

a—5

暴夜物語	鉄の爪	月の渡り鳥	恋の阿蘭陀坂	自由学校	アベックパトロール 赤い鍵	泥にまみれて	誰が私を裁くのか	西城家の饗宴	母千鳥	萬花地獄	緑の果てに手を振る天使
19	19	20	20	20	20	20	20	21	21	21	21
c-6	a-19	a-19	a-18	b-1	b-11	b-15	b-22	a-9	a-10	a-11	a-13
						21					
						a-12					
20		20				22					
c-15		c-20				c-11					
	20	21								22	
	c-19	c-13								c-16	

銭形平次	上州鴉	江の島悲歌	七つの星座	情炎の波止場	お遊さま	名月走馬燈	愛妻物語	花ある怒濤	水戸黄門漫遊記 飛龍の剣	源氏物語	歌う野球小僧
21	21	22	22	22	22	23	23	23	24	24	24
a-14	b-2	a-13	b-2	b-2	b-6	a-21	b-4	b-8	a-10	b-2	b-5
				24							
				c-11							

b-6

◎新東宝

題名	号	頁	改訂版 号	改訂版 頁	映画 号	映画 頁	直伝 号	直伝 頁
バナナ娘	13	a-10						
こゝろ妻	13	a-12						
暁の追跡	14	a-7			16	b-12		
エノケンの豪傑一代男	14	b-4						
雪夫人絵図			14	b-5	16	b-10		
影なき侵入者	14	b-12						
腰抜け二刀流	15	a-6						
アマカラ寝台	15	a-14						
お利根の夜霧	16	a-5					18	b-15
銀座化粧	16	a-11						
夜の緋牡丹	16	a-15					18	b-15

題名	号	頁	改訂版 号	改訂版 頁	映画 号	映画 頁	直伝 号	直伝 頁
若さま侍捕物帖 謎の能面屋敷	17	a-8					18	b-16
愛染香	17	a-18						
ハワイの夜	18	a-5						
孔雀の園	18	a-6						
女左膳（鍔鳴無刀流の巻）	18	a-13			18	b-13		
夜来香	18	a-16					19	b-11
右門捕物帖 片眼狼	18	a-12			19	a-7	19	b-11
麗春花	19	a-11						
月が出た出た	20	b-12						
桃の花の咲く下で	20	b-15						
恋人	20	b-21						

中山安兵衛	21	b-4			21	c-12
新遊侠伝第一部 ドロンゲームの巻	22	a-7				
新遊侠伝 遊侠往来	22	a-7				
若さま侍捕物帖 呪ひの人形師	22	a-11			23	c-19
盗まれた恋	23	a-9				
覗かれた足	23	a-11				
無宿猫	23	b-2				
夜の未亡人	23	b-5	24	b-9		
戦後派お化け大会	23	b-11				
有頂天時代			24	a-6		

◎東映（太泉）（東撮）

題名	号	頁	改訂版 号	改訂版 頁	映画宣伝 号	映画宣伝 頁
妻恋坂の決闘	13	a-4				
レ・ミゼラブル 第一部 神と悪魔	13	a-14				
レ・ミゼラブル 第二部 愛と自由の旗	13	a-14				
女学生群	14	b-1				
七色の花	14	c-7				
戦火を越えて	14	b-8			15	b-9
旗本退屈男捕物控 七人の花嫁	14	b-13			16	b-12
毒殺魔殿	14	b-13			16	b-13
天皇の帽子	16	a-16				
乱れ星荒神山	17	a-11	17	a-11	18	b-12

題名	号	頁	改訂版 号	改訂版 頁	映画 号	映画 頁	直依 号	直依 頁
風にそよぐ葦（前篇）	17	a-15			20	c-14		
千石纏	18	a-20						
女賊と判官	18	a-21						
風にそよぐ葦（愛の終戦篇）	20	a-10					21	c-10
無国籍者	20	a-14	21	b-1	22	c-11		
お艶殺し	20	b-1						
夢介千両みやげ	20	b-19					21	c-12
祇園物語 春怨	21	a-17			22	c-11		

題名	号	頁	改訂版 号	改訂版 頁	映画 号	映画 頁	直依 号	直依 頁
牢獄の花嫁	21	b-1						
豪快三人男	22	a-12						
風雲児	22	a-16						
限りなき情熱	23	a-16						
不敵なる逆襲	23	b-12			24	c-11		
花の進軍	24	a-11						
お馴染判官 あばれ神輿	24	b-1						
吾子と唄わん	24	b-7						

◎その他

題名	号	頁	改訂版 号	改訂版 頁	映画 号	映画 頁	直依 号	直依 頁
新説佐渡情話 ラジオ映画	13	a-9						
アルプス物語 野性 芸研作品	13	a-10						
蛇と美女 東興映画	13	a-11						
妖夢 日本国際文化協会	13	a-18						

東京千夜	秀映社	13	a-19			14	c-11		
くれない二挺拳銃	新映画社	13	a-21						
その瞬間あの瞬間	日映	14	a-5						
ストリップ東京	銀星プロ	14	b-3						
箱根用水	新星映画	15	a-5						
首斬り正月	新星映画	15	a-12						
軍艦すでに煙なし	新映画社	16	a-3			17	b-19		
わたしは女性No.1	日映	16	a-4						
東京の屋根の下	小川プロ	16	a-11						
都会の裏側	日映	16	a-14						
えり子とともに	藤本プロ	17	a-6						
運命	ブレイクストン・プロ	17	a-8						
エノケンの八百八狸大暴れ	エノケンプロ	17	a-19					18	b-16

[illegible]たちの倫理	銀星プロ	18	a-7						
黄金バット 摩天楼の怪人	新映画社	18	a-10						
宝塚夫人	[illegible]プロ	18	a-11						
エノケンの天一坊	エノケンプロ	18	a-23						
深夜の非常線	日映	19	a-4						
悲歌	映画芸術協会	19	a-9					20	c-27
おやおや人生	金語楼プロ	19	a-12						
又四郎行状記 鬼姫しぐれ	宝プロ	20	a-9						
ドレミハ先生	東映	20	b-13						
曠野の誓ひ	第一映画プロ	20	b-18						
どっこい生きてる	新星映画	21	a-7						
又四郎行状記 神変美女峡	宝プロ	21	a-17			22	a-12		
明日の抱擁	東京発声	22	a-15	23	a-18				

湯の町情話 新映画社	22	a−17			23	c−12		
天城の決闘 日本グラフィック	22	b−3						
新婚ゴーストップ 全日持プロ	22	b−11						
神変美女峠完結篇 又四郎笠 宝プロ	23	a−19	23	a−20	23	c−13	24	c−14
阿修羅能鬼隊 九州映画	23	b−9			24	c−11		
鬼と狸と閻魔 理研	24	a−5						
海猫は叫ぶ 大神映画同人	24	a 6						
女の海 ラジオ映画	24	a−1						
黄門と弥次喜多 からす道異変 宝プロ	24	b−5						
ドンチャンカン野球の巻 富士映画	24	b−7						
謎の天使 シネアート					13	b−10		
遊姫の話 東京映画					13	b−10		
追分三五郎 日活					18	b−14		

東京ファイル二一二 ブレイクストン 東日興業					20	c−16	20	c−19
新しき日本 山梨県篇 東日興業					20	c−18		
王様のしっぽ 日本漫画					20	c−18		
薔薇に刺あり 東洋映画							21	c−11
四十八人目の浪士 日本興行(株)					22	c−13		
弦月浮寝鳥 日活					22	c−14		
新しき日本 福島県篇 東日興業					23	c−14		
愛の手綱 オールキネマ社					23	c−14		
神変麝香猫(第一部) 日活					23	c−14		
まぼろし城第一二三話 日活					23	c−15		
鞍馬天狗(疾風篇) 日活					23	c−15		
日活 (龍虎牌の巻)					23	c−16		
天狗廻状(後篇) 日活					23	c−16		

a−11

三味線やくざ	日活					23	C-17		
さむらい鴉	日活					23	C-17		
うぐいす侍	日活					23	C-18		
かんざし忠蔵	日活					24	C-12		
お嬢さんと浪人	日活					24	C-13		
唄う岩見重太郎	日活					24	C-13		

映画倫理規程審査記録第二十五号

昭和二十六年八月五日発行

発行責任者　池田義信

東京都中央区築地三ノ六
日本映画連合会
映画倫理規程管理部
電話築地(55)二八〇二
〇六九六番

ル—12

映画倫理規程審査記録

第26号

26

映画倫理規程

審査記録

26.8.1.〜26.8.31.

日本映画連合会

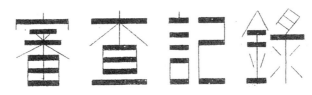

映画倫理規程管理委員会

目次

管理部からのお知らせ

○最近一部世論に取り上げられ 論議の対象となりました新東宝作品「夜の未亡人」をめぐる問題に関しましては 過般来 映画倫理規程管理委員会に於ても世論の動向に注目しつゝあらゆる方面から具体的な検討と意見の交換を行つて参りましたが 廿四日左の如き声明書が渡辺委員長名儀を以て発表され 委員会の態度が明らかにされることとなりました。

今後共一層御協力方お願い致したく存じます。

昭和二十六年八月二十四日

日本映画連合会

映画倫理規程管理委員会

委員長 渡辺 鉄蔵

日本映画演芸会が 映画の社会的影響力に対する責任の自覚に立つて進んで「映画倫

2-1

理規程」を制定し　その自主的管理を開始致しましてから茲に満二周年　この間管理委員会は社会各方面の協力と関係者各位の積極的努力を得まして所期の目的達成のために誠意運営の万全に努めて参りました　今日　管理委員会に対する社会の忠言と批判があらゆる角度からなされつゝあることは一面　この仕事に対する社会の関心と支持とが漸く深まり来った結果として洵に力強い喜びを感ずる次第であります。

然しながら一方　特に最近上映された映画をめぐり　管理委員会の処置に関して一部非難の論議も行われております。これら非難の所論につきましては勿論率直なる態度を以て認むべきは認め　反省すべきは反省し　我々が唯一の支柱と恃む社会の正しき世論を尊重して　今後製作される映画の審査に当っては一段の留意と慎重なる態度を以て臨み　社会に対していやしくも悪影響をもたらす如き映画の出現を防止しなければならないのであります。それが「映画倫理規程」制定の精神に殉ずる唯一の方法であり　社会の支持後援に応える無二の態度であると確信致します。

元来倫理規程の運営についてはその性格より見て明らかなる通り　単に管理委員会自体の問題に止まらず　映画の製作者と　更に芸術家の不断の協力に俟たなければ到底所期の目的を達することは不可能であります。映画製作に当る広汎なる各分野の一致協力によってはじめて映画倫理規程の意図する微妙高遠なる成果が　一個の作品として完成するのであります。

管理委員会は　この機会に委員会の重大なる社会的責任をあらためて肝に銘じ　層一層の奮励を誓うと共に　この高遠にして至難なる事業に対する社会の正しき認識と支持と協力とを心から願うものであります。

○既に御承知の事と存じますが　過般公開されました大映作品「牝犬」の大阪に於ける宣伝に関し　その方法が「宣伝広告規程」の申合せに照して問題となり　一部世論にも取上げられました件につき　こゝにその事情を御通報申上げ　旁々今後の御協力をお願い申上げたいと存じます。

即ち　同映画の宣伝広告中　新大阪新聞　大阪日々新聞掲出の広告に於て「映画倫理規程」にもとづく審査の内容を利用し　更に一部内容を誤伝した点が注目されたのであります。

「倫理規程」審査の経過やその内容を作品宣伝に利用することは「宣伝広告規程」の申合せに従い　慎重に避けて戴きたいことであり　殊にその内容が誤伝されたことは洵に遺憾なことで　この点は大映側に於ても「倫理規程」に対する認識の不足と不注意によるものであつたことを認められ　陳謝の意を表する旨の釈明書を提出されました。

管理委員会に於ても今次の事件内容に鑑み　今後一層規程履行の徹底を図ると共に　今

図の如き事件の再発を防止することを申合せましたが　申すまでも無くこの趣旨の実現に当りましては　各社宣伝担当者各位の御協賛に俟ってはじめてその効果を期待し得るものであります。

何卒　右事情御諒承の上　今後共　倫理規程の普及徹底のため　一段の御協力をお願い申上げたいと存じます。

審査脚本一覧

会社名	題名	受付日	審査終了日	備考
大映	東京悲歌	八・三	八・六	
大映	女次郎長ワクワク道中	八・四	八・六	「女次郎長ブギウギ道中」の改題
東映	旗本退屈男 唐人街の鬼	七・三一	八・七	
松竹	海の花火	八・二	八・七	
大映	ひばりの子守唄	八・六	八・七	
東映	わが一高時代の犯罪 自主改訂版	八・四	八・七	改訂第二稿
ブレイクストン・スタールプロ 米日映画	ゲイシャ・ガール GEISHA GIRL	八・三	八・八	
東宝	ホープさん	八・七	八・八	
新東宝	東京河童まつり	八・一〇	八・一一	「新東京五人男」の改題
大映	逢魔が辻の決闘	八・一一	八・一三	

春秋映画社	海の掠奪者	八・一〇	八・一四
新東宝 エノケン・プロ	エノケンの怪盗伝 石川五右ヱ門	八・一四	八・二〇
東宝	完結篇 佐々木小次郎 巌流島決闘	八・一六	八・二〇
松竹	あばれ人妻	八・一七	八・二〇
新東宝 宝プロ	十六文からす堂 千人悲願	八・二〇	八・二三
松竹	飛び出した若旦那	八・二二	八・二三
東映	酔ひどれ八萬騎	八・二二	八・二五
ニユー・カレント・プロ	高原の悲歌	八・二三	八・二七
大映	愛染橋	八・二五	八・二七
東宝	「二枚の招待状」より 哀愁の夜	八・二九	八・三一

◎ 新作品……………………一九

シナリオ数……………………二〇（内改訂版一）

内訳＝松竹　三　東宝　三　大映　五

新東宝　三　東映　三　ブレイクストンスタールプロ

春秋映画社　一　ニューカレントプロ　一　米日映画

◎ 審査シノプシス……………………六

内訳＝東宝　二　新東宝　四

脚本審査概要

東京悲歌	大映

脚本 新藤兼人
監督 田中重雄

東京での再会を約して戦火の中に別れた二人の男女をめぐるラヴロマンス
上海で出て来る外国人は注意して軽侮的でないよう描写せられたい（国家）

女次郎長ワクワク道中（「女次郎長ブギウギ道中」の改題）	大映

原作 高桑義生
脚本 民門敏雄
監督 斉藤寅次郎

歌の好きなお転婆娘をめぐる時代音楽喜劇

希望事項なし

旗本退屈男
唐人街の鬼

東映

製作　マキノ光雄
企画　柳川武夫
原作　佐々木味津三
脚本　井上由太郎
　　　若尾徳平
監督　中川信夫

長崎の街を舞台に悪奉行と奸商の陰謀を暴く「退屈男」の活躍物語

全篇に亘って　いわゆる時代劇映画特有の無批判な暴力行使と人命軽視の傾きが過度に出ている印象あり　これは細心の注意を乞いたいそれらはすべて批判的な行動に代えて貰いその箇所に従ってそれぞれ訂正をして貰った　（社会）

これらは　かつての時代劇に於ては　主人物を英雄化したり　非合理を肯定し封建的な雰囲気を美化するに役立つものとして一般的であったが　時代劇の新しい民主化はかゝる劇的行為からも十分注意しなければならないものと考える。こゝでは通称旗本退屈男早乙女主水之介が特に篇中の悪役人　悪人らをその犯罪に対する批量なく斬り捨てたり　或いは「主水の最后のはなむけだ　武士の作法通り死んでくれ」と旧友である悪奉行に云った

a.-9

りするのは誠に困つたことである。ことに主水が　あたかも法の主権者の如く、律を自己の裁量一つで裁いてゆくのは　封建政治の暗黒面を肯定したもので好ましくない　（社会法律）

ここには　混血児である加代という娘が出て来るが　これは問題なしとするも　その母が過去を述べた台詞の上で　やゝ外国感情を軽んじたきらいの言葉があり　考慮して貰うことにした　（国家）

海の花火	松竹

製作　小倉武志
脚本
監督　木下恵介

九州呼子の港を舞台に漁業組合の持船をめぐる人々の葛藤を描く

全体的な問題はないが　この中の大きな劇的モメントの一つになる漁船問題は　水産庁に関連あり　且つこの映画の中にも水産庁が出て来るのであるが　水産庁の方針がたゞ一方的にだけしか描かれていないような印象があり　従って何か強権的な印象を与えはしまいかを恐れるものであるが　製作者側は水産庁と連絡してこの点を正し　かゝる表現で好い

との承認を得たとのことであるので（この映画は水産庁の協力を得なければ出来ない部分もあるによって）　これはこのまゝとすることにした

嫂の薫が義弟の省吾に愛情をいだく描写は　演出上注意さるべく（風俗）ことにこれが姪の由起子が省吾に対する恋情を通して　この叔母薫のことをのべる件（シーン170）の中の「その気持、私の肉体の中に自分の血を通わせて淫らな官能を楽しまうとするんです　つまり私の身体は媒体なの　そんなことをつい最近知ったんですわ」　とあるのは　異常すぎて不穏当であると思われる　従ってこの演出上の注意と併せ考慮し　これはとって欲しいと思う（社会・風俗）

地の説明文の中で　「向う岸の遊女屋」「殿の浦の遊廓」とあるが　これはそれとわからないようにやって欲しい（性）

妹娘美輪が　借金のかたにすゝまぬ結婚を承諾しようとする件　これは封建主義的な「家」の讃美の印象を生まないよう演出上注意し「金のかたに」嫁にゆくとか　脆き「金に代えようなんてこと」など直接的な台詞は止めて貰って訂正を望んだ（社会）

ひばりの子守唄
大映

原作　ケストナー
脚本　渡辺一郎
監督　島耕二

a—11

別れた両親に育てられている双生児の姉妹をめぐる愛情物語

希望事項なし

わが一高時代の犯罪（自主改訂版）
東映

(1) シーン4に出るビラの最後にある〃全向陵戦士〃の戦士は他に（例えば〃生徒諸君〃）に代えて戴きたい　（国家）

(2) シーン22の寮の描写「寮雨」は一高内又は一高卒業生にとつては懐しい思い出であるかも知れないが　それは一高内に秘めておくべき習慣であつて　一般に公表すべきものではない　寧ろバッド・テイストであるので止めて戴きたい　（風俗、教育）

此は第一稿の時の審査の通りである

GEISHA GIRL（ゲイシャ・ガール）
ブレイクストン・スタール・プロ 米日映画

製作　ジョージ・ブレイクストン
〃　レイ・スタール
〃　大宮伍三郎
脚本　レイ・スタール
監督　ジョージ・ブレイクストン
〃　レイ・スタール

新発明の爆薬の争奪を描く活劇物。

先ず第一に現在の日本の姿を正しく描くことに全体を通じて十分に注意して貰いたいと希望した。それに関して具体的には　次の諸点を改訂して貰うことになった。

1．国警本部のオウクワ及び警官達がゾロと言う怪漢（これは悪漢である）に殊更に妥協したり、或る場合には協力してやったりするのは　余りにも乱暴な話であるから　この個所は全部改訂のこと　（改訂版で一部は改訂）（法律）

2．シーンAJ　可愛い妓が帯を解きキモノを脱ぎ　外国人をぼう然とさせるとある箇所は、日本芸者と云うものの正しい姿でなく　誤解を招くことになるから削除するか、或いは誤解を招くものでないものに変更のこと　（国家　社会　風俗）

3．闇市とか闇屋とかの言葉は止めて貰うこと　都市の中心街に堂々と闇屋が店舗を張っている感じになるからである　（法律）

か—1

4. 相撲取がたゞ乱暴者であるが如くに書かれてあり、相撲取の本当の姿を誤解させる点（シーンDI）は改訂のこと（この個所は改訂版により削除された）（社会　教育）

5. シーンBW　「キモノを着た一人の男が通る　彼の妻は子供を背負いながらも夫に日本をかざしてやる」――は特異な例であり　日本の風俗（現在の）を誤解せしむるかも知れないので削除を希望した（社会）

その外この脚本では「朝鮮某地点にある飛行基地」とか、その外朝鮮の戦地に関連ある台詞、或いは字幕が出ることになっているが、日本の劇映画としては　朝鮮の問題には触れないことにしている現在では、この脚本に於てもそれに関する台詞　或いは字幕は、やはり改訂して欲しい（国家）　又、原子爆弾に類する薬品がこの脚本で取扱われているが、この原子爆弾の取扱い（脚本上の）は、松竹作品「長崎の鐘」の前例もあり　製作者側に於いて関係当局に諒解を得るようにして貰いたいと製作者側へ希望しておいた、

6―2

ホープさん	東宝

製作　藤本真澄
原作　源氏鶏太
脚本　井手俊郎
〃　山本嘉次郎
監督　山本嘉次郎

大学出の会社員が実社会の機構に触れつゝ　サラリーマンとして成長して行く姿を描く。

希望事項なし

（なお、シーン59の労働争議に関するシーンは製作者側に於て自主的に改訂される）

東京河童まつり（「新東京五人男」の改題）	新東宝

製作　杉原貞雄
脚本　八住利雄
監督　斎藤寅次郎

水上生活者の「児童ホーム」をめぐる人情喜劇

希望事項なし

逢魔が辻の決斗	大映

脚本　八尋不二
監督　森一生

[illegible]—3

天涯孤独の素浪人が正義と安寧のために起って邪悪を懲す物語

悪臣達（松平美濃守、脇坂、米倉等）に対する公儀の始末がそのまゝになっている不安がある。これらは篇中大悪人として活躍した人物だけに　何らかの処置をつけて勧善懲悪の結びをつけ　道徳的な批判を与えて欲しい（社会　教育）

三、四ヶ所ある殺陣は、残虐にならぬよう　またそこだけうきだして　いわゆる剣の美化にならぬよう配慮を乞いたい（社会　残酷）

海の掠奪者
春秋映画社

製作　佐藤摩
脚本　高橋春雄
監督　小田基義

兇悪な海上ギャングと正義の青年の争斗を描く活劇物

シーン60　ギャング達が江田をリンチするところ　この描写は残酷であるので　その感じのないように柔げて欲しい（残酷）

エノケンの怪盗仏
石川五右ヱ門

新東宝
エノケン・プロ

製作　滝村和男
〃　佐野宏
脚本　戸田伊太郎
監督　毛利正樹

戦国時代の騒乱を背景に怪盗と間違われた男の行動を描く諷刺喜劇、

この題材に対しては、これが演出をエノケンと云う喜劇俳優を通して　喜劇的にこれを描かれることが先決條件となる　なんとなれば　喜劇的であると云うことは　それが一つの観点を示すものであり、ひいてはそれが一つの批判の態度の現われとみることが出来るであろうと思われる　よって　この第一條件によって全篇が貫かれ　ことに東映作品の「石川五右ヱ門」と異なり　そういう大盗賊に間違われる反抗意識を持った一人物の行動を描くのであるから　この対照をもっと全体に生かして、批判的な態度の一助として欲しいと思う　（法律、教育）

この五助（五右ヱ門と間違われ、いつか自分もそう思いこむ）の行動の中に、挿話として「義賊」的な事件が描かれるのは好ましくない。それらは（シーン30、31、32、44）などに現われてくる　（法律、教育）（四ヶ所）

最初の戦国時代説明のための場面は、英雄化しないで描いて欲しい（ここでは一見残酷、

ホ－5

無理が描かれてゆくから）（残酷　社会）

シーン44での村八達の盗賊讃美の会話は好ましくない　同様にそれを受けてのシーン48の海坊主の台詞は　五右ェ門と五助と間違われることをむしろ「世のため人のため」人々の「夢をこわされて何になる」とあるのも困る　これは次の五助の自問自答の中のオフ・シーンの声の一つにもなってくる。また　こゝでの五助の決意には　例えば前出の仙八の声でも借りて批判的でないと困る（法律、教育）（二ヶ所）

シーン80の海坊主と小才の台詞は　悪人讃美になるので好ましくない。全体に亘って悪に対する批判の結末のつけ方が弱いので訂正して欲しい（法律、教育）

ち—6

完結篇
佐々木小次郎
巌流島決斗

東宝

原作　村上元三
脚本　村上元三
〃　松浦健郎
〃　藤木弓
監督　稲垣浩

「佐々木小次郎」完結篇

◉ 飲の扱い方に注意して　剣客を讃美的に描かぬよう希望したい　特に宮本武蔵に於てそうである　（社会）

キリシタンの扱い方は　注意して過度の残酷さを表現しないよう希望する　（残酷）

他は前編に対しての希望と同じである

十六夜からす堂　千人悲願
新東宝 宝プロ

製作　高村正嗣
原作　山手樹一郎
脚本　きのした・とうきち
監督　萩原章

南部、津軽両藩の確執に絡む義人の活躍を描く

(1) シーン3　主役からす堂の台詞「暴力はいかんよ」は　暴力否定を愚弄しているかの如く誤解される危険性あり　削除或は訂正されたい　（社会）

(2) シーン13　疵七の台詞「いやがる女房を無理矢理茶屋へ嵌め込んで……云々」は不穏当につき　両称削除或は訂正されたい　（性）

(3) シーン31　多吉の台詞「姐さん永えこと空店だったんだぜ」　シーン46　お柑の台詞

「……空家と間違えないで下さいよ」の空店、空屋は卑猥に陥るおそれあり　同様処理されたい（性）（二ヶ所）

(4)　シーン36～45　お御たちが三つ目の御前一味を襲う件は、亡き安五郎の為の復讐と解せられる恐れもあるので　これはお御たちはあくまで沖津藤内（津軽藩士で悪役）に唆かされてやると云う風に改められたい（社会）

(5)　ラストでお御が半次を殺す（描写はないが）が、これは一つにはお御が復讐を遂げたと云う印象を与えるのを避ける為　又二つには悪人は生きて法の裁きを受けるべしと云う見地から、半次は捕われることにして戴きたい（社会、法律）

以上の他、尚次の点も念の為に申し添えた。

(1)　三つ目の御前は、衣裳その他扱いによっては、好もしからぬ印象を与える恐れあり充分注意されたい（社会、教育）

(2)　立廻りは凄惨　冗漫にならぬようにして戴きたい（社会、残酷）

あはれ人妻　松竹

製作　田岡敬一
原作　林芙美子
脚本　柳井隆雄
監督　池田忠雄

岡田の封建的な結婚観とたゝかいながら、真実の愛情を貫く青年男女の物語

シーン37、悦二が啓子を殴るところ、好ましからず削除を希望した　（社会）

飛び出した若旦那　松竹

製作　山口松三郎
原作　鹿島孝二
脚本　津路嘉郎
監督　瑞穂春海

老舗の若旦那の結婚をめぐる明朗なラブ・ロマンス

シーン20・68　刺青を露出する個所があるが　これは脚本がこのまゝとすると好ましくないから止めて貰いたいと希望した　（社会）

6―9

酔いどれ八万騎

東映

企画　藤川公成
原作　山上伊太郎
脚本　マキノ雅弘
監督　マキノ雅弘

江戸爛熟期の時代相を背景に悪旗本と良人群との対決を描く

(1) 女主人公のお新が巾着切の足を洗うと云う感じを、よりはっきり示して戴きたい（例えばシーン76に於て）又、台詞の中の「巾着切」と云う言葉は成るべく止めて戴きたい（法律）

(2) シーン121以下ラストへかけての　悪旗本達が企てる「牛裂の刑」は、仮令実際には行わないにしろ　余りに惨酷、且つ変態趣味であるから止めて戴きたい（残酷、風俗）

(3) シーン96以下のおぶんと御隠居の件は、出来るだけ簡略にして戴きたい。
シーン102は全部削除して戴きたい（性）

(4) お新が亡き藤兵エの仇を討つ、討たぬと云う挿話があるが、仇討はつまらぬことだ、と云う感じを、一層強調して戴きたい（例えば　シーン88、94に於いて）（社会）

(5) シーン146、148、150、孫左、権兵エが目明したちを斬り散らすのは無法であるから合法的

になるよう処理して戴きたい　（法律）

又　演出上では以下の点を希望した

(1)　お新の描写（主として源内との色模様であるが）は過度に濃艶にならぬようにされたい（シーン15、39、76等）（風俗）（三ヶ所）　源内と小芳の描写も同様である。（シーン33、）（風俗）

(2)　シーン16、20等の悪旗本がおぶんをなぶりものにする件　又シーン99のお新を責める件は　惨酷、悪趣味に陥らぬようにされたい　（残酷）（三ヶ所）

(3)　シーン105、おぶんが　隠居を殺す場面も、惨酷、凄惨にならぬようにされたい。（残酷）

(4)　立廻りが数回あるが　達人同志の一対一の場合が大部分であるから、苟くも剣の讃美にならぬようにされたい　（社会）　又最後の立廻りは冗長、或は惨酷にならぬようにされたい。（社会　残酷）

6－11

高原の悲歌

ニューカレント・プロ

企画　早川秀夫
製作　原千秋
脚本　外山凡平
〃　原千秋
監督　原千秋

高原の温泉町を舞台とする恋愛悲劇

シーン76で、三田（実業家）が「……そんなはした金云々」と云うが、七百万円を一のように軽く扱うのは、現在の社会風潮と照合した場合、面白からずと考えられるので改訂を希望した（教育）

又　シーン100以下の病床の恵子の描写、シーン108、110の輸血の描写については、それぞれ凄惨或は如実に過ぎぬようにされたい旨望んだ（残酷）（三ヶ所）

愛染橋

大映

原作　川口松太郎
脚本　依田義賢
〃　野淵昶
監督　野淵昶

愛情と芸道の二筋道に悩む女義太夫の師匠をめぐる明治物メロドラマ

希望事項なし

「二枚の招待状」より 哀愁の夜	東宝

製作　藤本真澄
原作　井上靖
脚本　井手俊郎
監督　杉江敏男

解散したレヴュー劇場の踊り子たちの生活を描くメロドラマ

津々木と云う悪漢が出て来るが　画面下は一切何をしている男かその悪の面の生活は描かれていないが　この男が　主人物マヤの精神的な対象となり　マヤを元気づけるプラトニックな人物となるだけに、悪漢がヒロイックになったり　人物が讃美的に見えないように、それはそれとして批判的に演出上注意をしてほしい旨を望んだ（法律）

審査集計

規程條項	関係御本題名及希望個所数		集計
1 国家及社会	「東京悲歌」	1	25
	「唐人街の鬼」	3	
	「海の花火」	2	
	「わが一高時代の犯罪」（自主改訂版）	1	
	「ゲイシャ・ガール」	4	
	「逢魔が辻の決斗」	2	
	「石川五右エ門」	1	
	「佐々木小次郎」（完結篇）	1	
	「千人悲願」	5	
	「ろはれ人妻」	1	

c―1

		「飛び出した若旦那」	1
		「酔いどれ八万騎」	3
2	法律	「唐人街の鬼」	1
		「ゲイシャ・ガール」	2
		「石川五右ェ門」	8
		「千人悲願」	1
		「酔いどれ八万騎」	2
		「哀愁の夜」	1
			15
3	宗教	希望事項なし	
			0
4	教育	「わが一高時代の犯罪」（自主改訂版）	1
		「ゲイシャ・ガール」	1
		「逆魔が辻の決斗」	1
			13

し—2

	5 風俗	6 性	7 残酷醜汚
「石川五右ェ門」 8	「海の花火」 2	「海の花火」 1	「逢魔が辻の決斗」 1
「千人悲願」 1	「わが一高時代の犯罪」（自主改訂版） 1	「千人悲願」 3	「海の掠奪者」 1
「商家の悲歌」 1	「ゲイシャ・ガール」 1	「酔いどれ天国」 1	「石川五右ェ門」 1
	「酔いどれ天国」 5		
	9	5	14

C—3

「佐々木小次郎」（完結篇）	1
「今人悲願」	1
「酔いどれ八万騎」	6
「高原の悲歌」	3

希望事項總数……………………八一

c—4

審査映画一覧

審査番号	題名	社名	巻数	呎数	備考
四八九	夏祭り三度笠 木曽路の火斗	松竹	十一巻	八、一五一呎	
四五三	純白の夜	松竹	十一巻	九、五〇六呎	
四八二	母待草	松竹	九巻	六、九五〇呎	
四九九	天使も夢を見る	松竹	九巻	七、五一八呎	
四六二	舞姫	東宝	十巻	七、六四三呎	
四七八	若人の歌	東宝	九巻	八、〇三一呎	
四七九	牝犬	大映	十二巻	八、九八八呎	
四八八	奴隷の街 「新しい道」より	大映	九巻	七、六六五呎	
四九一	折鶴笠	大映	九巻	七、七七五呎	
四六三	愛妻物語	大映	十巻	八、九五八呎	

c—5

四六八	戦後派お化け大会	新東宝 藤本プロ	十一巻	八、八〇八呎	
四九五	もん門捕物帖 帯どけ佛法	新東宝	九巻	七、二五四呎	
四九六	月よりの母	新東宝 青柳プロ	十一巻	八、九九八呎	
五一七	東京河童まつり	新東宝	九巻	七、〇八一呎	
四八七	天狗の安	東映	十巻	八、三九六呎	
五〇四	わが一高時代の犯罪	東映	九巻	七、四五六呎	
四七二	裸女海底に死す	ツヂオ映画	十巻	六、二八六呎	「女の海」の改題
四八九―T	松竹製作ニュース 第五九号	松竹			木曽路の決斗 夏祭三度笠
四八二―T	松竹製作ニュース 第六〇号	松竹			母待草
四五三―T	松竹製作ニュース 第六一号	松竹			純白の夜
五〇一―T	松竹製作ニュース 第六二号	松竹			南風
四六二―T	東宝スクリーン・ニュース No.8	東宝			舞姫

四七八―T	東宝スクリーン・ニュース No.9	東宝		若人の歌
四九三―T	東宝スクリーン・ニュース No.10	東宝		武蔵野夫人
四三九―T	大映ニュース 第一五五号	大映		湯の町情話・愛妻物語（特報）
四八八―T	大映ニュース 第一五六号	大映		「新しい眞」より 奴隷の街
四九一―T	大映ニュース 第一五七号	大映		折鶴笠
四六三―T	大映ニュース 第一五八号	大映		愛妻物語・全国スターさがし
四九五―T	右門捕物帖 帯どけ仏法	新東宝		
四九六―T	月よりの母	新東宝 青柳プロ		
五一七―T	東京河童まつり	新東宝		
四八七―T	天狗の安	東映		
E―二七五―T	マッカーサー元帥の実戦記録 日本海軍の終末	理研 ピニア・プロ		
E―二七五	マッカーサー元帥の実戦記録 日本海軍の終末	理研 ピニア・プロ	七巻 五、一三七呎	

E—二二五	新しき日本 山口県篇	毎日新聞社	二巻 一、七七九呎	
E—二五三	新しき日本 高知県篇	〃	一巻 九四八呎	
E—二五六	新しき日本 東京の自然	〃	三巻 二、五九二呎	
E—二六一	新しき日本 熊本篇	〃	一巻 一、〇〇〇呎	
E—二六九	栃木県営総合運動場	〃	一巻 九六八呎	
E—二七二	新しき日本 佐賀篇	〃	二巻 一、四二五呎	
E—二六三	海図のできるまで	岩波映画製作所	三巻 二、三七〇呎	
E—二六五	しおひがり	日映	一巻 七〇七呎	
E—二六七	陽助君の悩み	松竹	一巻 三七二呎	東洋レーヨン製品宣伝映画
E—二六八	東京の動脈	東京映画技術研究所	一巻 八五〇呎	東京都交通局企画
E—二七〇	柔道対レスリング 肉弾戦	松竹	一巻 九七四呎	
E—二七一	赤い羽根のみちをゆく	日東映画	二巻 一、七〇〇呎	中央共同募金委員会企画
E—二七三	國を護に誓う	理研	一巻 四〇〇呎	東京都豊島消防団企画

E—二八二	日活スポーツ・センターだより No.3	日映	一巻 二一六呎	
E—二八六	亜麻（リネン）の話	日本文化映画製作所	三巻 二、五一〇呎	帝国製麻株式会社企画
N—一一一	日本スポーツ 第一一一号	日映		
N—一一二	〃 第一一二号	〃		
N—一一三	〃 第一一三号	〃		
N—一一四	〃 第一一四号	〃		
P—一六七	ムービー・タイムズ 第一六七号	プレミア		
P—一六八	〃 第一六八号	〃		
P—一六九	〃 第一六九号	〃		
P—一七〇	〃 第一七〇号	〃		
P—一七一	〃 第一七一号	〃		

映画審査概要

○ 牝犬　　大映

1、待合おかめの二階の件の最後の終りかたが性的暗示があるので、風に吹かれて落ちる帽子のカットを除いて、前後を連絡的にもっていって貰った。

2、港町の酒場ブラックでの踊、第二番目の踊子が出て来ての踊りは、ストリップを思わすので、スカートを落とす前で止めて貰った。

（なお、内審として数次に亙ってラッシュ・プリントを見、当方の希望をのべた。）

○ 奴隷の街　　大映

「新しい道」より

「肉体の街」として脚本を審査した後、「奴隷の街」と改題したので、多少審査の規準を変更して、注意した所も、また削除を望んだ所も生かした所がある。但しこの映画は人身売買を否定すると云う高い人道的主題のものであるので、特飲街風景の描写を認めたが、他の映画で興味的に特飲街を描写する場合の前例にはしない旨、製作者に徹底させて審査を終った。

（ラッシュプリントで削除を希望したので、完成映画は削除はなかった。）

右門捕物帖
○ 帯どけ佛法　新東宝

のぞきの場面（内と外）42呎削除希望し実行された。

○ 天狗の安　東映

安の行水のシーン　背の刺青の出る部分100呎削除して貰った。

○ 裸女海底に死す　ラヂオ映画

海女の乳の露出している場面、風俗上不可につき合計45呎、及び「磯のあわび云々」の台詞も風俗上不可につき削除を希望し実行された。

○ 天狗の安（予告篇）　東映

本篇に於ては天狗の安ではなく、その名を騙ったものが、安の相手の親分三之助を斬る件があるが、この予告篇ではあたかも安が斬る如く描かれるのは、好ましくないので、その件25呎を除いて貰った。

○日本海軍の終末

マッカーサー元帥の実戦記録

理研
ゼニア・プロ

内審として無音ラッシュ・プリントを見た時、当方としては、解説のない画面のみにては何ら見解とのべえない旨を伝え、唯一つ逃げる日本兵を追うアメリカ兵と云った印象を与えるカットが沖縄戦の中にあったが、これはあたかも日本兵が殺されるかの誤解を生まないとも限らないので、止めてほしいことを伝えた。（真実はこのカット、アメリカ兵である旨を後で聞いたが）

よって、解説台本を提出して貰い、一切の注意をそのときのべる用意としたが、これは未提出のまゝ、完成映画となってしまった。よってこの映画は製作者側の責任においてなされたものとし、如何なる希望をのべても当方には何ら責任のないことを前もって念のため伝えた。

ところで提出された完成映画"日本海軍の終末"について次のような見解のもとに処置をとった。

1　題名について——もともとこの映画はマックアーサー元帥の実戦記録として作られたものとおぼしく、題名の示す日本海軍の終末はその中の一部分にすぎない。

なる程、海戦描写の分量は相当にあるがこれをもって題名とすることは、センセエショナルを狙った商業主義の現れとみるべく、映倫としては直接的には何も云えないが、マックアーサー元帥の名にふれ合う問題である丈に、占領政策の面にも関連して、もっと慎重であってよいのではないかと思う。少なくとも、占領下にある我が国の映画としては穏当をかく題名と云わざるを得ない。これはすでに（我々の審査対象となる以前に）この題名でうられていて手のほどこしようもない状態でもあるので、遺憾の意を伝えた。題名の傍題と本題とがその大きさ余りに不均衡である点特に注意を望んだ。

2 映画のタイトルには出て来ないが、新聞広告、立看板などに国防省提供とある点、これは占領政策に関する事項故、関係当局にその処置をゆだねることにする。

3、解説の口調、音楽等は、海戦描写の件りなどは過度にセンセェショナルな調子になっているのは戦争に対する批判的な態度の不足とみるべく観客に与える印象必ずしも好ましいとは云えない。かつての日本の侵略的、帝国主義的な軍国主義に対して、回想を通して讃美の印象を思い起さしめては困る。もし解説台本を事前に見ていたなら、音楽と共にそれは訂正注意を与えたであろうと思う故に誠に残念である次第である。

かゝる海戦への見かたが敗戦国として妥当であるか否か、こゝにも問題は残されている。例えばスペイン沖で英仏艦隊が歴史的大海戦をやったといった　すでに遠い時代の戦記を見る如く、第三者の如き対し方、態度であっては好いかどうか。この映画の海戦部分は、特にこの点で、この部分のみ浮き上って仕舞っているのは、心残りであると云わねばならぬ。

これは解説の字句、その朗読の調子、音楽等が大いにその効果を生んでいると思われる。
また反面、アメリカ側からみた戦況描写のみをもってつずめられているので、戦は一方的な描写であり、レーテ沖海戦など過当な印象を読者に与えるのではないだろうか。こう云う点も考えて好いことではないかと思われる。

4 この海戦の部分の描写はすでに完成映画として出てきたため、部分的に手を入れて訂正を加えるほか、目下の状況では他に方法を見出しえない。
依って以下の如く部分を改訂し、その処置をとって貰うことになった。

a 第一巻目 東京裁判に於ける宣告を聞く東條被告のカット、二カットある。二番目のアップのカットを取ること
これはすでにニュース映画その他で観客はすでに見ているものであるが、ここにこれだけむき出して来た時、東條被告が悠々とせまらず宣告を聞くかの如き英雄的印象を与えかねない恐れがあるからである。よって製作者側は都合によってその前の東條のカットもあわせて17呎を除かれた由である。

b 第一巻目、政治犯釈放の件りに、現在追放となっている徳田球一の出てくるカットがある。これは歴史的に勿論真実であり、何らそれに対して云うべきことはないが、現在追放中の人物を、英雄的に見せる印象を与えるのは好ましくないので（へすでに昨年度の京都メーデーを題材とした記録映画に於て、その当時は京都選出の代議士であ

c—14

つた谷口善太郎が演台で演説しているカットがあったが、現在物故となっているから
には、映画自体はただ京都においてのみ上映されるものであっても、その効果は好ま
しくないので取り除いてもらった前例があるので）この徳田球一のカット8呎を取っ
てもらった。

c　第四巻目レイテ沖海戦の所で　解説が〈乾坤一擲〉の決戦と云った表現をしている
が、日本海軍を英雄的に余りに讃美するのは困るので、この字句の部分を取って貰っ
た。

d　第五巻目　硫黄島の件りで日本軍が〈玉砕〉したと云う表現も、今上の意味で従来
もそうしていた如く止めて貰った。これらの言葉は、その戦時中に使われて来た特殊
の讃美的悲壮的なニュアンスが好ましからざるものであるからである。

e　第六巻目沖縄戦の件りにて、特攻隊の解説の中に「再び見る事のない故国の山河を
名残りの眼におさめて」と云う悲壮的な表現があるが過度に刺戟的な印象を与える恐
れあり、おそらく上映に際して、無自覚な一部の観客の拍手のくるところとも思われ
るので、その説明をぬいてもらった。

f　第七巻目、マニラに軍使到着の件りに「ここにはかっての勇将山下奉文大将が云々」
とあったが、この勇将と云う讃美の形容詞を除いてもらった。

結果として云えば、ここに描かれた海戦は観客に対して種々の印象を与えるものと思われ

それがまた複雑なものと考えられる。その点、この映画がどっちつかずの表現で態度が確固としていない故に、かくなるものと思われる。主題は現在に関連し、なお慎重を要するものである丈に、容易にかゝるものが作られることは好ましいものとは云い難いと思う。

○新しき日本

・佐賀篇　　毎日新聞社

温泉のシーン、女の裸体9呎削除希望し実行された

宣伝広告審査概要

スチール

○新しい道より
奴隷の街　大映

スチール番号14及び16二枚は、風俗上挑発的感じが強いので、使用中止方を希望した。

c—17

各社封切一覧

松竹

封切日	審査番号	題名	製作会社	備考
八月三日	四七六	離婚結婚	松竹	
八月十日	四八九	夏祭り三度笠 木曽路の決斗	松竹	
八月十七日	四八二	母待草	松竹	
八月二十四日	二九九 E－二四四	カルメン故郷に帰る 東京踊り	松竹	白黒版・天然色版 一般上映
八月二十四日	四九九	天使も夢を見る	松竹	関西封切
八月三十一日	四五三	純白の夜	松竹	

東宝・東映

封切日	審査番号	題名	製作会社	備考
八月三日	四四五	青い真珠	東宝	

八月十日	四八七	天狗の安	東映
八月十七日	四六二	舞姫	東宝
八月二十四日	五〇四	わが一高時代の犯罪	東映
八月三十一日	四七八	若人の歌	東宝
大映			
八月三日	四七五	悪徳の剣 水戸黄門漫遊記	大映
八月十日	四七九	牝犬	大映
八月十七日	四三九	湯の町情話	新映画社
八月二十四日	四八八	奴隷の街 「新しい道」より	大映
八月三十一日	四九一	折鶴笠	大映
新東宝			
八月三日	四六八	戦後派お化け大会	新東宝 藤本プロ
八月十日	四九五	右門捕物帖 帯どけ仏法	新東宝

八月十七日	S—五〇	まぼろし城（大全）	日活	新版（第一話 二話、三話）
八月二十四日	四九六	月よりの母	新東宝 青柳プロ	
八月三十一日	五一七	東京河童まつり	新東宝	
	E—二七五	日本海軍の終末 マッカーサー元帥の実戦記録	理研 ピーアプロ	

映画倫理規程審査記録 第二十六号
昭和二十六年九月五日 発行
発行責任者 池田義信
東京都中央区築地三ノ六
日本映画連合会
映画倫理規程管理部
電話築地(55)二八〇二番
〇六九六番

戦後映倫関係資料集　第1回

第2巻　映画倫理規程審査記録（1）

2019年 7 月25日　発行

監修・解説　中　村　秀　之

発行者　椛　沢　英　二

発行所　株式会社　クレス出版
東京都中央区日本橋小伝馬町 14-5-704
☎ 03-3808-1821　FAX 03-3808-1822

印　刷　株式会社　栄　光

製　本　東和製本 株式会社

乱丁・落丁本はお取り替えいたします。

ISBN 978-4-86670-060-1（セット）C3374　¥60000E